现代市场营销学

（第二版）

方青云　袁　蔚　孙　慧　林东华　编著

复旦大學出版社

内 容 简 介

　　市场营销是企业基本管理职能之一,与之对应的教学教材需具有较高的思想性、理论性、科学性和应用性。本教材关注理论前沿,吸收最新营销思想,结合互联网＋、大数据等时代元素,系统介绍了市场营销管理的基本理论和主要方法,为企业展示了通往成功之路的生存智慧和竞争智慧。

　　本教材参照市场营销管理过程的逻辑顺序和课程体系设置的主流框架,将内容分为十三章,主要涵盖市场营销管理基础、市场营销战略制定、市场营销环境分析、购买行为分析、竞争对手和策略分析、市场调研和预测、目标市场营销分析、营销组合策略分析(具体包括产品策略、价格策略、渠道策略和促销策略)、市场营销组织与控制以及市场营销新近发展等主要内容。

　　本教材结构紧凑,内容精炼,要点突出。为强调市场营销管理的思想性和实用性,每章以名言名句为开始引导,作为理解本章内容思想的提示;正文中设有"基本概念""小资料""小案例"等项目,对相关内容进行提炼、补充或引申;结尾部分设有"实践运用"和"案例分析"等项目,以期在学习相关理论和方法之后能够提高实践能力和实战能力。

　　本教材主要适合于高等院校经济管理类专业的教学使用,也可供企业市场营销管理实训参考,对于企业的经营管理人员而言,也是一本具有价值的读本。

目 录

Contents

第五编 营销控制管理

第六编 营销发展新趋势

第一编　绪　论

第一章 市场营销基础

市场营销是如此基本,以至于不能把它看成一个单独的功能。从它的最终结果来看,也就是从顾客的观点来看,市场营销是整个企业的活动。企业的成功并非取决于生产,而是取决于顾客。市场营销的目的在于使推销成为多余。

——彼得·德鲁克(Peter Drucker)

"法无定法,随顺众生"。迅速变化的市场形势常常使企业在昨天取胜的经营法宝成为明日黄花。纵观中外企业兴衰成败的演变历程,一条重要的规律可谓是:得顾客者兴,失顾客者崩。成功的企业无不重视市场营销,且能够严格地以顾客为中心,精准捕捉顾客需求,解顾客之所需。通过为顾客创造价值来实现盈利是市场营销的基本理念,这一理念亦贯穿营销活动的始终。

第一节 市场营销的含义与作用

市场营销的概念随着时代和竞争环境的变化而不断演进。要全面系统地学习现代市场营销的理论和方法,首先应理解市场营销的内涵。

一、市场营销的含义

"市场营销"一词是由"Marketing"意译而来。它包含两种含义:一种是动词的理解,指企业的具体活动或行为,称之为市场营销或市场经营;另一种是名词的理解,指研究企业的市场营销活动或行为的学科,称之为市场营销学、营销学或市场学等。

不同专家对于市场营销概念界定不同,美国学者基恩·凯洛斯曾将不同专家对"市场营销"的定义归纳分为三类:一是将市场营销看作一种为消费者服务的理论;二是强调市场营销是对社会现象的一种认识;三是认为市场营销是通过销售渠道把生产企业同市场联系起来的过程。本书采用美国营销专家菲利浦·科特勒的定义如下。

基本概念   **市场营销**

市场营销是指个人和团体通过创造以及与别人交换产品和价值,来满足其需要和欲望的一种社会和管理过程。

小资料:菲利普·科特勒(Philip Kotler)简介

菲利普·科特勒出生于1931年,现任西北大学凯洛格管理学院终身教授,具有麻省理工大学博士、哈佛大学博士后以及苏黎世大学等多所大学的荣誉博士学位。科特勒博士见证了美国40年经济的起伏坎坷、衰落跌宕和繁荣兴旺的历史,从而成就了完整的营销理论,培养了一代又一代美国大型公司的企业家。他多次获得美国国家级勋章和褒奖,包括保尔·D·康弗斯奖、斯图尔特·亨特森·布赖特奖、营销卓越贡献奖、查尔斯·库利奇奖等。科特勒博士著作颇丰,不少被翻译为多种语言,被不同国家的营销人士视为营销宝典,其编著的《营销管理》一书更是被奉为营销学的圣经。科特勒博士亦曾担任如 IBM、通用电气、霍尼韦尔、美洲银行、米其林等跨国企业的顾问。此外,他还曾担任美国管理学院主席、美国营销协会董事长和项目主席以及彼得·杜拉克基金会顾问。菲利普·科特勒因其对市场营销领域的卓越贡献被誉为"现代营销学之父"。

不同定义侧面反映了市场营销的复杂性,我们从以下方面来理解市场营销的含义:

第一,市场营销与推销、销售的含义不同。市场营销包括市场研究、产品开发、定价、促销、服务等一系列经营活动。而推销、销售仅是营销活动的一个环节或部分,是市场营销的职能之一,不是最重要的职能。

第二,市场营销活动的核心是交换。交换是一个主动、积极寻找机会的过程,其最终目的是"满足需要和欲望";交换过程能否顺利进行,取决于营销者创造的产品和价值满足顾客需求的程度以及交换过程的管理水平。

小案例:知名企业的交换承诺

麦当劳为实现其口号"我就喜欢"所承诺的价值,努力使自己成为全球"顾客最喜欢的就餐场所和方式"。沃尔玛则通过履行其承诺"省钱,生活更美好"成为世界上最大的零售商。脸书(Facebook)吸引了10亿多活跃的网络和移动用户,承诺帮助他们"在生活中与人们联系和分享"。

请思考：

以上知名企业提出的交换承诺具有哪些共同特点？

第三,市场营销的范围不仅限于商品交换的流通过程,而且包括产前和产后的活动。产品的市场营销活动往往比产品的流通过程要长。现代市场的营销范围已突破了时间和空间的限制,形成了普遍联系、包罗万象的市场体系。西方学者将营销范围具体分为产品(goods)、服务(service)、事件(events)、名人(persons)、体验(experiences)、地点(places)、财产权(properties)、组织(organizations)、信息(information)、创意(ideas)等项,以此为基础形成了服务营销、事件营销、体验营销、名人营销、创意营销等不同营销模式。

小资料："买卖"也是心禅

单位对面有个小店,每天滚动播出的广告就是:"老板娘跑了,老板娘跑了,老板无心经营,清仓大处理。"持续一个月以后就换为:"老板娘回来了,老板娘回来了,老板庆祝,打折大酬宾。"其营销的中心思想是"老板娘"。他卖的是"故事"。

两堆西瓜,一种有藤蔓且带叶,一种无藤蔓,店家吆喝:卖西瓜! 卖西瓜! 要带藤的也有! 你买哪种? 大多数顾客会答:有藤的。卖瓜的,卖的不是瓜也不是藤,是生态。

某面包屋,明示一个购物袋一毛钱,但是平常服务人员找钱时会特地说:"算了,我送你一个。"往往,这样的一毛钱,与打九折相比,更让顾客感到贴心! 它卖的是"另外"。

曾见过一个摆地摊的哑巴,他生意最好,只用笔写下一个数字,不费口舌,不二价,但是顾客信任他。一是大家更相信书面的东西,二是他有张朴实的脸。一个顶级价格谈判手,口才反而是最后一位的。关键在于,他卖的是"没商量"。

常常听见楼下卖水果的小贩高喊:"又大又甜的苹果,农民亲自种的苹果!"每次我都会情不自禁笑出声,难道农民还有不"亲自"的? 难道有市民种的苹果? 然而,他卖的就是"本色"。

都市一角,有个盲人老乞丐茫然地坐着,他面前的搪瓷盆里,只有几张毛票,没有人理他。这时来了个诗人,他在乞丐面前放下一个简易的三角牌子,结果雨点般的硬币和雪花般的纸币纷纷落进了那盲人的盆子里。老人迫不及待地问:"你到底在牌子上写了些什么?"诗人说:"春天来了,而我却看不见春天!"这位诗人是最好的商人,他卖的是"见与不见"。

买卖,看起来无非是交易。然而,这实际上也是心禅的一种,它存于瞬间,仿佛刹那间的答案,逗你会心一笑,直入心底。

资料来源:马群,《廉政瞭望》,2011(7):53-53。

第四,市场营销的内涵随社会经济的发展而不断变化和扩充。在二战前,人们只是强调产品的推销和销售,而今天的市场营销已发展为系统的经营过程,其内涵还会随着营销实践的发展而进一步丰富。

二、市场营销的相关概念

作为一种复杂、连续、综合的经营管理过程,市场营销是基于下列相关概念的运用之上的,只有准确把握市场营销的相关概念,才能深刻认识和理解市场营销的本质。市场营销的相关概念如图 1-1 所示。

需要、欲望和需求 → 产品 → 效用、费用和满足 → 交换、交易与关系 → 市场 → 市场营销系统

图 1-1　市场营销的相关概念

(一) 需要、欲望和需求

需要是人类自身本能感受到的匮乏状态,如人们对食品、衣服、住房、安全、归属、受人尊重等的需要。这些需要是人类与生俱来的,存在于自身生理和社会之中,市场营销人员可采取不同方式去满足他,但不

能凭空创造。欲望是指想得到满足上述基本需要的具体物品的愿望，是个人因受不同文化及社会环境影响而产生的对基本需要的特定追求。例如，为满足充饥需要，美国人可能想要汉堡包，中国人可能想要米饭或面条。营销者无法创造需要，但可以影响欲望。需求是具有能力购买并愿意购买某具体产品的欲望。欲望是无限的，但由于资源是有限的，需求仅为需要集合中的一部分，市场营销的目的就是发现需要中有支付能力的那部分，并使其真正变成现实需求。

（二）产品

产品是指向市场提供的，能够引起关注、获得、使用或消费，并满足各种需要和欲望的有形实体、无形服务以及附加利益的总和。产品包含比有形实体更多的内容。只重视有形实体而忽视无形服务或附加利益，是对产品概念片面的理解。例如，人们喝可口可乐，除了"有形实体"能满足解渴之外，其"无形部分"如企业文化会给消费者带来一种信念、一种感觉、一种时尚等附加利益。作为营销者如果只研究和介绍产品的"有形实体"，忽视"无形部分"，就会患上"市场营销近视症"，从而失去市场。

小案例：《愤怒的小鸟》

《愤怒的小鸟》是由作者 Rovio 于 2009 年 12 月开发的一款休闲益智类游戏，对于遍布 116 个国家的 2 亿多名粉丝而言，它不仅仅是一款移动游戏应用，还意味着高度参与的体验。正如一位观察家所指出，从木头堡垒中折射出颜色亮丽的小鸟摧毁躲藏的小猪，这样的游戏让人们沉浸在欢愉的破坏中不能自拔，同时减轻上下班途中和候诊室里的枯燥。迄今为止，《愤怒的小鸟》以各种形式下载了 20 多亿次。游戏创作者计划进一步扩展游戏体验，从三维动画电影到一系列玩具、服装、园艺，甚至以小鸟命名的游乐场和主题公园。

请思考：

《愤怒的小鸟》游戏及其衍生产品对我国游戏产品设计与开发有哪些启示？

(三) 效用、费用和满足

效用是顾客对产品满足其需要的整体能力的评价。效用的评价既取决于产品的实际效用,也取决于消费者进行的效用比较。消费者通常根据对产品的主观评价和需要支付的费用来做出购买决定,即其购买决策的基本原则是选择用最少的货币支出换取最大效用的产品,从而达到生理或心理上的最大满足。

(四) 交换、交易与关系

交换是向他人提供所需之物或价值,并获取相应价值的物或服务的行为,是社会大生产中重要的一环。由于社会分工不同,不同的生产者生产的产品不同,他们需要以价值为基础,通过以物换物或以货币换货物的形式各取所得。交易是指买卖双方价值的交换,是交换的基本组成单位。

关系是交换过程中形成的社会和经济联系,它包括营销者与顾客、分销商、零售商、供应商以及竞争者等之间的联系。现代市场竞争的加剧,使企业市场营销工作的重心正逐步从追求交易的成功转向关系的建立。在各方关系中,企业与顾客的关系处于核心地位。为此,西方发达国家提出了客户关系管理(CRM)这一旨在改善企业与客户之间关系的新型管理机制。

(五) 市场

传统的市场概念是指货物聚集的场所或领域。从现代营销的角度理解,市场是由具有一定购买力的人群组成的集合。市场的大小以对某产品需求的人数多少、购买欲望强弱和购买力大小三个因素来确定,而不是由地域的大小来决定。

(六) 市场营销系统

事实上,市场不是一个静态的集合,而是多变的、动态的集合。在现代市场经济条件下,企业所面临的这个动态"集合"越来越复杂。从总体上讲,企业首先需要对外部宏观环境(政治、法律、人口经济、技术、自然、社会文化)和微观环境(供应商、竞争者、营销中介和公众)因素做出比较透彻的分析和预测,通过发现顾客需求,结合自身资源将其转化为对产品与服务的要求,再通过有效的促销、分销渠道和价格策略才能最大限度地满足目标顾客需求,同时实现企业的目标。从这个意义上说,市场营销是一个由企业、顾客、相关环境因素组成的系统,体现了企业和顾客在一定市场条件下的相互协调关系。

具体而言,市场营销系统包括营销信息系统、营销计划系统、营销组织和执行系统以及营销控制系统等。营销信息系统是企业的"中枢神经",因为该系统可以使企业敏锐地捕捉外部环境变化,并整合各种内部信息,监督协调各部门的计划和执行情况,对企业战略决策起引导作用。营销计划系统是企业联系现在经营和未来发展的"桥梁",随着环境的变化和竞争的加剧,企业不仅要建立年度的营销计划,而且要建立长期发展的战略计划。无论是把营销信息系统中的信息转化为"能量",还是把营销计划所描绘的"蓝图"转变为现实,都需要专业人员或职能部门来支撑,如市场调研、广告策划、产品计划、物流配送、营销审计等,这些专业人员和职能部门构成了企业稳健的营销组织和执行系统。营销计划实施过程中难免会遇到各种意外事件,营销控制系统的建立可以连续不断地监督和控制营销活动,使营销计划与环境相适应,保证企业沿着战略规划的方向发展。总之,市场营销系统体现了现代企业以市场营销为导向的运作体系,也形成了本书整体框架结构的基础,如图1-2所示。

三、市场营销的作用

市场营销在企业管理中居于十分显要的地位,它的作用表现在以下三个方面。

第一,市场营销是实现产品使用价值并最终实现企业价值的唯一途径。制造商把原材料加工制造成产品,批发商、零售商购进各种商品,这样就创造了"形式效用",即由满足人们某种需要的适当形式的产品所创造的效用或使用价值。如果没有市场营销的一系列活动促使产品从企业向市场完成一次"惊险的跳跃",使消费者能够在适当的时间、适当的地点和适当的价格购买到这些商品,那么消费者的需要还是得不到满足。

第二,市场营销是联结消费者需要与企业反应的中间环节,是企业

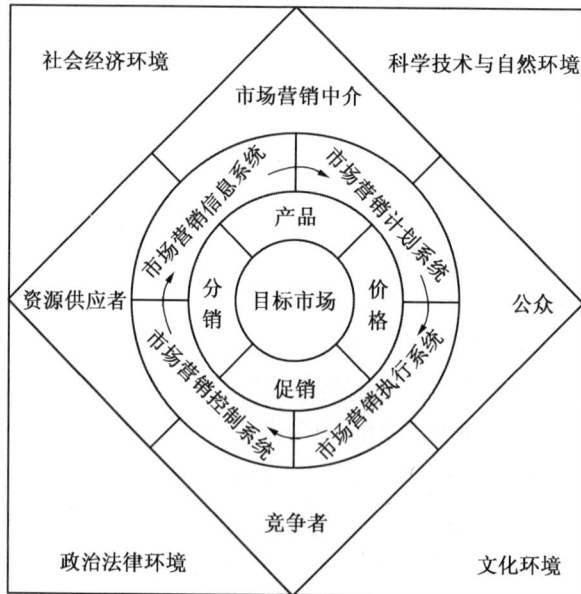

图 1 - 2   市场营销系统及影响因素

将消费者需要、市场机会变成企业机会的一种行之有效的方法。市场中经常存在着许多未被满足的需要,这些需要构成市场机会。通过市场调研,营销人员就可以发现这些市场机会,并根据自身的条件,把其中某些市场机会变为企业机会。企业走向市场的实质就是通过抓住市场机会,开发出适销对路的产品投放到市场。

第三,市场营销是社会文明进步的重要推动力。市场营销工作在"创造并向社会传递生活标准"的同时,也推动了社会文明的进步。市场营销倡导"顾客至上"的经营理念,主张凡事多为顾客着想,凡事多从消费者利益考虑,在实践中坚持"依法经营"和"依德经营"相结合的原则,从而成为社会文明进步的重要推动力。

第二节　市场营销观念的演变

市场营销观念贯穿于整个营销活动中,反映着一个企业的经营态度和经营方式。确立正确的市场营销观念,对经营成败具有决定性意义。市场营销观念是随着经济的发展和市场形势的变化而不断演变的,市场营销观念的演变历程大体经历五个阶段。

一、生产观念

生产观念是一种古老的经营观念,是指企业的一切经营活动都以生产为中心,"以产定销",生产观念的假设前提是:消费者可以接受任何买得到和买得起的商品,因而企业的主要任务就是努力提高效率、降低成本、扩大生产。

小案例:亨利·福特的经营理念

在 20 世纪 20 年代初,美国汽车大王亨利·福特的经营哲学就是千方百计地增加 T 型车的产量,并宣称"不管顾客需要什么颜色的汽车,我只有一种黑色的"。当然,亨利·福特并不是对黑色有什么特殊癖好,其坚持黑色的真正原因在于黑色油漆干燥得快,同时还具有廉价和持久的特点,这进一步利于生产商降低汽车生产成本,而 T 型车也正是凭借低廉的价格使汽车作为便捷交通工具进入寻常百姓家。但随着美国经济的快速增长和人们收入增加,汽车市场发生巨大变化,福特汽车这种片面强调生产忽视需求差异性的做法曾使其一度陷入困境,几乎破产。

请思考:

从亨利·福特成功与失误分别可以得到哪些经验或教训?

生产观念产生于资本主义工业化初期阶段。由于当时的科学技术发展相对落后,生产力的发展水平比较低,社会产品供应不充足,与此相对应的市场需求不能得到充分满足。在这种形势下,消费者主要关心的是能否得到产品而很少去计较产品的品质特征。对于企业来说,只要把产品生产出来就可以立刻卖掉,从而形成了只关心生产而不关心市场的营销观念。

二、产品观念

产品观念是从生产观念中派生出来的一种陈旧的经营观念,它片面强调产品质量,而忽视市场需求,以为只要产品质量好,技术独到,自然就会顾客盈门。"酒香不怕巷子深"就是这种观念的形象说明。

产品观念仍然建立在以企业为中心的基础之上。这种观念在经济不发达、产品不丰富的时代或许有一定道理,但在现代市场经济高度发达的条件下,显然是不适宜的。其原因是:第一,现代市场需求是多层次的,而且是不断变化的,如果不适合市场需求,那么再好的产品也不会畅销,如当电扇、空调机普遍进入家庭的时候,芭蕉扇无论多好也不会再畅销;第二,现代市场竞争激烈,不同于小商品生产时代,如果没有适当的营销活动来提高顾客满意度、培养顾客忠诚度,再好的产品也不可能持久地占领市场。产品观念因过于注重产品质量、忽视市场真正需要而导致"营销近视症"。

三、推销观念

推销观念又称"销售观念",认为消费者通常有购买惰性,若听其自然,消费者就不会大量购买本企业的产品。这种营销观念是"我们会做什么,就努力去推销什么",因而企业管理的中心是积极推销和大力促销。

推销观念产生于 20 世纪 20 年代。第二次世界大战以后,随着科学技术的发展和生产力的提高,产品的数量与花色品种也开始大大增加,出现供过于求的趋势。为了在竞争中立于不败之地,企业纷纷重视推销工作,如组建推销组织,培训推销人员,大力施展推销和促销技术,以诱导消费者购买产品。

推销观念的确立是企业经营指导思想上的一大变化,与生产观念相比,生产观念以抓生产为重点,通过增加产量,降低成本来获利;推销观念则以抓推销为重点,通过开拓市场,扩大销售来获利。但是,推销观念着眼于既定产品的推销,仍然没有摆脱"以生产为中心"的范畴,实质上是生产观念的发展和延伸。对于售出后顾客是否满意、如何提高顾客满意度等问题,推销观念未能给予足够的重视,因此,在市场经济进一步高度发展、产品更加丰富的条件下,这种观念仍然无法适应客观需要。

四、市场营销观念

市场营销观念是一种全新的经营哲学,形成于二战后的美国,并相继盛行于日本、西欧等经济发达国家和地区。市场营销观念认为,实现企业目标的关键是切实掌握目标消费者的需要和欲望。企业应集中一切资源和力量,设计、生产适销对路的产品,安排适当的市场营销组合,采取比竞争者更有效的策略,以满足消费者需要。"顾客是上帝""顾客永远是正确的"等常常成为执行市场营销观念企业的座右铭。

市场营销观念取代传统的推销观念是一次根本性的转变。营销观念与推销观念的根本不同是:推销观念以现有产品为中心,以推销和销售促进为手段,刺激销售,从而达到扩大销售、取得利润的目的;市场营销观念是以企业的目标顾客及其需要为中心,以整体营销为手段,从而达到满足目标顾客的需要、实现企业目标的目的。可见,市场营销观念把推销观念的逻辑彻底颠倒过来,不是生产什么就卖什么,而是首先发现和了解消费者的需要,消费者需要什么就生产什么、销售什么。

小案例：苹果公司的营销哲学

苹果最初的创始人马库拉对于乔布斯来说,是一个父亲般的人物。马库拉擅长投资和营销,他制定的苹果营销哲学有三点,第一点是共鸣,就是紧密结合顾客的感受。第二点是专注。他说:"为了做好我们决定做的事情,我们必须拒绝不重要的机会。"第三点也是同样重要的一点原则,灌输。"人们确实会以貌取物,"他写到,"我们也许有最好的产品、最高的质量、最实用的软件等等,如果我们用一种潦草马虎的方式来展示,顾客就会认为我们的产品也是潦草马虎的,而如果我们以创新的、专业的方式展示产品,那么优质的形象也就被灌输到顾客的思想中了。"苹果能在众多优秀的品牌中脱颖而出,与其说是产品本身的使用价值,倒不如说是其被赋予的更多人性化的营销理念。

请思考:

马库拉制定的营销哲学在苹果产品中有哪些具体体现?

五、社会营销观念

社会营销观念出现于 20 世纪 70 年代,它的提出一方面是基于"在一个环境恶化、爆炸性人口增长、全球性通货膨胀和忽视社会服务的时候,单纯的市场营销观念是否合适"这样的认识;另一方面也是基于对广泛兴起的以保护消费者利益为宗旨的消费主义运动的反思。

社会营销观念认为,企业要平衡与协调消费者利益、企业利润和社会整体利益三者之间的关系,统筹兼顾。单纯的市场营销观念提高了人们对需求满足的期望和敏感度,导致了满足眼前消费需要与长远的社会福利之间的矛盾,导致产品过早陈旧,环境污染更加严重,也损害和浪费了一部分物质资源。因此,企业的任务在于确定目标市场的需要,开展整体营销活动,比竞争者更有效地满足顾客需求,企业应视利润为顾客满意的一种报酬,以维护与增进消费者和社会福利作为企业的根本目的和职责。

表 1-1 对本节五种市场营销观念作一比较。

表1-1 五种市场营销观念的比较

营销观念	市场特征	出发点	手　段	目　标
生产观念	供不应求	生产	提高产量降低成本	增加生产取得利润
产品观念	供不应求	产品	提高质量增加功能	提高质量获得利润
推销观念	生产能力过剩	销售	推销与促销	扩大销售获得利润
市场营销观念	供过于求	顾客需求	整体营销	满足需要获取利益
社会营销观念	供过于求	顾客需要社会利益	整体营销	满足顾客需要增进社会利益获得经济效益

小资料：中国营销模式变革

　　从时代变迁看营销模式,回顾过去30年,中国销售渠道、消费模式、媒体结构等有三次变革创新,可以说发生了三次革命:第一次,2003年前,现代零售渠道(以KA、连锁店、Shoppingmall等形态)对传统的批发流通渠道的革命;第二次,2003—2013年,平台电商对商业地产零售的革命;第三次,2014年可谓是移动电商元年,微信商业化对平台电商的革命。三个阶段不是简单的"代替"关系,而是"互补"的关系。我们的结论是:消费与零售的三次革命已经发生,零售及整个流通市场的趋势,不是谁替代谁,而是都要变,而且还会诞生意想不到的新组合。

　　三次革命各自诞生三种营销模式:一是传统的推拉结合的营销模式;二是电商化网上流量拦截的营销模式;三是社交化电商营销模式。形象地讲,在实体零售时代,顾客拦截的战场是卖场的货架;在电商时代,顾客拦截的战场是PC端的互联网流量;在移动互联网时代,拦截顾客的战场是智能手机等移动流量。

　　"深度分销＋人海战术＋标王"的时代结束了,甚至传统电商(开网店)也不再是唯一选项,移动互联网时代,企业有更多的机会去把握,有更大的空间去选择、创新。在这场大变局面前,营销人的知识库也需要快速"迭代"更新:昔日大卖场崛起的时候,一些与大卖场的谈判技巧都能卖成畅销培训,现在还有谁会去看？同样,现在所谓的电商(如淘宝系服务链)还在津津乐道网店装修技巧、流量优化、数据分析等,但要是消费被移动电商、O2O分流出去,淘宝开店技巧还有多少用？

在电商时代,中国的营销实践,超越了西方经典营销理论,本土营销包括西方营销,都在这个时代失声。在已经开始的社交化移动互联网时代,希望中国营销不再成为实践的落后者,而是成为引领中国企业进入移动互联网时代的金钥匙,也希望中国企业不要失去获取"时代红利"的先机!

资料来源:节选自史贤龙,《销售与市场》,2014(8)。

第三节　顾客让渡价值与顾客满意

在激烈的市场竞争条件下,企业必须树立恰当的营销理念来指导经营,才可能赢得顾客,在与对手"搏杀"中立于不败之地。实践证明,赢得顾客战胜竞争者的关键在于,通过满足顾客需要使顾客尽可能获得最大的满意度,而提高顾客满意的最佳方法就是提高顾客的让渡价值。

一、顾客让渡价值

(一) 顾客让渡价值的含义

基本概念　顾客让渡价值

顾客让度价值是指顾客总价值与顾客总成本之差。

由概念可知,顾客让渡价值由顾客总价值与顾客总成本两部分构成,前者就是顾客从某一特定产品或服务中获得的一系列利益,它包括产品价值、服务价值、人员价值和形象价值等。后者是指顾客为了购买一件产品或服务所耗费的时间、精神、体力以及所支付的货币资金等,顾客总成本包括货币成本、时间成本、精神成本和体力成本,如图 1-3所示。

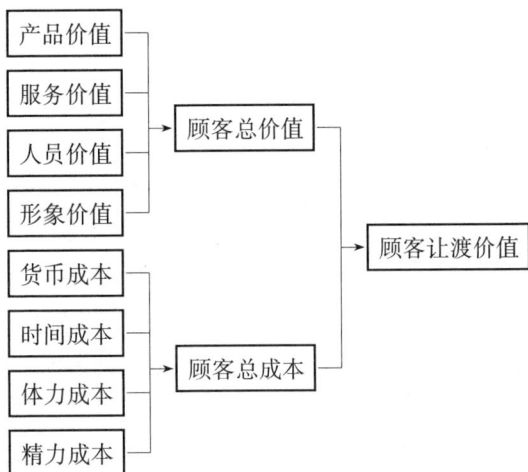

图 1-3　顾客让渡价值示意图

顾客在购买产品时,总希望把顾客总成本降到最低限度,而同时又希望从中获得更多的实际利益,以使自己的需要得到最大限度的满足。因此,为了在竞争中战胜对手,吸引更多的潜在顾客,企业就必须以满足顾客的需要为出发点,或增加顾客所得的利益,或减少顾客消费成本,或两者同时进行,从而向顾客提供比竞争对手具有更多顾客让渡价值的产品。

(二) 顾客总价值

使顾客获得更大"顾客让渡价值"的途径之一是增加顾客购买的总价值。顾客总价值由产品价值、服务价值、人员价值和形象价值构成,其中每一项价值的变化均对总价值产生影响。

1. 产品价值

产品价值是指由产品的功能、特性、品质、品种与式样等所产生的价值。产品价值是决定顾客购买总价值大小的关键因素,由顾客需要来决定。在经济发展的不同时期,顾客对产品的需求不同,即使在经济发展的同一时期,不同类型的顾客也会在购买行为上显示出极强的个性特点和明显的需求差异性,因此,企业必须认真分析不同经济发展时期顾客需求的共同特点以及同一发展时期不同类型顾客需求的个性特征,并据此进行产品的开发与设计,增强产品的适应性,从而为顾客创造更大的产品价值。

2. 服务价值

服务价值是指伴随产品实体的出售向顾客提供的各种附加服务,包括产品售前服务、售中服务以及提供安装、调试、维修、产品保证等售后服务所产生的价值。顾客在选购产品时,不仅注意产品本身价值的高低,而且更加重视产品附加价值的大小。特别是在同类产品的质量与性质大体相同或类似的情况下,顾客会倾向于购买附加服务完备、附加价值大的产品。因此,在提供优质产品的同时,向顾客提供完善的服务,已成为现代市场竞争的新焦点。

3. 人员价值

人员价值是指企业员工的经营思想、知识水平、业务能力、工作效益与质量、经营作风、应变能力等所产生的价值。企业员工直接决定着为顾客提供的产品与服务的质量,决定着顾客购买总价值的大小。一个综合素质较高的工作人员会比知识水平低、业务能力差、经营思想不端正的工作人员为顾客创造更高的价值。因此,企业应高度重视培养员工的综合素质与能力,加强对员工的培训、激励、监督与管理工作,使其始终保持较高的工作质量与水平。

4. 形象价值

形象价值是指企业及其产品在社会公众中所形成的总体形象而产生的价值,既包括企业的产品、技术、质量、包装、商标、工作场所等所构成的有形形象所产生的价值,也包括公司及其员工的职业道德行为、经营行为、服务态度、作风等行为形象所产生的价值,以及企业的价值观念、管理哲学等理念形象所产生的价值等。形象价值与产品价值、服务价值、人员价值密切相关,是此三方面价值综合作用的结果。形象价值对于企业来说是宝贵的无形资产,良好的形象会对产品产生巨大的支持作用,赋予产品较高的价值,能带给顾客精神上和心理上的满足感、信任感,使顾客的需要获得更高层次和更大限度的满足,从而增加顾客购买的总价值。因此,企业应高度重视自身形象塑造,为顾客带来更大的价值。

（三）顾客总成本

提高"顾客让渡价值"的另一途径是降低顾客购买的总成本。顾客总成本主要包括以下三部分。

1. 货币成本

货币成本是指顾客购买产品时,在货币方面的支出。一般情况下,顾客购买产品时首先要考虑货币成本的大小,只有当产品的货币成本低于或等于顾客所预期的货币成本时,顾客才会产生现实的购买行为,因而货币成本是构成顾客总成本的主要和基本因素。货币成本主要由产品成本决定,企业要通过强化内部管理,提高生产效率,以降低产品的货币成本。

2. 时间成本

时间成本是指顾客购买产品时,在时间方面的耗费与支出。在顾客总价值与其他成本一定的情况下,时间成本越低,顾客购买的总成本越小,从而"顾客让渡价值"越大。以服务企业为例,顾客为购买餐馆、旅馆、银行等服务行业所提供的服务时,常常需要等候一段时间才能进入到正式购买或消费阶段,特别是在营业高峰期更是如此。在服务质量相同的情况下,顾客等候购买该项服务的时间越长,所花费的时间成本越大,购买的总成本就会越大。同时,等候时间越长,越容易引起顾客对企业的不满意感,中途放弃购买的可能性亦会增大。因此,努力提高工作效率,在保证产品与服务质量的前提下,尽可能减少顾客的时间支出、降低顾客的购买成本,是增强产品市场竞争能力的重要途径。

3. 体力与精力成本

体力与精力成本指顾客购买产品时,在精神、体力方面的耗费与支出。在顾客总价值与其他成本一定的情况下,精神与体力成本越小,顾客为购买产品所支出的总成本就越低,从而顾客让渡价值越大。因为消费者购买产品的过程是一个从产生需求、寻找信息、判断选择、决定购买到实施购买,以及购后感受的全过程,在购买过程的各个阶段,均需付出一定的精神与体力。例如,当消费者有了购房需求后,就会广泛全面地搜集房源、房价等有关信息,为此需要耗费较多的精神与体力。如果企业能够通过多种渠道向潜在顾客提供全面详尽的信息,就可以减少顾客为获取产品情报所花费的精神与体力,从而降低顾客购买的总成本,这对提高顾客让渡价值具有重要意义。

二、顾客满意

(一) 顾客满意

顾客满意是指顾客通过对一种产品或服务的可感知结果与他们的期望值相比较后,所形成的愉悦或失望的感觉,是企业赢得顾客忠诚的基础。可见,满意水平是顾客可感知效果和期望值之间差异的函数,如果可感知效果低于期望,顾客就不满意;如果可感知效果与期望相匹配,顾客就会满意;如果可感知效果超过期望,顾客就会高度满意或欣喜。顾客满意程度的大小可以用顾客满意度来度量,一般而言,当顾客让渡价值大时,顾客满意度就会增加;反之则相反。

企业应该不断追求顾客的高度满意,因为一般满意的顾客,一旦发现更好的产品时,会很容易更换供应商;十分满意的顾客一般不会轻易更换供应商;高度满意的顾客会对产品产生品牌偏好,乃至情感上的共鸣,这种共鸣会创造顾客的高度忠诚。

(二) 寻求顾客满意过程中应注意的问题

(1) 顾客期望值的确定要恰当。顾客期望是在顾客过去的购买经验、朋友的各种言论、企业和竞争者的信息和许诺的基础上形成的,如果企业将期望值提得太高而无力实现,顾客可能会失望;如果企业将期望值定得太低,就无法吸引足够的购买者。因此,企业在向顾客提供信息和承诺时,要把握适度的原则。

(2) 对于构成顾客总价值和顾客总成本的不同方面,顾客的期望与重视程度存在差异。企业应根据不同顾客的不同需求特点,有针对性地设计和增加顾客总价值,降低顾客总成本,使顾客的需要获得最大限度的满足。例如,对于工作繁忙的顾客而言,时间成本是最为重要的因素,企业应尽量缩短顾客从产生需求到实施购买,以及产品投入使用的时间,最大限度地满足顾客求速求便的需求。

（3）追求顾客满意不等同于顾客满意最大化。在营销实践中,企业追求顾客让渡价值最大化来争夺顾客,结果常常会导致运营成本增加,企业利润减少,这又会损害企业股东、员工、供应商等利益相关者的利益。因此,企业不宜片面追求顾客让渡价值最大化,应把握合理的"度"。企业应该在保证其他利益相关者至少能接受的满意水平下,在确保实现顾客让渡价值所带来的利益超过为此而增加的成本费用的前提下,尽力提高顾客满意度。

小案例：星巴克追求顾客让渡价值

星巴克长期坚持以追求顾客让渡价值为目标,长期不懈探索顾客需要,提供顾客所期望的价值,不仅满足顾客功能上的价值追求,更满足了顾客的精神以及情感价值追求。

星巴克咖啡的功能性价值,不仅仅在于其咖啡的地道、纯正、好喝,更在于整个星巴克咖啡店的独特环境,咖啡只是一种载体,通过这种载体,星巴克把一种独特的格调传送给顾客,这种格调就是"浪漫"。星巴克努力把顾客在店内的体验化作一种内心的体验——让咖啡豆浪漫化,让顾客浪漫化,让所有感觉都浪漫化。

顾客价值的经济性体现在顾客能够在付出成本的基础上,得到超过自身所期望的顾客感知价值,顾客只有在感知到的价值超过其支付的成本时才愿意重复购买产品。在星巴克,咖啡作为饮品的价值被减弱,顾客更多是消费的星巴克所带来的一种生活环境。如果仅仅从咖啡本身的价值考虑,在星巴克进行消费,无疑是奢侈的,但星巴克为顾客所创造的体验价值,无疑是被顾客所认同的。高度的顾客满意是顾客对于价值的肯定,顾客愿意支付超过咖啡本身价值的价格进行消费,虽然是高价,但顾客认为自己所得到的价值远大于自己所付出的成本。

心理性价值体现企业能够提供的满足顾客心理需要的价值,星巴克给顾客提供除了家和办公室之外的、一个可以自由交流的"第三空间",满足了顾客的情感需求心理;星巴克为了增加顾客的体验价值,提供宣传资料,介绍咖啡的调制方法、世界各地咖啡豆种类等,满足了消费者求知需求心理;星巴克营造的独特的氛围,带给顾客悠闲、安静、浪漫、神秘的享受氛围,满足了顾客对于安全、社交等方面的需求心理;星巴克消费是一种地位、时尚、品位的象征,满足了顾客的虚荣心理。

请思考:

星巴克在追求顾客让渡价值时在哪些做法值得借鉴?

本章小结

市场营销是个人和群体通过创造并同他人交换产品和价值以满足顾客需要和欲望的一种社会过程和管理过程。为了更好地理解和掌握市场营销的定义,需要弄清需要、欲望、需求、产品市场及市场营销系统等相关概念。

市场营销观念是企业经营活动的基本指导思想。任何企业的营销管理都是在特定的指导思想或观念指导下进行的,树立正确的营销管理理念,对企业经营成败具有决定性意义。市场营销观念演变历程大体经历了生产观念、产品观念、推销观念、市场营销观念和社会营销观念五个发展阶段。

市场营销观念的核心是满足顾客需求,使顾客尽可能获得最大的满意度,而提高顾客满意的一般方法就是提高顾客让渡价值。顾客让渡价值是指顾客总价值与顾客总成本之差。顾客价值包括产品价值、服务价值、人员价值和形象价值等顾客从某一特定产品或服务中获得的一系列利益。顾客总成本是指顾客为了购买产品或服务所支付的货币资金以及所耗费的时间、精神、体力等。

案例分析：向好莱坞大片学营销

吴天明导演的遗作、反映中国传统工匠文化情怀的电影《百鸟朝凤》，在中国大陆院线放映就遭到好莱坞大片《美国队长3》的碾压：上映一周的《百鸟朝凤》影院排片只占1%，票房不足300万元；而《美国队长3》却轻松过10亿元票房。著名电影制片人发行人方励在微博直播时惊天一跪：为求影院经理在黄金时间多排一场，这才使《百鸟朝凤》的票房触底反弹。在美国，电影的市场营销技术非常成熟，好莱坞不仅是讲故事的高手，也是市场营销的高手。

好莱坞电影的营销手法启蒙了中国的电影营销。中国电影营销的历史可以回溯到20世纪90年代，刚刚从计划经济的垄断行业解放出来的中国电影产业摸着石头过河，每一步都走得艰难。本土电影题材无法满足观众口味，电影营销从零起步。然而，这一时期正是美国好莱坞电影高速发展的时期，他们创造了一部又一部的世界电影传奇。

而在好莱坞电影的全部收益中，票房和植入广告的收入只是一部分，来自电影衍生产品开发的收益也不可小视。拿《钢铁侠》来说，它是漫威英雄世界里最有价值的IP，它的3部电影全球总票房达到24.8亿美元，DVD收入3亿美元，漫画收入近4 000万美元，游戏共售出600多万份。此外，漫威还将复联整体形象版权卖给孩之宝玩具，授权费达到2.85亿美元。而这一切都与电影成功的营销密不可分。

好莱坞电影制作具有一套熟练的工作流程，从前期的市场调研到后期的宣发，均实现了流程的工业化。在好莱坞，消费者口味是第一位的，电影制片人会先对消费者口味进行大数据分析，然后确定拍摄的题材和演员人选，这也是中国电影制片公司普遍缺失的程序。

好莱坞电影取得今天的成绩绝非偶然，更不是完全依仗营销。电影本身的品质才是核心竞争力。关于好莱坞的电影技术我们不再多谈，国内大片选择把后期放到好莱坞制作已经说明了一切。比技术更有借鉴意义的是好莱坞的制片人中心制。在好莱坞，制片人的收益占很大比重，而且要对整部电影的票房负责。有时一个制片人的名字就能代表一部电影的口碑,因此,好莱坞会有 10 大金牌制片人的评选。

中国的电影是投资人中心制,商人指导艺术,企业主决定电影的题材和故事。编剧和导演的话语权十分弱,除个别名导以外,大部分编剧只是投资方思想的一个代笔而已。这样做的结果是,要么作品不能贴近市场,要么有情怀的电影很难被投资人看中。《百鸟朝凤》是一部难得的情怀电影,但不被发行公司看好。

好莱坞电影以英雄题材称霸影史,但观众难免会有审美疲劳,因此有人说好莱坞英雄系列已经走到尽头。聪明的美国人开始放弃兜售未来的路子,选择来地大物博、历史悠久的中国寻找灵感。他们与中国制片公司合资拍片,挖掘中国 IP,一方面可以让中国 IP 火速通往全球,有利于中国文化的渗透,借此机会,中国的电影团队可以学习好莱坞精湛的营销技艺;另一方面,外国导演对中国本土文化的表现能力还有待加强。中国电影人在与国外优秀电影团队合作的过程中应充分发挥挖掘故事的能力,变被动为主动。

"大片"一词最早用于形容好莱坞特效电影,现在有些阵容强大的中国电影也被称作大片。归结而言,大片要么赢在特效,要么赢在导演或演员阵容。在具备两者其一之后,就是最考验电影营销功底的时候了。因此,中国电影人应正视电影营销的作用,让更多年轻人走进《百鸟朝凤》的心灵世界。

资料来源:李光斗,新浪博客。

请思考:

1. 电影作为一种产品为顾客提供哪些价值? 其中哪些可以为其他产品替代? 哪些不易被替代?

2. 与好莱坞电影营销相比,当前我国电影营销存在哪些主要问题?

3. 归纳好莱坞电影营销手法,并以某一其他产品为例分析对其启示意义。

实践运用

一、实践目的

1. 建立营销职业意识,培养营销实践价值认识能力。

2. 理解和形成现代市场营销观念。

二、实践内容

(一)营销职业认识

菲利普·科特勒指出,尽管学习市场营销只需要用一个学期的时间,掌握它却需要一生的时间。谈谈你对这句话的理解。联系实际说明营销职业对知识、个性、品质等方面的要求。

(二)营销观念认识

观察学校周围的小店铺,分析这些小店铺采用的是何种市场营销理念;选择具体一家店铺,进一步对其营销理念进行分析,并给出可能的改进建议。

三、实践组织

按教学班级学生人数来确定数个小组,每一小组人数以4—5人为宜,小组要合理分工,组队的时候注意小组成员在知识、性格、技能方面的互补性,选举位小组长以协调小组的各项工作。各小组针对所给题目通过一手和二手形式采集资料和数据,并以小组为单位组织研讨,在充分讨论的基础上,形成不超过1 000字的课题报告。最后,通过PPT的形式报告各自的发现和成果,小组之间进行讨论。

第二章　市场营销战略

夫未战而庙算胜者,得算多也;未战而庙算不胜者,得算少也。多算胜,少算不胜,而况于无算乎! 吾以此观之,胜负见矣。

——孙子

市场犹如战场。战前能否在对内部条件和外部环境分析基础上制定正确战略,无疑将直接决定战争胜负;企业亦应将营销工作在企业整体战略规划中赋予重要地位,从战略高度设计、整合可控制的营销要素,敏锐抓住市场机会,以适应瞬息万变的市场营销环境,从而在激烈市场竞争中取得生存和发展。为使市场营销战略和营销组合达到最佳配置,企业还应致力于营销战略管理过程。

第一节　企业战略规划

　　企业战略是一种长期和整体的规划,一般可划分为三个层次:总体战略,它决定整个企业的战略方向,并决定相应的资源分配战略和新增业务战略;经营战略,又称经营单位战略,企业内部通常会有若干个战略经营单位,分别从事不同的业务,各个经营单位要在总体战略指导下,制定并实施自己的经营战略,以保证本单位的经营活动能够始终指向企业总体战略规定的目标;职能战略,是为贯彻、实施和支持总体战略与经营战略而在企业特定的职能管理领域制定的战略。市场营销战略是一种职能战略,对企业战略的实现起着重要的作用。

一、企业战略与市场营销战略的关系

基本概念　　市场营销战略

> 　　市场营销战略是指企业营销部门根据战略规划,在综合考虑外部市场机会和内部资源状况基础上,确定目标市场,选择相应的市场营销策略组合,并予以有效实施和控制的过程。

　　随着市场环境变化越来越迅速,市场营销战略的范围也在逐渐扩大,市场营销战略同企业战略之间有着越来越多的"共同语言"。

(一)市场营销战略在企业战略体系中具有重要地位

　　早期的营销观念更多关注的是企业能生产什么,生产出来以后如何进行推销。当市场营销观念形成以后,企业不再以生产为中心,而是以企业的目标顾客及其需要为中心。市场营销者首先要发现和了解消费者的需要,并且集中一切资源和力量,适当安排市场营销组合,在满足目标顾客需要的前提下,扩大销售,并实现企业目标。在此理念下,市场营销是面向顾客和竞争者的最前沿的管理活动。相应地,市场营销战略就确立了在企业战略体系中的重要地位。

(二) 市场营销战略引导其他职能战略

从概念上讲,市场营销战略与产品研发战略、生产战略、人力资源战略和财务战略等一样,都属于职能战略,但其地位和作用各不相同,市场营销战略具有引导其他职能战略的作用。例如,市场营销战略中提出"通过向顾客提供更为满意的产品和服务来提高公司销售额、扩大市场占有率",生产战略则要规划如何提高产量和质量;人力资源战略则要考虑与此配合的人员招聘、培训和政策;最后,财务战略则要为完成这样的市场营销战略目标而筹划资金来源和使用方式。当然,不同的企业及同一企业在不同时期,各个职能战略的重要性会有所不同,但市场营销战略的导向作用是贯彻始终的。

(三) 市场营销战略服从和服务于企业战略

1. 市场营销战略服从于企业战略

市场营销战略是一种职能战略,从属于企业的总体战略及经营战略,市场营销活动及其规划,必须在战略计划的框架内进行,企业总体战略则为市场营销战略的制定提供基础框架。

2. 市场营销战略服务于企业战略

一方面,市场营销战略为企业战略的制定提供决策依据。这是因为,企业战略至少在以下几个方面要依赖市场营销战略:获得有关新产品和市场机会的启迪;评估每个市场机会,企业是否有足够的市场营销力量来利用这一机会等问题;为每一个新机会制定出详尽的市场营销计划;市场营销计划的执行情况等。另一方面,实施市场营销战略有助于企业战略目标的实现,因此,制定合理的市场营销战略无疑是企业长远发展的重中之重。市场营销战略与企业战略的关系如图 2 - 1 所示。

企业战略

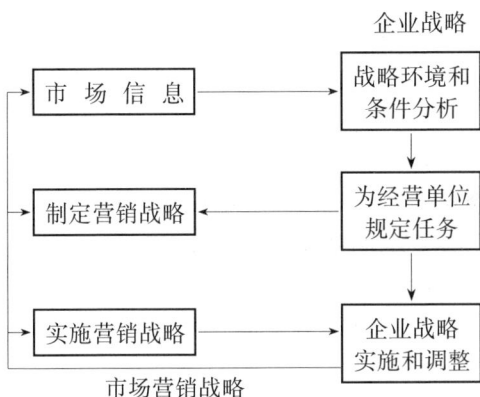

市场营销战略

图 2 - 1　企业战略与市场营销战略的关系

二、企业战略规划过程

企业战略是企业为实现自己的任务和目标所制定的带有长期性、全局性、方向性的规划。它是最高管理层通过规划企业的基本任务、目标及业务或产品组合,使企业的资源和能力适应不断变化的市场环境,这种适应能力体现为动态的适应性。

战略规划的产生源于市场环境的变化。二战以前,由于外部环境相当稳定,企业可以根据当时的经营与销售状况作决策,并推测出之后数年的数字,这称之为"推测计划"。20 世纪 60 年代,西方许多国家经济动荡不定,周期性经济危机不断发生,企业环境变化较大。面对这种剧变的环境,企业不能再采用封闭式的管理方式,战略规划应运而生。战略规划覆盖企业经营活动的各个方面,如生产、营销、财务、人事等,市场营销在企业战略规划中起着日益重要的作用。

企业战略规划过程是企业及各业务单位为生存和发展而制定长期总战略所采取的一系列步骤。企业战略规划由规定企业任务、确定企业目标、选择业务组合、制定增长战略等四个部分有序组成,如图 2 - 2 所示。

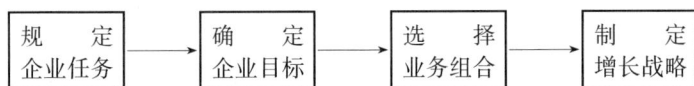

图 2 - 2　企业战略规划

(一) 规定企业任务

企业任务是指在一定时期内,企业工作的业务性质、经营范围和服务对象,这是企业必须首先明确的问题。企业在确定其任务时应该明确回答下列问题:企业现在经营的主要业务是什么? 企业的主要市场在哪里? 谁是企业的主要顾客? 顾客最需要的是什么? 企业将要经营的业务是什么? 将来应该向哪个方向发展? 明确了企业任务,也就明确了企业的活动领域和发展的总方向。企业任务作为企业战略的基础和出发点,一般应具备以下五个特征。

1. 具有可行性

业务范围(包括产品范围、顾客范围、市场的地理范围等)应是切实可行的,亦即按照企业实际资源能力来规定和阐述自己的经营范围,做到宽窄相宜,扬长避短。如果业务范围过宽,不但力所不及,往往还会因为过于空泛而使任务不明;过窄,则不利于挖掘企业潜力。

2. 体现市场导向

企业在确定其业务范围时要坚持市场导向,即以顾客的需要来规定和阐述自己的任务,避免用产品或技术来表述。按照市场营销的观念,企业的业务活动应当被看作是一个满足顾客需要的过程,而不仅仅是制造和销售某种产品的过程。虽然产品和技术制造都会过时,都会被淘汰,但市场的基本需要却会一直存在。例如,如果一家企业一心只想着如何制造 VCD 影碟机,并将企业任务规定为制造这种产品,当 DVD 影碟机大量面市的时候,这家企业就会同它的产品一起被淘汰。相反,如果企业将任务规定为满足顾客对家庭影音享受方面的需要,就会注意观察这方面的市场需求动向,并及时开发新产品,从而使企业保持持久的竞争活力。

小案例:IBM 企业任务的市场导向

IBM 之前主要因出售电脑主机、个人电脑和其他电脑系统零部件而闻名。那时候如果你问这位"蓝色巨人"的任务是什么,他们会回答:

"出售电脑硬件和软件。"IBM 深耕计算机市场数十年,取得骄人的业绩。但是在 20 世纪 90 年代早期,高度以产品为中心的 IBM 失去了其对市场需求变化的洞察,销售和利润下滑,IBM 迅速成为巨大的蓝色恐龙。但是,IBM 最终化蛹成蝶,对其业务进行了彻底性改变。如果你现在再询问 IBM 的任务,他们会告诉你:"建设更加智慧的地球。"在这一新的顾客解决之道使命下,IBM 将重心从计算机硬件转移开,致力于整合信息技术、软件和业务咨询服务,为顾客的数据和信息技术问题递送智慧的解决方案。

请思考:

IBM 企业任务变化背后的原因有哪些?

3. 富有激励性

企业任务应使全体员工感受到本企业对社会的贡献和发展的前途,从中体会到自己工作的重要性。例如,长虹集团提出"以民族昌盛为己任"这一崇高使命,就很富挑战性和鼓舞性,有利于调动员工的积极性和创造性,激励员工为完成企业任务而奋斗。

4. 具有一定弹性

企业任务不是固定不变的,环境变化可能形成威胁,也可能带来机会。如果要抓住机会、避开威胁,企业的任务也应具有一定弹性,能够随着环境的变动做出相应的调整。应该注意的是,任务的调整和修改不能过多或太随意,只有当市场变化过大,不得不调整时才可进行,否则会使任务丧失权威性,甚至动摇各部门及员工实现营销计划的信心。

5. 具体明确

企业任务提出的方针、措施及实现任务的途径、方法必须具体明确地规定一系列有关的准则和界限,尽量限制个人任意解释的范围和随意处理问题的权限,使内部各个方面的活动有章可循、责权分明,保证各环节的协调配合和有机衔接。

(二)确定企业目标

企业任务确定后,就应当转化成具体目标。企业目标是企业未来一定时期内所要达到的一系列营销目标的总称,一般包含利润、产品销售额、销售增长率、投资收益率、市场占有率、企业形象等。企业目标应当明确、可靠、重点突出、易于把握,经过努力要可以实现。为此,制定企业目标一般应符合下列六个要求。

第一,多重性。是指企业应有若干具体目标,而不能只规定单一的目标。这是因为任何单个目标都不能反映企业经营活动的全貌。

第二,数量化。是指目标应当尽可能采用定量化的标准予以界定和表述,对不能或不宜量化的目标任务,宜用文字简明而准确地予以界定和要求。

第三,可靠性。是指选择的目标水平应从实际出发,与企业的资源条件和市场环境相适应。可靠性并不意味着低水平、低要求,而是指目标经过奋斗是可以实现的。

第四,层次性。是指要按照轻重缓急、主次从属关系安排多种目标,以利于厘清各项目标之间的关系,在经营活动中抓住重点,兼顾一般。

小案例:亨氏的营销目标层次性

亨氏的总目标是通过开发"卓越品质、美味、营养和便利"的食品,建立盈利性的客户关系。要实现这一目标,需要企业在研发方面加大投资力度,但是高昂的研发支出往往需要大量的现金支持,所以提高利润便成为亨氏的另一个主要目标。

请思考:

营销目标的层次性与营销主要目标如何统一?

第五,阶段性。企业战略属于长期目标,多是 3 年、5 年乃至更长时间所要达到的目标,应当分阶段提出具体要求,以便于实施与操作。

第六,协调性。一方面,各项具体目标之间应是协调一致的,而不是互相矛盾抵触的;另一方面,企业目标应当有利于增进社会整体利益,与社会经济发展目标相协调。

(三) 投资组合规划

在确定企业任务和目标的基础上,企业最高管理层应对投资组合进行分析和评价,即确定哪些业务和产品最能使企业发挥竞争优势,从而最有效地利用市场机会。通过这种分析,管理部门可以对各项业务进行分类和评估,然后根据其经营效果,决定投资比例,以合理使用资金,确保投资效益。

小资料: 通用电气的产品组合

通用电气(GE)是一家营业额高达 1 460 亿美元的集团公司,其经营范围涉及数十种消费品和企业市场,能够为市场提供包括家电、交通、能源、航天、水电、石油、建设和医疗等产品,囊括了从家用电器、飞机引擎、风能发电机,到离岸钻井方案和医疗影像设备等在内的各种服务。成功地管理这种范围广阔的产品组合需要大量的管理技术和技巧。

为了优化投资组合,企业首先应将所有的产品或业务分为若干个"战略业务单位",每个战略业务单位都是单独的或一组相关的业务单位,并能单独计划和考核其营销活动。然后,再逐个分析评价其经营效益和增长机会,采取相应决策。企业常用的分析方法主要有以下两种。

1. 波士顿矩阵法

波士顿矩阵法(BCG)又称"四象限分析法",由美国波士顿咨询集团于 1970 年首创而得名。这是一种利用市场增长率和相对市场占有率的对比关系,对企业各个战略业务单位进行分类和评估的方法。如图 2-3 所示。

图中,纵轴表示市场增长率,其高低可依具体情况来确定,取市场增长率 10% 为高低分界线,自下而上逐渐增大;横轴为相对市场份额,表示战略业务单位的市场份额与最大竞争对手的市场份额之比,以 1 为分界线,从左向右逐渐减少。按市场增长率和相对市场份额相对大小,可以将所有业务单位的市场地位分成四种类型。

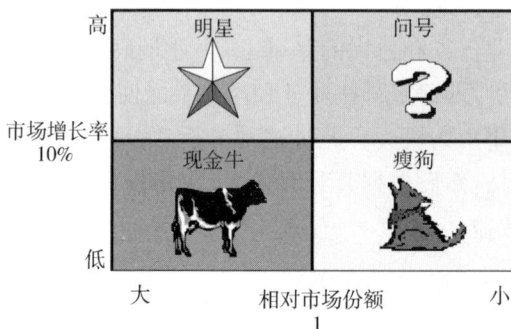

图 2 - 3　BCG 增长/份额矩阵

（1）问号类。是指市场增长率高,但相对市场份额小的业务单位。这类业务单位大多处于产品生命周期中的导入期。其发展前景往往不明确,既有向明星类转化的可能,也随时存在着夭折的危险。

（2）明星类。是指具有较高市场增长率和相对市场份额的业务单位。明星类业务单位往往是市场的领先者。问号类业务单位一旦经营成功,就会成为明星类业务。但由于对这类业务单位投入了较高的生产和销售费用,因此还不能为企业带来很多的利润。它往往处于产品生命周期的成长期。

（3）金牛类。是指市场增长率低,但相对市场份额大的业务单位。这类业务单位的费用投入相对减少,生产成本较低,能为企业创造丰厚的利润。它通常处于产品生命周期的成熟期。

（4）瘦狗类。是指市场增长率和相对市场份额都较低的业务单位。这类业务单位获利很少,有时会给企业带来亏损。

针对以上四类业务单位的不同特点,企业可以采用不同的发展战略。对于问号类业务应采取有选择性的发展战略,即选择其中有前途的业务单位投入大量的资金予以支持,提高相对市场份额,使其尽快转变为明星类业务单位;同时应尽快放弃没有发展前途的业务单位。对于明星类业务应采取积极发展的战略,因为明星类战略业务市场还在迅速成长,具有潜在的获利能力,公司需要投入大量资金,以跟上市场成长速度,防止被竞争者取代,企业可以通过提高质量,改进功能,降低成本,加强售后服务等措施,使其尽快转化为金牛类业务单位。对于金牛类业务单位应采取维持的战略,企业对此类业务应重点保护,设法维持并延长其市场寿命,用它获取的利润,向明星类和问题类业务单位提供资金支持。对于那些既无市场发展前途,又无销售潜力的瘦狗类业务,企业应尽快收缩或放弃。

2. 多因素业务矩阵法

多因素矩阵法又称为"战略业务规划网络""九象限分析法",由美国通用电气公司首创。它是依据市场吸引力和市场能力,确定业务单位在市场上的地位和规划各种业务构成的一种定性分析方法。较波士顿矩阵法,多因素业务矩阵法综合考虑了其他一些重要因素,把企业的全部业务作为一个整体进行综合平衡管理,以保证总体经营目标的最佳化,因此更有利于企业作出严密的决策,如图2-4所示。

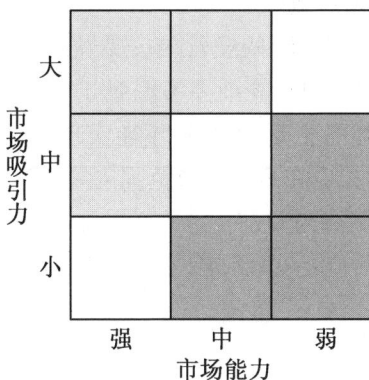

图2-4 多因素投资组合矩阵

在该矩阵图中,纵轴表示市场吸引力,它主要根据市场容量、销售增长率、利润率和竞争强度等多项指标加权评分得出,分为大中小三档;横轴表示市场能力,它主要根据相对市场份额、产品质量、生产能力、物资供应和销售效率等多项指标加权评分得出,分为强中弱三档。因此,多因素投资组合矩阵图依据市场吸引力的大中小,市场能力的强中弱,分为九个区域、三种战略地带。

灰色地带是由左上角的大强、大中、中强三个区域构成,这个地带的市场吸引力和经营单位的竞争能力都最为有利,企业要放手发展,采取增加资源投入和发展扩大的战略。

白色地带是由左下角至右上角的对角线所贯穿的三个区域,即小强、中中、大弱三个区域构成,这个地带的市场吸引力和经营单位的竞争能力,总的来说都处于中等水平。因此,对这个地带的经营单位应当采取维持原投入水平和相对市场份额的战略。

黑色地带是由图中余下的右下角的小弱、小中、中弱三个区域构成,该区域的市场吸引力偏小,经营单位的竞争能力偏弱。因此,企业多采取收缩或放弃的战略。

特别指出的是,对各战略经营单位的评估以及所采取的投资组合战略,都是基于对经营单位发展趋势的预测,企业应根据实际情况的变化,及时进行调整。

(四) 制定业务发展战略

投资组合战略决定了哪些经营单位要发展、扩大,哪些要收缩、放弃,决定投资组合战略以后,企业要考虑业务发展问题。企业必须建立一些新的业务以代替旧业务,否则就不能实现预定的营销目标。一般考虑新增业务时,首先应在现有业务范围内寻找进一步发展的机会;其次分析建立和从事某些与目前业务有关的新业务的可能性;再次考虑开发与目前业务无关但是有较强吸引力的业务。按此思路有以下三种业务发展战略。

1. 密集化发展战略

密集化发展战略是指经营单位在产品与市场的框架内,从挖掘其经营潜力方面考虑企业的发展问题,从而求得较高的相对市场份额。当产品或市场还有发展潜力时,一般可以采用以下三种方式。

(1) 市场渗透。即通过各种营销措施,努力在现有的市场上增加现有产品的销售额。这是一种最直接可行的策略。具体途径包括:一是设法使现有顾客增加对本企业现有产品的购买量;二是吸引和争夺竞争对手的顾客,使他们购买本企业的现有产品;三是争取潜在顾客购买本企业的产品。

(2) 产品发展。即企业为了增加销售量,在现有市场上发展新产品,增加新品种,或者改进原有产品,使其具有某些新的性能及用途,满足更多的需要。产品发展的途径有以下三种：一是开发创新产品及升级换代产品；二是开发系列产品和相关产品；三是改变现有产品的外观或包装。

（3）市场发展。即企业以现有产品打进新的市场以增加销售量。市场发展的途径有两种：一是扩大销售区域，可以从地区性销售扩大到全国销售，也可以从国内销售扩大到国际市场销售；二是进入新的细分市场，满足新市场未被满足的需求，如表2－1所示。

表 2 - 1　密集化发展战略

市场　　　　产品	现 有 产 品	新 产 品
现有市场	市场渗透	产品发展
新 市 场	市场发展	（多角化发展）

小案例：星巴克密集化发展战略

星巴克近年来令人瞩目的成功吸引了众多模仿者，从驯鹿咖啡（Caribou coffee）等直接竞争者到快餐馆（如麦当劳的麦氏咖啡）。忽然之间，好像所有的餐馆现在都开始供应自己口味独特的咖啡。为了在日益激烈的市场竞争中继续维持骄人的增长速度，星巴克制定和实施了多重增长战略。

市场渗透战略：不改变产品，从当前顾客取得更多销售。星巴克重新设计和装修一些门店，使它们更具邻里般的亲切感。该连锁店还增加了更多的食品和饮料供应，如新的星巴克手工制作的苏打水，以及其新购的 La Boulange 品牌下的糕点。为了促进早餐之外业务的发展，虽然早餐仍然是公司主要的收益来源，星巴克在一些迅速扩张的市场中增加了以葡萄酒、啤酒和餐前小吃为特色的晚餐菜单。

市场开发战略：为其当前的产品寻找和开发新的顾客群。星巴克鼓励其他人群，例如老年消费者尝试星巴克的咖啡或购买其更多的食品和饮料。管理者还可能考察新的地理市场,转向美国之外的市场,尤其是在亚洲市场进行扩张。星巴克在我国门店达 1 000 多家,我国已成为该公司仅次于美国的第二大市场,如今星巴克正快速进入印度市场。

产品开发战略:向现有的市场提供改良的或者全新的产品。星巴克为在这个 20 亿美元的市场中分一杯羹,开发了 Via 牌速溶咖啡,并推出了适合 Keurig 家用咖啡机的咖啡和 Tazo 茶。星巴克最近推出了名为 Blonde 的轻度烘焙咖啡,以期满足 40% 的美国咖啡客对轻度、中度烘焙的偏好。星巴克还率先打造新产品类别,如最近推出一种混合了果汁和浓缩绿咖啡的名叫星巴克冰摇沁爽的饮料,以期进入价值 80 亿美元的能量饮料市场。

多角化战略:创办和收购当前市场之外的业务。星巴克最近收购了一家提供高档鲜榨果汁的精品店。星巴克有意利用 Evolut1on 品牌进入"健康"产品类别,包括名为 Evolution By Starbucks 的独立商店。意识到茶是次于水的第二大饮料,星巴克还收购了茶商 Teavana,计划在未来 10 年开办 1 000 家"Teavana 好茶和吧"。

请思考:
星巴克的密集化发展战略可以为其赢得哪些优势?

2. 一体化发展战略

一体化发展战略是指企业通过扩展营销活动领域,实行程度不同的一体化经营,以增强产、供、销的整体能力,从而扩大规模,提高效率,增加盈利。如果企业所属行业的吸引力和增长潜力大,并通过与供应商、中间商的联合,可以加强控制、扩大销售,那么,企业则适宜采取一体化发展战略。具体形式有以下三种,如图 2-5 所示。

(1) 水平一体化。是指企业通过收购、兼并弱小的竞争对手或与同类企业合资联营,以扩大经营规模寻求发展机会。例如,实力强大的汽车制造商兼并若干个小的汽车制造商,或者在国内外与其他同类型企业合资生产经营。

(2) 前向一体化。是指企业向前控制其产品的分销系统,实现产

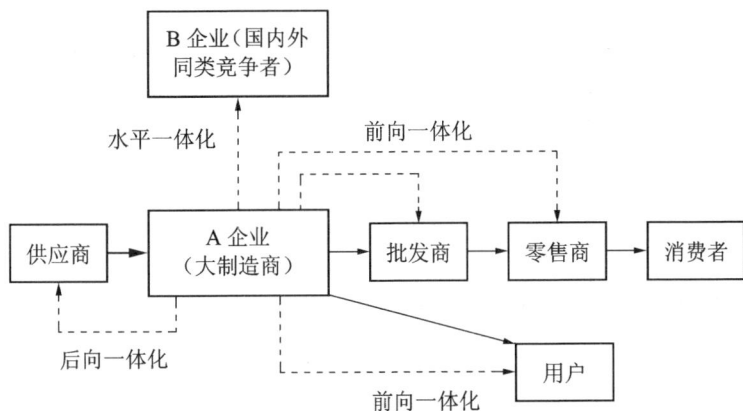

图 2-5　一体化发展战略

销结合。具体表现为：企业通过一定形式对其产品的加工或销售单位取得控制权或拥有所有权。例如，汽车制造商自设分销系统，或者通过某种形式控制中间商。

（3）后向一体化。是指生产企业向后控制供应商，使供应和生产一体化，实现供产结合。具体表现为企业通过自办、契约、联营或兼并等形式，对其供应者取得控制权或拥有所有权。例如，某汽车制造商原来向其他厂商购进汽车轮胎，现在预测到汽车市场需求有较快增长，于是决定扩大生产规模，自己开办轮胎厂或通过收购股份参与控制现有的轮胎公司。

3. 多角化发展战略

多角化发展战略也称为多样化、多元化发展，即企业向本行业以外发展，拓宽业务范围，向其他行业投资，实行跨行业经营。当本企业所属行业缺乏有利的营销机会或者其他行业的吸引力更大时，企业可以实行多角化发展战略，以实现业务的增长。这种战略主要有三种形式。

（1）同心多角化。即企业以现有产品或技术为核心，向外扩展业务范围，开发与现有产品结构相似而用途不同的新产品。例如，柴油机厂利用其柴油机产品的优势，发展生产拖拉机、小型卡车、农用排灌机械等产品。

（2）水平多角化。即企业在现有市场上采用不同技术和设备发展与原有产品无关的各种新产品。例如，一家生产拖拉机的企业，准备生产农药和化肥。

（3）综合多角化。即发展与企业现有产品、技术和市场无关的新业务。例如，一家饮料厂又从事金融业，经营房地产、生产服装、开办饭店等，形成一个跨行业的经营集团。

小案例：娃哈哈公司的多元化战略

曾经明确表示坚决不涉足房地产这一"暴富"领域的娃哈哈董事长宗庆后，在2011年"两会"时改了口径。在全国人大开幕前一天，宗庆后即向媒体表示，娃哈哈不再坚守利润日益稀释的制造业，手中持有的百亿现金将投向商业地产和矿山等领域。娃哈哈的变化还不仅如此。2011年1月，宗庆后除了娃哈哈董事长外，还有了一个新身份：浙江红土创业投资公司副董事长，红土创投也是宗庆后在非主业之外正式宣布投资的第一个多元化项目。但他接受《中国经营报》专访时始终强调，更多的储备投资都是为了反哺实业。

请思考：

娃哈哈多元化发展的动因和目的有哪些？

企业实行多角化发展，不仅可以减少单一经营的风险，提高对环境的适应性，获得更大可能的发展机会，而且也能充分利用企业内部资源，提高整体经济效益。因此，多角化发展战略常被许多大企业所采用。但是，多角化也会带来经营管理的复杂化和资源分散等问题。如果贸然进入完全陌生的行业，不熟悉这一领域的资金运作和营销策划，一旦决策不慎，经营失误，就会给企业带来巨大损失。因此，企业在规划新的发展方向时，必须十分慎重，要结合自身资源和优势考虑。

第二节　市场营销战略管理过程

市场营销战略管理是根据企业战略的要求与规范,制定市场营销的目标以及实现的途径与手段,并通过市场营销战略的实施和控制,支持和服务于企业战略,大大提高营销活动的目的性、预见性、整体性、有序性和有效性,增强企业的竞争能力和应变能力。因此,无论是在开放条件下的国内市场,还是在竞争激烈的国际市场,进行有效的市场营销战略管理已成为维系企业生存与发展的关键所在。

一、市场营销战略管理的作用

市场营销战略管理对企业生存和发展的意义体现在以下三个方面。

第一,市场营销战略有利于在内部形成明确的共同思想,充分合理地利用内部的各种资源。在市场营销战略计划的制订过程中,可以加强内部各部门、各层次横向和纵向的信息沟通,协调内部诸如资金筹措、资源配置、生产和销售等各项活动,把内部可能出现的冲突减少到最低限度,从而使企业实现其各项目标的可能性更大。

第二,市场营销战略促使决策者从全局出发,高瞻远瞩地考虑问题。预先的思考能够对实际情况有更加理性的反映,使各种目标保持一致性。尤其在逆境中,市场营销战略有利于企业明确应当采取什么行动,从而促成最符合整体利益目标的有效实现。

第三,市场营销战略有利于企业主动适应不断变化的营销环境。市场营销战略促使管理人员必须仔细观察、分析市场动向并对其未来的走向作出评价,从而有利于明确和决定企业未来的行动方向,大大减少盲目性,由此减轻甚至消除出乎预料的市场波动或事件造成的影响,避免产生混乱局面。

二、市场营销战略管理过程

市场营销战略管理过程是指由市场营销部门根据企业的战略规划,在综合考虑外部市场机会及内部资源状况等因素的基础上,确定目标市场,选择相应的市场营销策略组合,并予以有效实施和控制的过程。具体来说,市场营销战略管理过程主要包括以下五个环节,如图2-6所示。

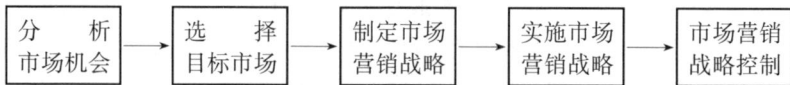

分　析 市场机会	→	选　择 目标市场	→	制定市场 营销战略	→	实施市场 营销战略	→	市场营销 战略控制

图2-6　市场营销战略管理过程

(一) 分析市场机会

市场机会是指市场上存在的某些未被满足的需要,可以由企业利用自己掌握的资源将其转化为现实的需求,并提供相应的产品和服务来满足。分析市场机会是市场营销管理的首要任务,从某种意义上来说,营销活动就是围绕着如何利用市场机会来进行的。市场机会可以分为以下五种。

1. 环境机会与企业机会

需求随着环境的变化而变化,在环境中客观存在着许多未完全满足的需要,也就是存在许多市场机会。这些市场机会是环境变化形成的,因此称之为环境机会。但环境机会对不同的企业来说,并不一定都是最佳机会,因为这些环境机会不一定都符合企业的目标和能力,不一定能使企业取得最大竞争优势。只有环境机会中那些符合企业目标与能力,有利于发挥企业优势的市场机会,才是企业机会。

2. 表面市场机会与潜在市场机会

在市场机会中,有的是明显地没有被满足的市场需求,这种未被满足的需求就称作表面市场机会;而另外一种则是隐藏在现有某种需求后面的未被满足的市场需求,称之为潜在市场机会。

3. 行业市场机会与边缘市场机会

行业市场机会是指出现在本企业经营领域内的市场机会,边缘市场机会则是指在不同行业之间的交叉与结合部分出现的市场机会。

4．目前市场机会与未来市场机会

由目前市场上存在的未被完全满足的需求而引起的市场机会，是目前市场机会；未来市场上可能存在的未被完全满足的需求所引起的市场机会，是未来市场机会。

5．全面市场机会与局部市场机会

全面市场机会是在大范围市场（如国际市场）内出现的未满足的需求，而局部市场机会则是在一个局部的市场（如某个特定地区）内出现的未满足的需求。

小案例：创造需求、定义市场的苹果公司

十多年前的手机行业还是诺基亚的天下，诺基亚已经把手机成本做得很低，全球的手机大概有一半是诺基亚手机。苹果手机是世界上第一部名副其实的智能手机，苹果智能手机的推出不仅迅速终结了当年诺基亚在手机市场的主导地位，而且还带来了诸多变化。苹果公司通过不断地自我调整、不断颠覆现有业务，重新定义了智能手机，重新定义了通信行业，重新定义了消费产品，重新定义了互联网。比如，苹果并非是第一家考虑做 APP 的公司，但 2008 年苹果 App Store 的上线重新定义了这个市场。目前苹果 App Store 里已经拥有 200 多万个 APP。苹果不是第一个卖平板电脑的商家，虽然 iPad 刚刚问世时曾遭遇到不少冷嘲热讽，很多人认为这个"大号 iPhone"完全没有存在的道理，但 iPad 依然取得了巨大的成功。创造消费者自己没有意识到会需要的产品，在此基础上重新定义市场是苹果不断创造神话的关键，参领其中深邃意境，对于企业分析市场机会、选择目标市场不无裨益。

请思考：

以手机的具体功能为例，说明苹果智能手机哪些体现出"创造需求、定义市场"的特点？

(二)选择目标市场

选择目标市场实际是对企业机会进行进一步的研究,从中找到企业的目标市场,并进行市场定位。因此,研究和选择目标市场包括市场细分、目标市场选择及市场定位等内容。

1.市场细分

市场细分就是根据消费者明显的不同特征,依据一定标准把整体市场分割为两个或更多个子市场的过程。虽然每个子市场都具有相同或相似的需求特征,但消费者需求具有明显不同的特性,特别是高层次需求的差异性更大,针对不同的市场可以使用不同的细分因素。

小案例:儿童手机市场细分逐渐兴起

儿童使用手机,其中的游戏、上网功能令人担忧,甚至有委员建议禁止儿童使用手机。但另一方面,出于安全考虑,家长希望能与孩子保持联系也是客观存在的需求。这样的局面无疑对手机生产者和运营商提出了新的要求,开发推广儿童专用手机的契机已经到来。

近年来,不少家长纷纷给正在读小学低年级的孩子购置了"儿童手机",据悉,这种产品有别于成人用手机,适用于5—13岁的未成年人。从外形上看,这种"儿童手机"大多小巧可爱、卡通讨喜,符合未成年人的审美需求;从设置上看,"儿童手机"的键盘设置比较简单,操作十分方便;而从功能上看,"儿童手机"摒弃了易使未成年人分心、沉迷的游戏和上网功能,转而在安全、健康上下起了功夫。

目前,这种"儿童手机"在网上十分热销,淘宝网从事儿童手机销售的一家店主说,卖得最好时,一天发往广州的货就有上百台。而广州某品牌儿童手机的销售则表示:"目前广州的市场零售价大约499元一部,但消费者一般都是从网上购买的。而在内蒙、甘肃、河南等地的实体店销量都特别好,特别在北京市场上,售价已涨到600多元了。"

请思考:

儿童手机市场细分应满足家长哪些要求?

2. 目标市场

对市场进行细分以后,企业需要从不同的细分市场中选择自己要进入的细分市场,这种细分市场就是目标市场。在选择目标市场时,企业需要对不同的细分市场进行评价,评价的内容主要包括企业的目标和资源、细分市场的规模及潜力以及细分市场的吸引力。当这些方面都满足时,这样的细分市场就可以作为企业的目标市场。

3. 市场定位

选定目标市场并不意味着选择目标市场工作的结束,企业还需对所提供的产品在目标市场顾客心目中占据什么样的位置做出决策。具体来说,市场定位是确定企业的产品于何时何地,以何种技术价值、文化价值、品牌与价格层次向哪一阶层消费者出售的过程。

由于同类产品品质趋同化现象日益严重,同类产品和替代产品日渐增多,加之各种产品信息铺天盖地,置身于商品海洋、信息海洋中的广大消费者往往无所适从,因而市场定位显得尤为重要。在进行市场定位时,企业需要认真研究市场本身的状况、消费者的情况以及企业的内部能力等问题。

(三) 制定市场营销战略

市场营销战略是战略业务单位为实现其营销目标而制定的总体方案。它主要涉及营销组合决策和营销预算的编制。

1. 营销组合

营销组合指企业协调配套地运用各种可以控制的营销因素,形成一种最佳组合,以满足目标顾客的需要和实现企业的营销目标。在市场营销组合中,每一个因素都存在着多种变化可能,其中任何一个因素的变化都会要求其他因素作相应变化。因此,市场营销组合的确定必须考虑各因素之间的协调。

2. 营销预算

营销预算一般应以目标销售额为依据来制定。首先要分析为实现一定销售额和相对市场份额所需的市场营销工作量,并相应确定需要多少营销总预算,其次要将营销总预算合理地分配给各项营销因素。

(四) 实施市场营销战略

市场营销战略只有付诸实施,才能保证战略任务和目标的实现。为了有效地实施市场营销战略,企业应做好以下三项工作。

(1) 必须设立执行市场营销战略的组织。对小企业来说,一个人有可能做所有的营销工作,如营销研究、销售、广告、顾客服务等;而对于大企业来说,就需要设置多名从事市场营销相关工作的专职人员,如销售人员、销售管理者、销售研究者、广告人员、产品和品牌管理者、市场细分管理者及顾客服务人员等。

(2) 必须有一位高层管理者负责协调市场营销工作。其任务有两项:一是要合理安排营销力量,协调全体市场营销人员的工作,以保证营销工作的顺利进行;二是要协调与生产、财务、开发、采购和人事等职能部门的关系,促使企业各部门同心协力做好营销工作,以满足顾客需要。

(3) 必须精心选择和使用市场营销人员。对于市场营销人员,企业要给予相关的培训和指导,还要定期对他们进行考核与激励,定期检查他们的业务,评价他们的实力,指出他们的缺点,并提出改进意见。

(五) 市场营销战略控制

为了预防战略决策偏差和实施中意外事件对战略实施效果可能产生的影响,确保市场营销战略的实现,企业还必须对战略的实施进行控制,及时发现战略制定和实施中的偏差、营销中存在的问题及营销环境的变化等,以便采取相应的措施,包括修正其执行、计划、战略,甚至是目标。营销控制一般包括年度计划控制、盈利能力控制、效率控制和战略控制四方面。

1. 年度计划控制

年度计划控制是将反映企业营销目标的年度指标进一步具体化,定期检查这些指标的完成情况。如果计划指标不能按期完成,就应认真检查不能完成的原因,并采取相应的补救措施,对各部门的营销活动进行调整。

2. 盈利能力控制

盈利能力控制是对不同产品、不同市场的盈利情况进行监控,以检查所制定的盈利目标是否实现。进行盈利控制要求对不同产品、不同市场的收入和投入进行认真的记录和报告,以便营销管理部门定期做出评价报告。如果通过评价报告发现盈利目标没有完成,就应进行诊断分析,找出盈利目标没有完成的原因,以对相关的营销职能部门加强管理,提高其营销效率。

3. 效率控制

效率控制是要对企业市场营销人员的工作绩效以及企业的广告、促销和分销等方面的工作效率进行评估,其目的是找出提高这些管理工作效率的途径。

4. 战略控制

战略控制是更高层次的控制,其目的是确保企业目标、政策、战略和措施与市场营销环境相适应。由于市场环境是不断变化的,因此,对战略的适应性进行定期审计是非常必要的。如果企业战略不能适应环境变化的要求,就应对其进行调整。

三、影响市场营销战略管理效果的因素

市场营销战略管理的核心思想是使营销活动与市场环境的变化相协调。制约或影响营销活动的各种因素是动态变化的。从企业可否控制的角度来划分,这些因素可分为可控因素和不可控因素两大类。

一类是可控因素。是指影响营销活动,并能被企业本身所控制和运用的各种营销手段。主要包括产品开发、产品附加服务、品牌商标、产品包装、价格、分销渠道、文化宣传、人员推销、公共关系、营业推广等。这些手段和因素会对营销活动产生综合影响,而不同手段和因素的组合又会对营销活动产生不同的影响。能否适应市场环境的变化,实现市场营销组合的优化,在很大程度上决定着企业营销战略管理的成败,乃至企业经营的成败。

另一类是不可控因素。是指影响营销活动却不能为企业所控制的各种外部环境的因素,主要包括经济发展、技术进步、人口状况、居民收入、社会文化、市场竞争等。对于企业营销活动来说,这些外部因素或环境因素的变化,既会带来市场机会,也会形成环境威胁,企业不可能

改变它们,企业应充分挖掘和利用市场机会,尽可能避开威胁,使营销活动与外部环境相协调。

可见,企业能否取得经营上的成功,不仅取决于能否有效地运用可控制的营销手段,还取决于能否成功地适应不可控制因素构成的外部环境。

第三节　市场营销组合

市场营销组合是市场营销战略的核心内容,也是企业市场竞争的基本手段。企业在确定目标市场以后,就要有效地利用自身资源,设计企业销售战略,制定最佳销售方案,以达到预期的目标,这在很大程度上依赖于市场营销组合策略的正确选择和运用。

一、市场营销组合基本内容

市场营销组合是 20 世纪 50 年代由美国哈佛大学教授尼尔·博登(Neil Borden)首先提出,之后美国市场营销学家尤金·麦卡锡(McCarthy)将市场营销组合可控制的要素归纳为产品(product)、价格(price)、分销(place)和促销(promotion)等四个基本要素,即 4Ps。4Ps 的提出犹如企业建立了强大的 GPS 定位系统,为企业针对在目标市场进行营销决策提供一个具体的分析框架与运用模板,使营销活动开展成为有的之矢。企业针对目标市场的不同需要,围绕着这四个方面分别制定营销策略,可形成不同类型的策略组合,如图 2-7 所示。

基本概念　市场营销组合

市场营销组合是指企业为了满足目标市场的需要,将可控制的各种因素进行优化组合和综合运用,以达到企业的经营目标,并取得最佳的经济效益。

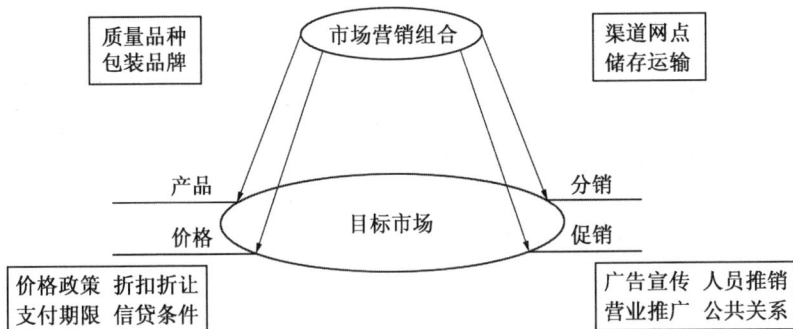

图 2-7　市场营销 4Ps 组合

（一）产品策略

产品策略是指做出与产品有关的计划和决策,是整个营销组合策略的基石。产品是为目标市场开发的有形物质产品与各种相关服务的统一体。产品领域的核心问题是如何满足顾客需要。为此,企业必须在产品种类、质量标准、产品特性、产品品牌、包装设计以及维修、安装、退货、指导使用、产品担保等方面进行新产品的开发活动。企业在着眼于满足顾客需要开发实体产品的同时,还应重视连带服务的开发。

（二）价格策略

价格直接关系到市场对产品的接受程度,影响市场需求和企业利润的多少,如果价格得不到顾客的认可,市场营销组合的各种努力势必是徒劳的。制定价格要估量顾客的需求和企业的成本,以便选定一种既能吸引顾客,又能适合市场营销组合的价格。此外,定价还应考虑目标市场上的竞争性质、法律政策限制、顾客对价格的可能反应;同时还要考虑折扣、折让、支付期限、信用条件等相关问题。

（三）分销策略

分销策略又称为渠道策略,是指选择将产品从制造商转移到消费者的途径。在现代市场经济条件下,企业和消费者之间在时间、地点、信息等方面存在着差异和矛盾,企业的产品只有通过一定的市场营销渠道,才能在适当的时间、适当的地点将适当的产品以适当的价格供应顾客,满足客户需要,实现企业的市场营销目标。

(四) 促销策略

促销策略主要是指企业利用各种信息传播手段刺激消费者、促进产品销售,实现其营销目标的决策,其中主要包括广告、人员推销、营业推广和公共关系等因素的组合和运用。此外,商品目录、赠品、陈列、示范、展销等也属于促销策略考虑的范畴。

二、市场营销组合的特点

(一) 可控性

市场营销组合的各个因素是企业可以控制的。例如,企业根据目标市场的需求,自主地决定产品的结构和性能,制定或调整产品价格,选择产品的分销渠道,运用广告宣传手段和决定销售预算等。营销组合因素的可控性决定了营销组合的可能性,倘若企业不能主动控制这些因素,就无营销组合可言。但是也应该看到,这些可控制因素随时都会受到诸如政治、经济、文化、技术等外部环境因素的制约和影响,营销组合只有与外部环境的发展变化相适应,才能收到预期的效果。

(二) 动态性

市场营销组合是各个营销因素的动态组合。由于受企业内部条件和外部环境变化的影响,市场营销组合的多个因素总是处于经常的变化状态中,其中任何一个因素的变化,都会影响营销的最终效果。因此,企业必须适应市场环境和消费需求的变化,随时调整营销组合因素,使之与市场环境保持一种动态的适应关系。

(三) 复合性

市场营销组合不仅包括了四大要素,而且每一要素又各自包括多个次一级乃至更次一级的因素,从而形成各个层次因素的组合。这些因素相互配合,协调发展,共同为实现企业营销目标发挥作用。

(四) 整体性

市场营销组合是企业根据营销目标制定的整体策略,要求企业市场营销的各个因素相互补充,协调配合,发挥整体功能,使营销活动效果达到最优。这种整体效应的作用,必然大于局部因素效应之和。

三、市场营销组合的作用

市场营销组合以系统理论为指导,把影响市场营销效果的各个可以控制的因素组织起来,给企业决策者提供了一个科学地分析和运用各种经营手段的思路和方法,有助于实现市场营销整体效果最优化。对企业的营销活动来说,市场营销组合主要有以下四个方面的作用。

第一,市场营销组合是制定市场营销战略的基础。市场营销战略通常由战略目标和战术目标组成,这两种目标相互依存,密不可分。一方面,包括利润目标、相对市场份额目标和产品销售量目标等在内的战略目标必须建立在由市场营销诸因素所组成的战术目标基础上;另一方面,作为战术目标的市场营销组合又是实现营销战略目标的保证。也就是说,企业只有以市场营销战略为依据,分析产品和市场的特点,并且结合自己的资源优势,制定相应的市场营销组合,才能保证市场营销战略目标的实现。

第二,市场营销组合是市场营销的基本手段。为了更好地满足顾客需要,企业必须根据目标市场的特点,确定适当的营销组合,使内部每个部门、每个员工的各项活动都以顾客为中心,相互协调,相互配合,保证企业在产品、价格、时间、地点和信息等方面全方位地满足顾客的需要,从而最有效地达到营销目标。

第三,市场营销组合是应对竞争的有力武器。一般来说,竞争对手之间各有自己的优势和劣势,取胜之道在善于分析自己和别人的长处和短处,做到扬长避短,避实击虚。市场营销组合策略正是强调发挥自己的优势,根据自身的资源条件、市场环境的变化、市场竞争的格局以及产品和市场的特点,巧妙灵活地运用营销组合的各个因素,既突出重点,又强调整体配合,从而获得竞争中的有利地位。

第四,市场营销组合是协调内部各部门工作的纽带。市场营销组合实质上就是整体营销,它不仅要求营销组合诸因素的协调配合,还要求内部各个部门增强整体观念,形成一个整体工作系统,彼此分工协作,共同满足目标市场的需求,努力实现企业的整体目标,市场营销组合因此成为连接和协调各个部门工作的纽带。

四、市场营销组合理论的发展

随着经济不断发展,经营环境不断变化,营销管理工作不断遇到新情况和新问题,由此市场营销组合理论也有新的发展。

(一) 大营销理论——6Ps 组合理论

菲利普·科特勒认为,在实行贸易壁垒和地方保护的条件下,市场营销战略除了 4Ps 之外还必须加上两个 P,即"政治力量"(political power)和"公共关系"(public relations)。事实表明,在贸易保护主义回潮和政府干预加强的条件下,企业即使对 4Ps 安排适当,产品适销对路,价格、促销也都不错,但这种产品未必能卖出去,企业还可能会失败。大营销理论与传统市场营销理论的区别,主要表现在以下三个方面。

第一,对待环境态度不同。传统营销理论强调通过营销组合变化来与企业外部不可控因素相适应;而"大营销理论"认为,企业可以影响其周围的经营环境,而不仅仅是顺从和适应。例如,企业可以通过法律方面的活动、谈判、广告宣传、公共关系和战略性合伙经营等影响外部环境。

第二,市场营销目标有所不同。传统营销理论认为,营销目标就是千方百计发现和满足目标顾客的需求;而大营销理论认为,营销目标不光是满足目标顾客的需求,而且可以运用各种力量,引导、改变和创造目标顾客的需求。

第三,市场营销手段有所不同。传统营销理论认为,企业集中一切资源和力量,适当安排 4Ps,采取这些市场营销手段来满足目标顾客的需要;而大营销理论认为,企业要用 6Ps 来打开和进入某一市场,创造或改变目标顾客的需要。

(二) "4Cs"营销观念

以美国西北大学教授舒尔茨为代表的学者认为,传统的"4Ps"营销组合理论仅代表了销售者的观点,重视的是产品导向而非真正的顾客导向。每一个营销工具是用来为顾客提供利益的,由此,舒尔茨等学者提出了与"4Ps"理论相对应的顾客"4Cs"理论(表 2-2),企业要想在市场竞争中立于不败之地,必须力求尽量经济、方便地满足顾客的需要,同时和顾客保持有效的沟通。

事实上,"4Cs"理论和"4Ps"理论只是提出问题的角度不同,前者从消费者角度提出,而后者则从营销者的角度提出问题,其目标都是以消费者需要为中心,通过消费者满意获取利润,两者并不存在根本的分歧。

表 2－2　4Ps 与 4Cs 对照

4Ps	4Cs
产品(product) 定价(price) 分销(place) 促销(promotion)	顾客的需要和欲望(consumer needs and wants) 顾客的成本(cost to consumer) 便利(convenience) 沟通(communication)

小资料：4Rs 组合理论

　　近年来,美国学者唐·舒尔茨(Don Shultz)基于关系营销提出了 4Rs 营销组合理论。4Rs 阐述了全新的市场营销四要素,即关联(relevance)、反应(reaction)、关系(relationship)和回报(reward)。该营销理论认为,随着市场的发展,企业需要从更高层次上以更有效的方式在企业与顾客之间建立起有别于传统的新型的主动性关系。

　　需要说明的是,从 4Ps、6Ps 到 4Cs,以及 4Rs 等其他营销组合理论的发展,充分反映了市场营销工作的复杂性、动态性、整体性、科学性和调整性;而 4Ps 组合理论无疑是众多营销组合理论发展的基础。不同营销组合理论之间不能简单地取代或割裂,实践中企业应根据具体情况具体分析运用。

本章小结

企业战略规划的产生源于企业环境的变化,是企业为实现自己的任务和目标所制定的带有长期性、全局性和方向性的规划。一般来说,企业战略可划分为三个层次:总体战略、经营战略和职能战略。市场营销战略是一种职能战略,它在企业战略体系中处于核心的地位,服从和服务于企业战略,并对其他职能战略起着引导作用。

企业的战略规划一般由四部分组成:规定企业的任务、确定企业目标、选择业务组合和制定增长战略。企业的任务是解决有关企业定位以及存在价值和意义之类的一些基本的、根本性的问题。企业目标是企业未来一定时期内所要达到的一系列具体业务目标的总称。选择业务组合的前提是客观评价业务单位,常用的评价工具有波士顿咨询公司的"市场增长率—相对市场份额矩阵"和通用电气公司的"多因素业务矩阵"。根据对各业务单位分析的结果,可对各个单位采取发展、维持、放弃等投资战略。企业的业务发展战略主要有密集化发展、一体化发展和多角化发展等三类。密集化发展战略的形式有市场渗透、市场发展和产品发展三种;一体化发展战略可以采取后向一体化、前向一体化、水平一体化三种形式;多角化发展战略也有三种形式:同心多角化、水平多角化和综合多角化。

市场营销战略的制定、实施与控制亦即市场营销管理过程,主要包括分析市场机会、选择目标市场、制定市场营销战略、实施市场营销战略和市场营销战略控制等五个环节。

市场营销组合是企业营销战略的重要组成部分,是对可控制的各种营销因素的优化组合和综合运用,即企业根据目标市场的需要,决定自己的产品结构,确定产品价格,选择分销渠道和促销方法等。营销组合理论对企业的经营发展,尤其是市场营销实践活动有重要作用。随着社会经济的不断发展,"4Ps"理论也有新的发展。

案例分析：宝马汽车公司的营销组合

汽车工业自形成以来，一直稳定发展，现已成为全球最重要、规模最大的工业部门之一。但是自20世纪90年代以来，美国、日本、欧洲等发达国家国内市场基本饱和，汽车制造业发展得较为缓慢，汽车行业需要寻求新的经济增长点。而此时亚洲经济正以惊人的速度发展，亚洲尤其是东亚成为世界汽车巨头觊觎良久、最后争夺的市场。宝马公司也将目标定向了亚洲，采用一系列策略性的营销工具，来争抢这块市场"蛋糕"。

（1）产品策略。宝马公司试图吸引新一代寻求经济和社会地位成功的亚洲商人。宝马的产品定位是：最完美的驾驶工具。宝马要传递给顾客创新、动力、美感的品牌魅力。这个诉求的三大支持是：设计、动力和科技。公司的所有促销活动都以这个定位为主题，并在上述三者中选取至少一项作为支持。每个要素的宣传都要考虑到宝马的顾客群，要使顾客感觉到宝马是"成功的新象征"。要实现这一目标，宝马公司欲采取两种手段，一是区别旧与新，使宝马从其他品牌中脱颖而出；二是明确使宝马成为成功和地位的新象征，车主有哪些需求，如何去满足它。

（2）定价策略。宝马采用高价的定价策略，价格一般高于其他同类汽车的10%—20%。宝马公司认为宝马制定高价策略是因为：高价意味着宝马汽车的高品质，高价也意味着宝马品牌的地位和声望，高价表示了宝马品牌与竞争品牌相比具有的专用性和独特性，高价更显示出车主的社会成就。总之，宝马的高价策略是以公司拥有的优于其他厂商品牌的优质产品和完善的服务特性，以及宝马品牌象征的价值为基础的。

（3）渠道策略。宝马公司早在1985年在新加坡成立了亚太地区分公司，负责新加坡、中国香港地区、中国台湾地区、韩国等分支机构的销售事务。在销售方式上，宝马公司采用直销的方式。宝马是独特、个性化且技术领先的品牌，宝马锁定的顾客并非是大众化汽车市场，因此，必须采用细致的、个性化的手段，用直接、有效的方式把信息传递给顾客。直销是最能符合这种需要的销售方式。宝马公司在亚洲共有3 000多名直销人员,由他们直接创造宝马的销售奇迹。

(4)促销策略。宝马公司的促销策略并不急功近利地以提高销售量为目的,而是考虑到促销活动一定要达到如下目标:成功地把宝马的品位融入潜在顾客中;加强顾客与宝马之间的感情连接;在宝马的整体形象的基础上,完善宝马产品与服务的组合;向顾客提供详尽的产品信息。最终,通过各种促销方式使宝马能够有和顾客直接接触的机会,相互沟通信息,树立起良好的品牌形象。宝马公司考虑到当今的消费者面对着无数的广告和商业信息,为了有效地使信息传递给目标顾客,宝马采用了多种促销方式,包括广告、直销、公共关系等活动。

资料来源:根据网络资料整理。

请思考:

1. 为宝马公司撰写一则企业任务说明书。
2. 以宝马公司为例说明企业设计营销组合策略的步骤。
3. 讨论宝马公司的营销组合策略及其如何适应营销战略。

实践运用

一、实践目的

1. 培养初步分析市场营销战略问题的能力。
2. 训练拟定市场营销战略的能力。

二、实践内容

自行选定一家有代表性的企业,调查分析该企业采用的市场营销战略。向全班同学介绍该企业营销战略及营销组合策略,分析其优点与不足,并给出改进建议,学生讨论评价每组分析和建议是否合理。

三、实践组织

以自愿为原则,班级同学6—8人为一组,以小组为单位进行讨论。每组选派一名代表用PPT形式向全班同学介绍所调研企业。

第二编　市场分析

第三章 市场营销环境

　　成功的公司应该能够认识在环境中尚未满足的需要和趋势,并能做出反应而盈利。

——菲利普·科特勒

　　物竞天择,适者生存。营销是在一个复杂多变的市场环境中进行的,环境中的主要参与者,如供应商、中间商、顾客、竞争者、公众等,可能与企业合作或者对立。环境中的主要力量,如人口、经济、自然、科技、政治、文化等,形成营销机会,抑或产生威胁,影响着企业服务顾客和发展顾客关系的能力。置身于市场环境中的企业犹如处于温水中的"青蛙",能否感知环境中各类潜在或突发的生死攸关的危险至关重要;企业应通过对市场环境的分析判断,识别可能的机会与威胁,及时调整战略经营决策以适应变化、创造变化、控制变化。

第一节　市场营销环境分析

一、市场营销环境含义

市场营销环境是指影响企业市场营销能力，决定其能否有效地维持和发展与目标顾客的交易及关系的所有力量的集合。市场营销环境可分为宏观环境和微观环境。宏观环境是指对营销活动造成市场机会和环境威胁的主要社会力量，如人口、经济、自然、科学技术、社会文化等；微观环境是指直接影响企业对顾客服务能力的各种参与者及参与者间的相互关系，即企业、供应商、营销中介、顾客、竞争者、社会公众以及他们之间的相互关系。微观环境的各种行为者都在宏观环境中运作并受其影响和制约，如图3-1所示。

图 3-1　市场营销环境

二、市场营销环境特点

（一）客观性

市场营销环境作为一种客观存在，是不以企业的意志为转移的，有着自己的运行规律和发展趋势，对营销环境变化的主观臆断必然会导致营销决策的盲目与失误。营销管理者的任务在于适当安排营销组合,使之与客观存在的外部环境相适应。

(二) 关联性

构成营销环境的各种因素和力量是相互联系、相互依赖的。如经济因素不能脱离政治因素而单独存在;同样,政治因素也要通过经济因素来体现。又如良好的经济环境和完善的政治制度需要健全的法律来保证,而政治的、法律的、经济的等因素都要受到社会文化背景的影响;社会文化的发展,又要受政治的、法律的、经济的等各种因素的制约。正因为外界环境中的这些因素的联系是相通的,所以它们对营销活动的影响,也不是独立的,而是密切相关的多元因素的综合影响。

(三) 层次性

从空间概念来看,营销环境因素是个多层次的集合。第一层次是企业所在的地区环境,例如当地的市场条件和地理位置。第二层次是整个国家的政策法律、社会经济因素,包括国情特点、全国性市场条件等。第三层次是国际环境因素。这几个层次的外界环境因素与企业发生联系的紧密程度是不相同的。其中政治、法律因素的影响较为广泛、普遍,经济因素的影响较为直接,其他因素往往是通过经济环境因素影响和制约企业营销活动。

(四) 差异性

营销环境的差异主要因为企业所处的地理环境、生产经营性质、政府管理制度等方面存在差异,不仅表现在不同企业受不同环境的影响,而且同样一种环境对不同企业的影响也不尽相同。如处于沿海城市的企业和处于边远地区的企业、企业对国计民生关系程度、企业规模大小等,这些差别性以不同程度和方式影响、制约着企业的营销活动。

(五) 动态性

外界环境随着时间推移经常处于变化之中。例如,外界环境利益主体的行为变化和人均收入的提高均会引起购买行为的变化,影响企业营销活动的内容;外部环境各种因素结合方式的不同也会影响和制约企业营销活动的内容和形式。顾客需求在变化,竞争对手的策略在改变,产业结构在调整……企业必须在变化的市场环境中寻找机遇,密切关注可能受到的威胁。

三、市场营销环境分析的目的

环境的发展变化给营销带来的影响大致可分为两大类,即环境机会和环境威胁。市场营销环境分析的目的就在于寻求环境机会,避免环境威胁。每个企业都会面临许多环境机会或环境威胁,这些机会或威胁不断地影响和制约着企业的营销活动。因此,营销者必须重视收集市场信息,分析市场营销环境,以便采取相应的营销策略。

环境机会是营销环境中对企业市场营销有利的各项因素的总和。及时、有效地捕捉和利用环境机会,是营销成功和发展的前提。经过环境分析和评估,结合企业自身的资源和能力,如果确认市场对某种产品存在需求,企业也有营销能力时,就应积极适时地利用这一机会。机不可失,时不再来,若不及时发现并抓住机遇就有可能坐失良机,造成"机会损失"。

环境威胁是营销环境中对企业营销不利的各项因素的总和。面对环境威胁,如果不果断地采取营销措施,避免威胁,其不利的影响势必会伤害企业的市场地位,甚至使企业陷于困境。因此,营销者要善于分析环境发展趋势,识别环境威胁或潜在的环境威胁,正确认识和评估威胁的可能性和严重性,以采取相应的措施。如政府对环境保护力度的加强,会对含氟利昂的冰箱或含汞电池的生产厂商构成威胁。

在现实中,机会和威胁往往是同时并存的。营销管理的任务在于通过市场营销环境的调研和分析,抓住经营决策、资源利用和市场开拓等宝贵机会,避开、减轻或主动对抗企业面临的威胁,积极采取对策迎接挑战。

四、市场营销环境分析方法

任何企业都面临着若干营销机会和环境威胁。然而,并非环境机会对所有的企业具有同等程度的吸引力,也并非所有的环境威胁对所有的企业造成同等程度的压力。企业必须进一步分析哪些环境机会最有吸引力,哪些环境威胁最具有破坏力,以便采用相应的营销战略。对此,企业可借助"环境机会矩阵图"和"环境威胁矩阵图"进行分析。

(一) 环境机会分析

分析、评价环境机会主要有两个方面:一是考虑机会给企业带来的潜在利益的大小;二是考虑成功可能性的大小,如图3-2所示。

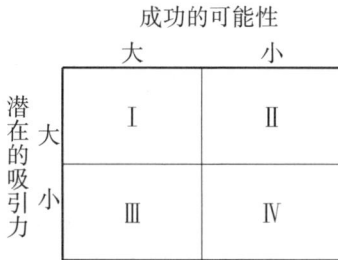

图3-2　环境机会矩阵图　　　　图3-3　环境威胁矩阵图

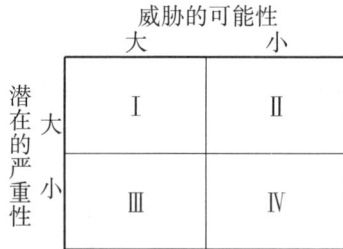

在图3-2的四个区域中,第Ⅰ区域是企业必须重视的,因为它的潜在利益和成功可能性都很大;第Ⅱ和第Ⅲ区域也是企业不容忽视的,因为第Ⅱ区域虽然可能性不大,但其潜在市场吸引力较大,一旦出现会给企业带来丰厚收益,而第Ⅲ区域虽然潜在吸引力较小,但出现可能性却很大,因此需要企业注意,制定相应对策;对第Ⅳ区域,主要是观察其发展变化,并依据变化情况及时采取措施。

(二) 环境威胁分析

营销者对环境威胁的分析也主要从两方面考虑:一是分析环境威胁对企业的影响程度;二是分析环境威胁出现的可能性大小,并将这两个方面结合在一起,如图3-3所示。

在图3-3的四个区域中,第Ⅰ区域企业必须高度重视,因为它的危害程度高,出现可能性大,企业必须严密监视和预测其发展变化趋势,及早制定应变策略;第Ⅱ和第Ⅲ区域企业不能忽视,因为第Ⅱ区域虽然出现的可能性较低,但一旦出现,就会给企业带来巨大的危害,第Ⅲ区域虽然对企业的影响不大,但出现的可能性却很大,对此企业也应该予以注意,随时准备应对;对第Ⅳ区域主要是观察其变化趋势,看是否有向其他区域发展的可能。

（三）综合环境分析

实际面临的客观环境中,单纯的威胁环境和单纯的机会环境是少有的。一般情况下,营销环境都是机会与威胁并存、利益与风险结合在一起的综合环境。根据综合环境中威胁水平和机会水平的不同,可分为四种情况,如图3-4所示。

	威胁水平	
	低	高
机会水平　大	理想环境	冒险环境
机会水平　小	成熟环境	困难环境

图3-4　机会—威胁矩阵图

第一,理想环境。理想环境是机会水平高,威胁水平低,利益大于风险。这是企业难得遇上的好环境,营销管理者必须抓住机遇,万万不可错失良机。

第二,冒险环境。冒险环境是机会和威胁同在,利益与风险并存,在有很高利益的同时,存在很大的风险。面临这样的环境,企业必须加强调查研究,进行全面分析,审慎决策,以降低风险,争取利益。

第三,成熟环境。成熟环境中的机会和威胁水平都比较低,是一种比较平稳的环境。面对这样的环境,企业一方面要按常规经营,规范管理,以维持正常运转;另一方面,要积蓄力量,为进入理想环境或冒险环境做准备。

第四,困难环境。困难环境中风险大于机会,企业的处境十分困难。此时企业必须想方设法扭转局面。如果大势已去,无法扭转,则必须果断决策,退出在此环境中的经营,另谋发展。

五、环境应对策略

市场营销环境的诸多特点体现出企业适应营销环境的必要性,但这种适应不是被动的,而应是主动地以变应变。所以,企业要对环境中存在的机会与威胁给予足够重视,积极制定有效的应对策略,以求在激烈竞争中获胜,并在竞争中求得发展。

(一) 威胁的应对策略

1. 促变策略

促变策略即企业通过自身的努力,试图限制或扭转不利因素的发展。例如,日本的汽车、家用电器等工业品源源不断地流入美国市场;而美国的农产品却遭到日本贸易保护政策的威胁。美国政府为了对付这一严重的环境威胁,一方面在媒体上发布美国的消费者愿意购买日本质优的汽车、电视等,为何不让日本消费者购买便宜的美国产品的舆论;另一方面向有关国际组织提出起诉,要求仲裁;同时美国政府提出,如果日本政府不改变农产品贸易保护政策,美国对日本工业品的进口也要采取相应的措施。美国最终通过这些促变性策略扭转了不利的对日贸易处境。

2. 减轻策略

减轻策略即企业通过各种手段改变营销策略,以减轻环境威胁的程度,主动适应环境变化。例如,原材料价格上涨,企业可以主动寻找代用品,也可以采用改进设备和工艺等措施节约原材料,降低原材料单位消耗和费用成本,使企业利润保持稳定。这种减轻策略不仅有利于企业的生存,而且有可能在激烈的市场竞争中击败那些对原材料价格上涨消化能力较差的企业,从而在威胁中发展壮大。

3. 转移策略

转移策略即将产品或业务转移到其他盈利更高、市场环境更好的行业中去,以回避不利环境因素,寻求新的发展机会。例如,美国有家公司多年来从事婴儿服装的生产,但随着美国人口出生率的下降,人口呈老龄化趋势,市场对婴儿服装需求的增长率下降,这给该公司的营销活动带来巨大威胁,公司及时采取了转移策略,一方面扩大婴儿服装的外销量,另一方面将目标市场转向老年人群体,从而保证了公司的兴旺发达。

(二) 机会的应对策略

1. 抓住经营决策时机,选择投资方向

企业在进行战略性经营决策时,应充分把握市场环境机会,做出正确的决策,选准投资方向。20 世纪 60 年代时,新加坡政府制定了扩大

城市建设的"大新加坡计划",当时还是玻璃业学徒的陈家和获悉后,预计这一计划必然导致对玻璃需求量的大大增加,便断然贷款投资于玻璃制造业,后来一跃成为世界"玻璃大王"。

2. 抓住资源利用的时机,获取比较利益

企业在进行购买决策时,可以利用人们对资源价值的认识差异或资源分布的地区性差异,巧取资源,从而获取地区间的比较利益。这种机会更多地存在于新产品、新能源、新材料、新技术、新设备等新资源的利用之中。比如,美国人在成功研制晶体管以后,认为其价值不大而未予重视,而日本索尼公司则视之为一个资源机会,并花重金购买了此项专利,用于开发晶体管收音机,这种收音机的成功使索尼公司逐步成为经济巨人。

3. 抓住产品销售的时机,占领目标市场

企业可以利用有利的市场机会扩大其产品销售量,并在占领目标市场的同时进一步拓宽市场。比如,在召开奥运会期间,体育用品制造企业便可以抓住这种机会,通过各种促销手段极大地扩大销售量。

第二节　宏观市场营销环境

宏观环境因素包括人口、经济、自然、政治法律、社会文化和科学技术等,每个因素又由若干要素构成,如表3-1所示。

表3-1　宏观环境要素

要　　素	内　　　　容
人　　口	人口数量、人口分布、人口构成、人口受教育程度和人口流动性等
经　　济	社会购买力、经济周期、通货膨胀率、利率、国内生产总值等
自然资源	无限资源、有限可再生资源、有限不可再生资源等
科学技术	产品创新、知识运用、研发重点等
社会、文化	对工作生活质量的态度、对环境的关心、民俗、宗教信仰等
政治、法律	税法、反垄断法、劳动法、教育政策等

一、人口因素

市场营销的对象是人,是为了满足人们的需求,所以人口是影响市场营销的最基本因素,人口因素包括人口数量和增长、人口构成、人口分布等。

(一) 人口规模和增长

人口规模是表明市场潜力的基本指标。一般来说,人口规模大,市场潜力也大,但并不等于现实市场也大。当大多数人尚处于温饱状态,采取自给自足的生产方式时,市场是非常小的。人口规模的现实意义在于它对基本生活资料的决定性作用,任何人对基本生活资料——衣食住行的需求必须得到满足,人口越多,这种需求越大。

(二) 人口构成

与人口规模相比,人口构成对市场营销更具直接意义,正是由于人口不同的构成才形成各具特色的消费群体,这是市场细分和产品定位的最主要依据。人口构成包括自然构成(如性别、年龄结构等)和社会构成(如民族、职业结构、受教育程度等)。此外,家庭单位也是人口构成的要素。

小案例:二孩放开后,汹涌而来的商机有哪些?

十八届五中全会公布二孩放开,举国沸腾。先暂且不论这会对我国人口结构产生怎样的影响,也不讨论80、90后年轻人能否"生得起"的问题。从商业和移动互联网方面来看,或许能够释放出一些积极信号。据预测,全面放开二孩,每年将有可能新增新生儿100万—200万人,预计2018年新生儿有望超2000万人。其所蕴含的消费红利大约每年1200亿—1600亿元。其中包括房地产、母婴医疗、食品、玩具、儿童服饰、家用汽车、教育培训等行业,上市公司的业绩均有望迎来爆发式增长。换句话说,放开二孩,一方面可以应对现阶段中国人口老龄化,另一方面能够激活中国经济。

那么,二孩政策到底带来哪些商机?

(1)房地产行业。房地产大户型黄金时代或会到来。从"单独二孩"开始,对房地产便有了推动,全面开放,更是对行业的一大利好。开放二孩,对楼市的影响有两方面,一是包括户型大小、功能设计等方面的产品结构调整,二是教育配套需求将更为强烈。目前,我们常见的是"三口之家"为主的家庭结构,但随着二孩政策完全放开的落地,未来或将出现较大面积的"四口之家""三代同堂"的局面。届时,原本的小户型已不能满足一大家子人的居住需求,三房以上的大户型将逐渐成为二孩家庭的重点考虑对象。同时,学区房依旧是热点,争夺学区房及入读名额也将愈发激烈。总之,对于一个人口大国,人们对房子属于刚需。二孩政策对于推动楼市发展是正面的,大户型的盛行将是一种必然。

(2)母婴行业。放开二孩,母婴行业也将迎来井喷式发展。一般来说,母婴用品分为四个大类:一是母婴儿用品,如奶瓶、奶嘴;二是婴幼儿服装;三是儿童玩具类;四是婴儿食品类。此前,国内家庭购买孕婴童产品主要通过母婴店、大卖场,以及网络购物来进行解决,有数据显示,他们分别占了43%、24%、15%的比例,而随着海淘的发展,进口婴幼儿尿布、配方奶粉、辅食产品等,这些品类也成为目前母婴电商发力的重点。2013年,政策开放"单独二孩",众多创业者将目光投向母婴电商市场。据中国电子商务研究中心的监测数据显示,2013年母婴电商为650亿元,2014年的母婴电商规模约在2 000亿左右。而今年,众多母婴社区+电商的玩家,备受风投资本青睐。如"贝贝网"完成C轮1亿美元融资;母婴移动垂直社区"辣妈帮"C轮融资1亿美元;"宝宝树"完成2.5亿美元融资,寻求国内上市;进口母婴电商"蜜芽"完成D轮1.5亿美元融资等。有调查显示,新生代母婴群体人均年消费为5 000—18 000元。随着85后、90后逐渐成为准爸妈,消费力强,更具有互联网基因,52%母婴家庭月消费5 000元以上,63.78%的母婴家庭月均网购花费1 000元以上,47.03%的母婴家庭月均网购母婴产品花费1 000元以上,因此业内对孕婴童行业的市场前景更为乐观。

(3)在线教育。随着儿童的成长,资本的关注,在线教育也被备受追捧。根据腾讯科技数据显示,截至 2015 年 8 月底,共有 106 个在线教育项目拿到融资,其中种子轮及初创项目 40 个,家教 O2O 是最火的细分领域。"轻轻家教"6 个月完成 4 轮投资,共计 1 亿美元;"疯狂老师"获 44 000 万美元融资;"请他教"宣布完成 8 600 万元;国内教育 O2O 品牌"老师好"宣布获得 58 同城的 A+轮战略投资,但未公布具体金额。2015 年 10 月 28 日,在线教育平台"沪江网"宣布获得 10 亿元人民币 D 轮融资,估值超过 70 亿元。根据艾瑞咨询预计,未来中国在线教育市场的年增长率将达 19%,2015 年市场规模将达 1 600 亿元,在线教育行业也被视为有望接棒电商,成为下一个万亿市场规模的金矿。

(4) 医疗健康。"妈妈帮"近日发布的《母婴移动健康医疗大数据与商业价值研究》中,对拥有 1—7 岁孩子的妈妈进行了调查。其中,93.6%的妈妈手机里下载了母婴类 APP,95.4%的妈妈们使用母婴类 APP 是为获取孕期及育儿健康知识。当婴幼儿生病时,大多数妈妈会根据自己的经验判断或者求助她人。但是,最值得期待的是移动医疗健康服务类 APP。包括在线医生咨询、疾病问题经验分享与交流,以及预约挂号。因此,当每年可能新增新生儿 100 万—200 万人的时候,二孩政策的开放也可以带动母婴医疗器械和医疗服务标的增长。此外,国内儿童用药紧缺的现状或许也可以因政策得到一定的改善。据统计,目前我国 3 500 多个药物制剂品种中,儿童药物剂型仅有 60 种(含中成药),90%的药品没有合适的儿童剂型。由于缺少专业的儿童药物,不少医生会直接根据儿童的身高、体重等状况,将成人药品酌情减量直接给儿童服用。而得益于政策的发展,医药 O2O 或上门送药等服务,市场或许也可以得到一定的补充。

敏锐的企业家们从来不肯放过任何一个成长机会。这次放开二孩的政策,商场必定风起云涌。

请思考:

除文中述及行业外,还有哪些行业会受到二孩政策影响?

（三）人口密度

人口密度对市场营销的影响主要体现为对分销渠道、分销服务和分销成本的影响。通常，如果人口密度低，则电力、交通等生产生活的基础设施可能较差；可能由于缺乏物流规模，产品运输成本较高而导致分销成本较高；或由于缺乏销售规模，导致产品售后服务成本高且服务质量差。当然，营销者不能仅考虑人口平均密度，还应考虑人口集中度。当人口在一定地区形成一定规模的集中，上述问题则可能在一定程度上得到缓解。

二、经济因素

经济环境是指企业参与竞争或可能参与竞争的经济特征和方向，如通货膨胀率、利率、贸易赤字或盈余、预算赤字或盈余、个人和企业储蓄率以及国内生产总值等，集中表现为社会购买力和经济周期两个方面。

（一）社会购买力

社会购买力是指一定时期全社会购买产品或劳务的货币支付能力，是收入、价格、储蓄和通货膨胀的函数。

第一，个人收入。个人收入是指城乡居民从各种来源所取得的货币收入。各地区居民收入总额可用以衡量当地消费市场的容量；人均收入的高低反映社会购买力水平的高低，影响消费者支出行为模式。

第二，收入分布。在相同的人均收入下，收入分布不同也构成对购买力和购买行为模式的重要影响。当收入分布极不均匀，即贫富悬殊、收入差距过大时，市场畸形，总购买力不大，企业营销机会不多。尤其对发展中国家来说，在收入分布极不均匀的情况下，富裕者偏好于购买来自发达国家的产品，本土企业的营销机会较小。当大多数消费者为中等收入时，市场正常，购买力大，企业营销机会多，而且对产业的健康发展也较为有利。

第三，可任意支配收入。可任意支配收入是指个人可支配收入（个人可支配收入＝个人的全部收入－个人应交的税费）减去维持生活所必需的支出（如食品、衣服、住房）和其他固定支出（如分期付款、学费）

等后所剩余的那部分个人收入。这部分收入是消费者可以任意使用的收入,没有明确的指向,其使用方式和方向对每一个消费者来说可能是不同的,因而是影响消费者需求构成的最活跃的经济因素,也是市场营销所要争夺的主要对象。

第四,通货膨胀。通货膨胀兼有压抑和刺激消费的双重效应,即收入效应和替代效应,从而对社会购买力产生影响。收入效应包括两个方面,一是通货膨胀使居民实际收入下降,实际支出也下降;二是通货膨胀使居民未来收入不确定,故节省开支,增加储蓄,以免将来生活水平下降。替代效应是指通货膨胀促使消费者以现期消费代替储蓄这一未来消费,导致支出增加、储蓄减少。

小资料: 恩格尔系数

恩格尔系数(Engel's coefficient)指食品支出总额占个人消费支出总额的比重。19 世纪德国统计学家恩格尔根据统计资料发现,消费者收入变化,消费者支出模式也会随之变化。一个家庭收入越少,家庭收入中(或总支出中)用来购买食物的支出所占的比例就越大;而随着家庭收入的增加,家庭收入中(或总支出中)用来购买食物的支出比例则会下降。2003 年,我国农村居民家庭恩格尔系数约为 46%,城镇居民家庭约 37%,加权平均约 40%。根据《时事报告》杂志 2016 年第 2 期《6.9% 的经济增速怎么看》提供的数据,我国 2015 年恩格尔系数约为 30.6%,按照联合国划分标准,属于相对富裕水平。恩格尔系数的变化反映了消费者支出模式和消费结构的变化,为企业营销决策提供科学依据。

(二) 经济周期

市场经济的发展历程表明,经济发展具有周期性,完整的周期通常由危机、萧条、复苏和高涨四个阶段组成。危机阶段,市场行情恶化,产品销售困难,库存增加,价格下降,大量工商企业倒闭;萧条阶段,市场低迷,销售不旺,整个经济处于不景气状态,产品库存逐步消散,价格相对稳定于低水平;复苏阶段,整个经济开始逐渐活跃,企业利用危机时期形成的低价格水平恢复生产,商业开始活跃,价格开始回升;高涨阶段,生产指数越过危机前的最高点后继续攀升,市场日渐兴旺,企业大量投资建设新厂,价格也同时攀升,经济又到了新的危急关头。企业必须审时度势,针对不同阶段制定相应的营销战略和计划。

三、自然环境

自然环境是指能够影响社会生产过程的自然因素,包括自然资源、企业所处地理位置、生态环境等。日益恶化的自然环境是 21 世纪企业以及公众面临的主要问题之一,这种问题的存在既可能成为企业发展的机遇,也可能产生潜在的威胁。因此,营销人员不能不首先正视以下三个问题:

第一,原材料短缺,能源成本提高。地球上的自然资源可分为三大类:无限资源如空气、水等;有限但可再生资源,如森林等;有限不可再生资源,如石油、煤等。空气与水,总体上是取之不尽,用之不竭的,但污染问题严重,部分地区淡水的供应也存在着短缺的现象。有限可再生的资源,如森林和草原,必须防止过量采伐和侵占。有限不可再生的资源如石油、煤和各种矿产品,问题最为严重。只有合理开发和利用矿产资源和生物资源,才能使企业在资源运用中进入良性循环;反之,如果掠夺性地开发资源,必将人为地对企业造成威胁。对于资源短缺产品的经营,如何寻找代用品、节约能源、降低消耗、综合利用各种资源是企业兴盛的关键。

第二,环境污染严重。现代工业的发展对自然环境造成了不可避免的破坏。如化肥农药、核废料、土壤以及食品的化学污染、废弃包装材料的处理等等,已成为现代社会的严重问题。西方发达国家自 20 世纪 60 年代在环境保护方面陆续采取了大量措施,已取得一定的成效。在中国,污染问题也已经引起政府和公众的重视,有关部门做了大量工作,但仍有许多问题亟待解决。

第三,政府对环境保护干预加强。由于公众对自然环境的日益关心,促使许多国家的政府加强了环境保护工作,加强了对自然资源的管理。企业不仅是生产经营单位,而且又是良好环境的制造者与受益者,因此营销人员必须注意有关法令的限制,严格守法,同时注意环境保护所提供的营销机会。如食品生产厂商开发"天然食品""绿色食品",汽车厂商开发耗能少、噪声低的新型汽车。公众对自然环境的重视以及政府对环境保护干预加强,使生产经营者增强了生态意识,社会营销观念与绿色营销观念的增强必将促进企业与整个社会的全面进步。

四、科学技术

科学技术是推动社会经济发展的根本动力,也是使市场环境变化多端、呈周期性发展的根本原因。预测一项新技术的诞生并不困难,但一项新技术可能会给我们带来的影响却很难断定。科学技术对营销的具体影响有以下四个方面。

一是新需求、新产品不断产生。人类总是在不断追求更高的生活质量,尝试新的东西,对新奇的事物总是赋予更多的关注并且愿意付出更大的代价。例如,过山车、滑道这些代价不菲的娱乐项目,提供的只是一种冒险的体验,人们却乐此不疲。一方面,消费者对新事物的敏感给企业提供了最大的获利空间,使企业产生了不断创造新需求、开发新产品的动力;另一方面,科学技术的发展为企业提供了满足消费者对新产品需求的可能,两者互相推动,加速了新需求和新产品的产生,成为竞争制胜的法宝。

二是产品生命周期不断缩短。产品成熟期缩短,旧的规格型号迅速进入产品生命周期的衰退阶段,这是新产品开发速度越来越快的必然结果。因此,如何把握产品进入和退出市场的时机对营销管理者来说显得更为重要。

三是营销手段不断丰富。新技术的发展也为营销提供越来越多的手段和工具,使企业能以更有感染力的方式向消费者介绍企业和产品,更具针对性地与更多的顾客进行更有效的沟通;数据库管理使企业避免盲目地、只是大概地猜测目标顾客特征的问题;互联网向企业提供了一种可以与顾客进行及时的、互动的沟通方式。

四是信息不对称加剧。随着新技术的不断被采用,产品将会更加丰富,导致信息不对称加剧。在浩如烟海的商品世界里,顾客面对的不再是自己熟悉的商品,往往不知其工作原理,不能判断产品的材料构成。如何从众多的产品中选择自己真正所需要的东西是摆在消费者面前的一个难题,也是企业营销工作面临的难题,因此,消费者教育变得更加重要。倘若营销人员利用信息不对称对顾客"坑、蒙、拐、骗"来达到盈利目的,那无异于饮鸩止渴。

五、社会文化

社会文化主要是指一个国家或地区的民族特征、价值观念、生活方式、风俗习惯、伦理道德、宗教信仰、教育水平、语言文字等的有机总和。

社会文化涵盖诸多方面,因而对营销活动的影响是多层次、全方位、渗透性的。企业在进入目标市场时,首先必须尽可能地分析和了解涉及社会文化的各个层面,以避免和减少营销过程中的盲目性,增强针对性、自觉性和主动性。其次,营销者在对产品和商标设计广告和服务的形式等方面,要充分考虑当地的传统文化,充分了解和尊重传统,力求满足目标市场消费群的爱好,避其所忌。如根据我国传统,结婚等喜庆日身着红色服装,以示吉祥;但根据西方传统,结婚时着白色礼服,表示纯洁。在进行营销创新的时候,也不要与目标市场的核心信念和价值观念相抵触。特别是到异地或国外开辟新的市场时,对当地民俗、宗教等文化环境必须认真调查研究,以免触犯禁忌。

小案例：星巴克"入驻"灵隐寺,喝出什么味?

"施主,您是大悲还是超大悲? 还是大瓷大悲?""我能续悲么?"此"悲"巧妙地运用了彼"杯"的谐音。2012 年 9 月 22 日,当全球最大的咖啡连锁店星巴克"入驻"杭州灵隐寺景区的消息一出,引来吐槽声一片:"香火加咖啡",喝出什么味?

事实上,早在 2007 年星巴克在北京故宫开分店,同样引来吐槽声一片。最终迫于舆论的压力,星巴克退出了故宫。这一事件当时被评为

"2007年十大文化事件之一"。注意，这里用的是"文化"一词。仅就商业而言，这么做无可厚非。星巴克之所以退出故宫，从根本上讲，是一种文化冲突。虽然故宫已经商业化了，但在公众看来，故宫还是一个文化单位。记得当时星巴克全球总裁吉姆当诺，针对质疑声时说："星巴克在故宫开分店，是抱着对紫禁城文化历史传统的尊重和高度敏感。"但在公众潜意识里，星巴克的文化格调，与故宫的文化氛围格格不入。

星巴克"入驻"灵隐寺，主要问题还是出在文化上。其核心是，灵隐寺到底是一个文化单位，还是一个商业场所。如果是一个文化单位，那肯定要讲文化的规矩，要保留一丝文化的纯洁性。如果是商业单位，那么星巴克比其他一些店更有存在的理由。

灵隐寺属于文化单位，应该是确凿无疑的。现在的尴尬在于，许多文化遗产，已经无法分清到底是文化单位还是商业单位了。那些名胜古迹，只是扛着一个文化的名，早已经躺在了消费主义的怀抱里。文化遗产还是应该保持一定的文化纯洁性，与商业保持适当距离，这也是许多国家的习惯做法。特别是那些有着明显异质文化背景的商业形态，更应该与文化遗产保持适当距离。星巴克之所以一再引起争议，就是因其固有的文化内容，与故宫、灵隐寺这样的文化遗产，在文化底蕴上格格不入。这里的质疑和争议，不是对商业过敏，而只是对文化纯洁的一点念想。

真正的尴尬在于，即使迫于舆论压力，灵隐寺拒绝了星巴克，就能免被商业俘房吗？现在不少文化遗产单位已经放低了身段，文化只是谋利的一件道具、一个手段。回想故宫当年，赶走了星巴克，可又迎来了"故宫面条""故宫督造月饼"。文化是难以调和的，"香火加咖啡"喝到最后，除了商业，别无其他。虽然呼吁未必有用，但总不能眼睁睁地看着文化遗产拜倒在商业石榴裙下。明知不可为而为之，是为无奈，也是必须的姿态。

请思考：

"文化遗产不能拜倒在商业石榴裙下"并不意味着文化遗产不可以利用，如何利用文化遗产有效地做营销？

六、政治和法律

市场经济是法制经济,包括营销活动在内的所有企业行为都必然受到政治与法律环境的强制和约束。这种政治法律环境主要指国家政局、国家政治体制、经济管理体制以及相关的法令、法规、方针政策等对企业的运作存在着或多或少关联的要素。

二战之后,西方国家的政府对经济的干预日益加强,经济立法日益增多,政治法律环境正在愈来愈多地影响着企业的市场营销活动。西方国家的经济立法以及对经济活动的宏观调控和管理方法,有许多是符合社会化大生产和市场经济发展客观要求的,值得我们在社会主义市场经济建设过程中借鉴。加入 WTO 之后,中国企业面临一种和以前全然不同的营销环境,面对着来自国际市场的激烈竞争,政府不再是本地企业的保护伞,而是更多地站在全社会的角度、长远的角度和消费者的角度对企业进行监督管理。

小资料: PEST 分析法

> PEST 分析法是指宏观环境的一种分析框架,P 是政治(politics),E 是经济(economy),S 是社会(society),T 是技术(technology)。在分析企业的外部宏观环境时,主要针对这四大类因素进行。

第三节　微观市场营销环境

分析宏观环境的主要目的是识别外部环境因素中预期发生的重要变化和趋势,注意力集中在未来。然而,影响企业在短期及中期有效运转的力量,主要来源于企业所处市场的微观环境。微观环境的各种相关力量,主要包括企业、供应商、营销中介、顾客、社会公众和竞争者。供应者—企业—营销中介—顾客,构成企业的基本营销系统。此外,营销目标的实现还会受到社会公众和竞争者的影响。

一、企业

微观环境中第一个因素是企业本身。企业的市场营销部门不是孤立的,它面对着企业的许多其他职能部门,如高层管理者(董事会、总裁等)、财务、研究与开发、采购、制造和会计等部门。企业内部各个部门各个管理层次之间的分工是否科学,协作是否和谐,营销部门与内部其他部门的配合是否默契,目标是否一致,都影响着企业营销活动的顺利进行。营销部门在制订和实施营销计划时,必须考虑其他部门的意见,处理好同其他部门的关系。如在营销计划的实施过程中资金的有效运用,资金在制造和营销之间的合理分配,可能实现的资金回收率,销售预测和营销计划的风险程度等,这些都与财务管理有关;新产品的设计和生产方法是研究与开发部门需要集中考虑的问题;生产所需的原材料能否得到充分的供应,是由采购部门负责的;制造部门负责生产指标的完成;企业的高层管理者是最高领导核心,负责规定企业的任务、目标、战略和政策,营销管理者只有在高层管理者规定的范围内做出各项决策,并得到上级的批准后才能实施。可见,企业内部职能部门构成状况对市场营销有着直接的影响。因此,企业应从多方面获得协同。

二、供应商

供应商与企业是协作关系。供应商对企业市场营销的影响主要是能否及时提供低成本的原材料。提高价格和降低原材料质量是供应商对企业施加影响力的潜在方式,如果企业不能通过其价格体系来弥补因供应成本增加而带来的损失,那么企业就将因为供应商的行动而使自己的利润降低。以下几个因素决定了供应商群体力量的强大:首先,它是由几家大企业支配并且比买方所在行业有更高的企业集中度;其次,买方买不到满意的替代产品;再者,供应商前向结合进入买方行业并能对买方构成有力的威胁。

三、营销中介

营销中介是指各类市场服务机构,如运输、储存、咨询、市场调查、保险、广告、经销商、评估、会计、审计、律师和金融等等。由于营销是一项复杂的市场活动,要求多方面的人才和技巧,这类机构的存在便于营销活动更有效地展开,提供专业化分工协作的营销服务。谁能够更有效地利用这些专业的营销中介服务,谁就能更好地和消费者进行沟通,了解他们的需求及其消费行为,更有效地建立和管理分销渠道。

四、顾客

顾客也称目标市场,是企业服务的对象,也是营销活动的出发点和归宿。企业的一切营销活动都应以满足顾客的需要为中心,因此,顾客是企业最重要的微观环境。

顾客市场可以按照购买动机分为四种类型:消费者市场,指购买商品和服务供自己消费的个人和家庭;生产者市场,指购买商品和服务投入生产经营活动以赚取利润的组织;中间商市场,指为转售牟利而购买商品和服务的组织;非营利市场,指为提供公共服务或转赠需要者而购买商品和服务的政府机构和非营利组织。企业应根据顾客类别的特点,以不同的方式提供相应的产品和服务。

五、竞争者

竞争者是指那些生产经营与本企业提供的产品和服务相类似的,或可以互相替代的产品和服务,并且以同一类顾客为目标市场的其他企业。

从顾客做出购买决策的过程分析,企业在市场上所面对的竞争者大体可以分为四种类型:愿望竞争者,指提供不同产品以满足不同需求的竞争者;属类竞争者,指提供不同产品以满足同一种需求的竞争者;产品形式竞争者,指满足同一需求的产品的各种形式之间的竞争者;品牌竞争者,指满足同一需求的同种形式产品不同品牌之间的竞争者。可见,竞争者可能来自不同行业,也可能来自同一行业。产品形式竞争者和品牌竞争者是同行业的竞争者。在同行业竞争中,卖方密度、产品差异和进入难度这三个方面需要特别重视。卖方密度是指同一行业或同一类商品经营中生产与经营厂家的数目。在市场需求量相对稳定时,卖方数目的多少会直接影响竞争的激烈程度和市场份额的大小。产品差异是指同一行业不同企业同类产品生产的差异程度。差异使同类产品各有特色,相互区别,这实际就存在着一种竞争关系。进入难度是指某个企业在试图进入某行业时遇到的各种困难程度。不同行业,新企业进入的难易程度不同。一般而言,进入技术密集型行业较难,而进入劳动密集型行业较易。例如航空业、电力行业,一般企业进入比较困难,因为需要巨额投资和较高的专业技术;而服装行业、塑料制品行业就相对容易进入,因为其投资不高,技术也不复杂,投产周期短。进入难度大的行业,竞争相对较弱,价格和利润往往较高,而进入难度小的行业,其结果恰恰相反。

六、社会公众

社会公众是指对企业的生存和发展具有实际的或潜在的利害关系或影响力的一切团体或个人。企业应采取有力措施来保持与主要社会公众之间的建设性关系,如时刻注意公众的态度、经常发布信息以建立信誉,当出现不利的反宣传时,也应及时采取措施解决这些麻烦。企业与公众的关系主要由公共关系部负责,但并不是完全掌握在公共关系部手中。因为企业的所有员工都与公共关系密切相关,从制造头条新闻的最高主管到面对融资公众的财务副总经理、拜访顾客的地区销售代表,甚至电话接线员都在从事这项工作。

企业面临的重要公众可分为七大类。融资公众,指影响企业获取资金能力的财务机构,如银行、投资企业、股票经纪企业、保险企业等;媒体公众,包括报纸、杂志、电台、电视台等;政府公众,如政府部门、国会、法院等,企业在制订营销计划时必须考虑政府政策的发展,营销人员要搞清有关产品安全、广告真实性等方面的法律规定;公民团体公众,企业的营销活动可能会被消费者组织、环境保护组织质询;当地公众,指邻近居民和社团组织,企业应与当地公众接触,搞好关系;一般公众,指无组织状态的外部公众,虽然一般公众未以有组织的形式对企业采取行动,但企业在公众中的形象却影响其惠顾的可能程度和频率高低;企业内部公众包括董事会、经理层、职工等。

本章小结

企业的营销环境是由企业营销管理职能以外的因素和力量组成的,这些因素和力量影响着营销管理者与其目标市场顾客保持和发展关系的能力。

企业市场营销环境的特点具有客观性、关联性、层次性、差异性和动态性。不同的市场营销环境,既可能给企业带来机会,也可能给企业带来威胁。市场营销环境可通过"环境机会矩阵图""环境威胁矩阵图"和"机会—威胁矩阵图"进行分析。企业应付环境威胁的策略有:对抗策略、减轻策略和转移策略。企业应主动地认识适应和改造营销环境,认真分析环境威胁和机会,制定相应的应对策略,趋利避害,谋求发展。

企业的市场环境可分为微观环境和宏观环境两大类。宏观环境是指影响企业微观环境的社会力量,主要包括人口、经济、自然、科学技术、社会文化、政治和法律等。微观环境是指与企业紧密相联,直接影响企业对顾客服务能力的各种参与者及参与者间的相互关系,主要包括企业、供应商、营销中介、顾客、竞争者、社会公众等。

案例分析：索尼，屡失良机的受伤者

近年来,苹果、谷歌、亚马逊和三星等公司风头十足,让人很难想起曾经的市场统治者——索尼。实际上,以前的索尼是一个酷感十足的高科技明星。它不仅是全球最大的消费者电子产品的生产商,而且还创新了众多产品,如特丽珑电视机、便携式音乐随身听、数码摄像机、游戏手柄,这些产品的出现都一度带来了整个行业的变革。索尼的创新创造引领了潮流文化,受到大众的膜拜,也为公司带来了丰厚的财富。

索尼品牌曾经代表着创新、时尚和优质。

但是,今天的索尼更像是一个过气的摇滚明星,隐匿在新贵们的阴影中。索尼的财务状况反映了其面临的境遇。近几年,三星和苹果的总收入分别超过了1 700亿美元,是索尼销售收入的两倍以上。当索尼的亏损达到灾难性水平的时,三星的盈利却连年激增。竞争对手的股价和品牌价值飞涨,索尼的市值却创下新低。穆迪公司(Moody)将索尼的信用评级调整为"垃圾级",犹如在索尼的伤口上又撒上一把盐。

索尼为什么会如此快速地衰落呢?事实上,索尼从未丧失那些曾经使其辉煌的能力。但是由各种环境因素形成的急风暴雨将索尼紧紧地困住,抑制了它的增长和成功。对于环境变化的忽视,以至无法适应环境中正在发生的重大变化,使索尼失去了远见,对未来感到迷茫。

首先,索尼在技术上落后了。索尼一度辉煌的帝国建立在独立的电子产品的创新和设计之上,如电视机、CD播放器、游戏手柄等。但随着网络和数字术蓬勃发展,创造出一个更加紧密连接和移动的新世界,独立的硬件产品很快被新的连接技术、媒体、内容取代。消费者娱乐领域已经转变为通过个人电脑、iPod、智能手机、平板电脑、数字电视机等进行数字化下载和内容分享,索尼却行动迟缓,没有及时改变和适应。

早在2001年苹果发布第一代iPod之前,索尼可以下载和播放电子音乐文件的设备已经面市3年了。索尼拥有可制造类似iPod和iTunes的一切资源和能力,包括自己的音乐公司。但它没有在意,而是更看重业已成功的CD业务。"苹果的乔布斯想出来了,我们也想出来了,但我们没有实行。"索尼的前任CEO霍华德·斯金格承认,"我们认为音乐人不希望看到CD消失。"

类似地,作为世界最大的电视机制造商,索尼一直坚持它的特丽珑阴极射线管技术,不顾三星、LG和其他竞争对手争相发展液晶电视机。尽管索尼最终也这样做了,但为时已晚。时至今日,三星和LG的电视机销售远超索尼。电视机业务曾是索尼的主要利润来源,却在过去的10年间亏损近80亿美元。近年来,为了重整旗鼓,索尼将电视机事业部分拆为一个独立的业务单位,但它不得不在与其全盛时期完全不同的竞争环境中打一场极其艰难的攻坚战。索尼腹背受敌,不仅市场份额一再被三星、LG抢占,而且海尔、海信、TCL等生产高端液晶电视机的中国企业也凭借成本优势不断冲击着索尼。

索尼的游戏机Playstation也有类似的经历。该产品曾经是无可争议的市场霸主,在索尼的利润来源中占1/3的比重。当任天堂推出先进的任天堂Wii传感游戏控制手柄时,索尼没有在意,认为那只是"小众游戏设备",反而继续推出技术尖端的PS3,却由于技术成本过高,每售出一台就亏损300美元。结果Wii大获成功,成为最畅销的游戏手柄;而PS3却给索尼带来上亿美元的损失。

尽管亏了钱,但索尼的Playstation系统具备完美的硬件和软件组合,这些元素足以让索尼成为电子娱乐分销和社交网络新世界的领头羊。索尼的管理者甚至将Playstation视为有潜力创造"电脑与娱乐完美融合"的"集成典范"。换言之,索尼本可以有力地回击苹果公司的iTunes,但是这一想法最终并没有付诸实施,索尼在建立人与电子娱乐世界联系这一迅速发展的业务领域再次落后了。

索尼没有利用市场变化趋势的例子还有很多,尽管它有可以这样做的产品,却一再贻误良机。再看看索尼的MYLO(我的网上生活)吧,这是一个比第一代iPhone还要早一年发布的优秀产品,它拥有最终成就智能手机的一切元素:触摸屏、键盘、内置摄像头,甚至应用程序。还有索尼阅读器的面市比亚马逊的Kindle阅读器占领市场的时间还早一年。

资料来源:根据网络资料整理。

请思考:

1. 索尼公司表现受到哪些宏观因素和微观因素的影响?

2. 根据案例资料,从产品和对手两个角度归纳总结索尼公司错失的市场机会。

3. 运用SWOT分析工具,为索尼公司未来发展提出若干建议。

实践运用

一、实践目标

通过实践训练,使学生初步掌握企业营销环境的分析方法

二、实践内容

以所在单位(企业、学校、医院等性质不限)为例,对其所处的营销环境予以分析。

三、实践组织

学生自由组合,分成5—8人项目学习小组;以小组为单位,课前收集、选择拟进行分析项目的相关资料,根据资料信息,分析该项目所处的市场营销环境;在小组讨论的基础上,提交项目研究报告;学生在课前做出初步分析报告,上课时每组派一名代表阐述本组的观点。

第四章 购买行为分析

企业过去的座右铭是"消费者请注意",现在则是"请注意消费者"。

——唐·舒尔茨

购买者是市场营销活动的主要对象,研究购买行为是企业制定正确的营销战略和策略的基础。现代市场营销要求企业不仅要准确地认识和及时把握营销环境的特点及变化趋势,而且还要着重研究和分析购买者需求的内容与特点。研究购买行为并把握其规律性,从购买者角度思考问题,有助于企业制定更有效的市场营销策略,针对性地开展相应的市场营销活动。

第一节　消费者市场购买行为分析

生活消费是产品和服务流通的终点,因而消费者市场也称为最终产品市场。企业为消费者市场服务并实现其营销目标的过程,就是最终实现产品的价值和使用价值的过程。对消费者市场的研究是对整个市场研究的基础。

一、消费者市场需求特征

基本概念　　消费者市场

消费者市场又称最终消费者市场、消费品市场或生活资料市场,是指为了个人生活消费需要而购买或取得商品和劳务的全部个人和家庭。

消费者需求是随着社会经济、政治和文化的发展而不断地产生和发展的,尽管受到各种因素的影响而千变万化,但总是存在着一定的趋向性和规律性。企业要更好地满足消费者需求,开展市场营销活动,必须首先分析、认识消费者需求的特点。消费者市场需求特征主要表现在以下几个方面。

(一) 多样性

这是消费者市场需求最基本的特征。消费者市场人数众多,个体差异性大,由于年龄、职业、收入、教育程度、居住区域、民族和宗教等方面的不同,决定了消费者的需要、欲望、兴趣、爱好和习惯的多样化,以及对不同商品或同类商品的不同品种、规格、质量、式样、服务和价格等方面的多种多样的需求。随着生产发展和消费水平的提高,消费者需求在总量、结构和层次上也在不断变化。因此,营销人员必须注意研究消费者市场需求,并预测其变化趋势,从而提高应变能力和竞争能力。

（二）多层次性

消费者对消费品的需求是有层次的,这主要由货币收入水平差异所引起。这种需求层次由低到高大体上可分为三个层次:理性消费需求,以获得生活必需品为标准,例如购买食物、衣服等,这是最基本的需求;享受性消费需求,例如购买冰箱、沙发和摩托车之类享受用品;智能性消费需求,用于丰富生活、陶冶情操和学习知识方面的支出,例如购买书报、旅游和音乐欣赏等。智能性消费需求属于满足精神生活和发展能力方面的需求,可以反映出一个社会物质生活水平和精神文明生活水平的程度。

小资料：马斯洛需求层次理论

马斯洛于20世纪50年代提出需求层次理论,该理论将人类需求由低到高划分为五个层次,即生理需求、安全需求、社会需求、尊重需求和自我实现需求。他认为,每个人同时都有许多需求,这些需求的重要性不同可按上述阶梯排列,人总是先满足最基本的需求,当较低层次的需求得到基本满足时才会产生较高层次的需求。满足消费者需求是企业市场营销的中心任务,马斯洛需求层次理论为考察消费者市场需求特征提供一个理论窗口。

（三）可诱导性

消费者在购买商品的品种、品牌以及时间、地点等方面有较大的选择性,容易受营销活动的刺激诱导,使购买力发生转移。在具有货币支付能力的情况下,可诱导的主要因素有所购买商品吸引力的大小和消费者购买商品欲望的强弱。因此,营销人员不仅要适应和满足消费者的需要,而且要通过各种促销手段增加商品的吸引力,同时正确影响和引导消费者的购买欲望。

（四）伸缩性

消费者需求易受本身需求欲望的特性、程度和货币支付能力以及商品的供给、价格、广告宣传、销售服务和他人经验的影响,从而使需求具有较大的伸缩性。如日常生活必需品的消费需求伸缩性较小,人们对它的需求比较均衡而且有一定限度,其需求量不会因货币收入的增减而大幅度地波动。而非生活必需品,尤其是一些中高档消费品等,选择性强,消费需求的伸缩性就比较大。了解消费者市场需求的伸缩性,企业应注意研究影响需求变化的因素,并根据这些条件的变化决定企业的产品品种和产量。

(五) 季节性

消费者的一些需求会随四季气候变化而呈现周期性变化。引起消费需求周期性变化的因素有:因季节气候变化引起人们产生生理方面的需要,如冬天要穿棉衣,夏天要吃冷饮等;因季节变化引起集中需求,如春夏季是蔬菜集中生产的季节,也是蔬菜集中消费的季节;因风俗习惯引起的集中消费需求,如中秋节吃月饼、端午节吃粽子等。企业应根据季节性消费的特点,采用集中的或反季节的营销方式,以及时把握阶段性的市场机会。

(六) 可替代性和相关性

可替代性是指消费者某一方面的需求可由多种商品来满足,如馒头、饼干、面包都能满足充饥的需要。相关性是指消费者对某一商品的需求会引起对相关商品的需求,如消费者购买了皮鞋,就会附带购买鞋油、鞋刷等。企业在经营本企业产品的同时,必须研究其替代商品和相关商品,才能有效地规避市场风险,发掘市场潜力。

消费者市场需求从不同角度考察呈现不同特征,研究这些特征对营销管理者是十分必要和有益的。企业的营销策划必须以市场为出发点,首先考虑消费者市场的结构和消费者行为的特点,而不是产品本身。

二、消费者购买行为研究

消费者购买行为是指消费者在寻求、购买、使用、评估和处理预期能满足其需要的产品和服务时所表现出来的行为。消费者购买行为研究就是研究消费者如何做出花费自己可支配的资源用于有关消费品上的决策。这种决策主要包括以下六个问题(又称为"5W+H"架构)。

（一）为何购买

为何购买（why）是对消费者购买欲望和动机的原因分析，是指消费者购买商品的初始原因和原动力。消费者在实施购买行动前，总是先产生购买欲望，当欲望强烈到一定程度，就会产生购买动机。没有欲望和动机的购买行为几乎是不存在的，因此，分析"为何购买"的关键是对欲望和动机的分析。企业应通过对消费者欲望和动机的调查和预测，准确地把握和弄清消费者"为何购买"的问题。

（二）购买何物

购买何物（what）是对消费者购买客体或购买对象的分析。营销者可以通过市场调查，研究了解消费者市场需要什么样的商品，尽量在品种、质量、性能、包装、价格等方面满足顾客需要。一般情况下，消费者总是喜欢物美价廉、式样新颖和富有个性的商品。

（三）何处购买

何处购买（where）是对消费者购买地点的分析。主要分析两个方面：一是消费者在何处决定购买；二是消费者在何处实际购买。这两种情况可以在同一地方发生，也可以在不同地方发生。消费者对不同的商品选择的购买地点是不一样的。便利品，消费者往往在购买现场作出购买决定，而且选择就近购买；选购品和特殊品则可能由家庭成员商量决定后，到大商店或所信任和偏爱的商店去购买。企业应根据消费者购买特征，合理设置销售网点，方便消费者购买。

（四）何时购买

何时购买（when）是对消费者购买时间的分析。表面上看消费者购买商品的时间没有什么规律，但从宏观上看还是有一定规律可循的。一般情况下，日常生活用品在工作之余和休息日购买较多；季节性商品在季节前购买较多；大部分商品的购买高峰常常出现在重大节日期间。营销者要研究和掌握消费者购买商品的时间规律，在安排生产、组织货源、投放市场和营业时间等方面做到同步营销。

（五）由谁购买

由谁购买（who）是分析购买主体，也就是商品由谁购买的问题。由于消费者的年龄、性别、收入、职业、教育和性格等方面的不同，因而在需求与爱好上存在很大差异。由谁购买商品从表面上看似乎是一个人的行为,但现实中往往有好几个人参与购买活动,按照参与购买决策过程中的作用可分为五类,如图4-1所示。

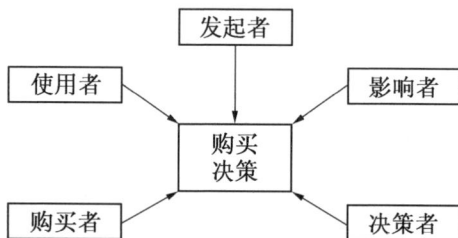

图4-1　参与购买决策的角色

发起者,即首先提出或有意想购买某一产品或服务的人;影响者,即其看法或建议对最终购买商品有直接间接影响的人;决策者,即对最终购买决策和何时购买等,有权做出最后决定的人;购买者,即实际执行购买决策的人;使用者,即实际消费或使用该产品或服务的人。营销人员必须有针对性地开展促销活动,才能取得最佳效果。

(六) 如何购买

如何购买(how)是对消费者购买方式和付款方式的分析,如是现场购买还是函购,是现金支付还是分期付款。消费者采取什么方式购买会影响到企业经营决策与经营计划的制定,企业应适应消费者购买方式,尽量为消费者提供方便。

三、消费者购买行为模式

对消费者购买行为的研究,有些问题比较直观,如消费者购买什么产品、在什么地方购买等;至于"人们为何购买"这样问题则非常复杂,难以轻易得出答案,常常难以揣摩。为此,行为心理学家沃森建立了刺激—反应模式来说明外界刺激与消费者反应之间的关系,如图4-2所示。

外部刺激		消费者"黑箱"		消费者反应
营销因素 "4Ps" 产品 价格 渠道 促销	环境因素 经济的 技术的 政治的 文化的	消费者特征 经济因素 社会因素 个人因素 心理因素	购买决策过程 确认需求 收集信息 选择判断 购买决策 购后评价	产品选择 品牌选择 购买时机 购买数量

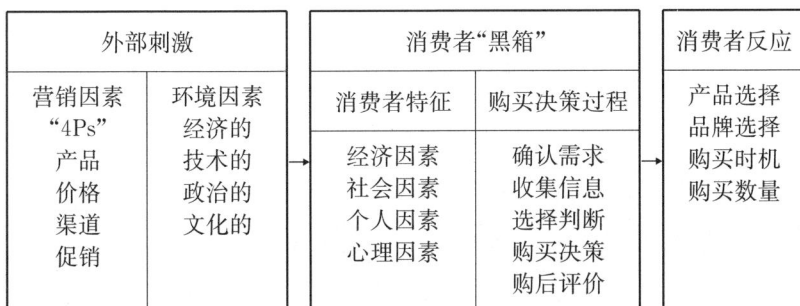

图 4-2 消费者购买行为模式

在这个模型中,消费者行为动机作为内在心理活动过程被视为"黑箱",外部刺激经过黑箱产生反应。外部刺激分为两种:一种是营销因素,即企业可控因素的刺激,包括产品、价格、分销和促销等因素;另一种是环境因素,即企业不可控因素的刺激,包括经济、文化、政治、法律、科学技术竞争等因素。营销因素的刺激与环境因素的刺激一起构成了消费者的外在刺激。黑箱由两部分组成:一部分是消费者特征;另一部分是购买决策过程,它直接影响最终结果。反应是指消费者受到刺激后的最终反应,也就是做出的关于产品选择、品牌选择、卖主选择、购买时机和购买数量选择的决策。当然,消费者从受到刺激到做出反应,期间还要经历一个过程,这也就是具有一定特征的消费者个体的购买动机的形成,并开始购买的决策过程。

四、影响消费者行为的主要因素

消费者购买行为建立在复杂多样的购买动机基础上,同时又受到其他因素的影响。分析研究消费者购买行为的影响因素,有利于企业掌握消费者购买行为的规律性,从而制定有效的营销战略。影响消费者购买行为的因素主要有文化因素、社会因素、个人因素和心理因素等,如图 4-3 所示。

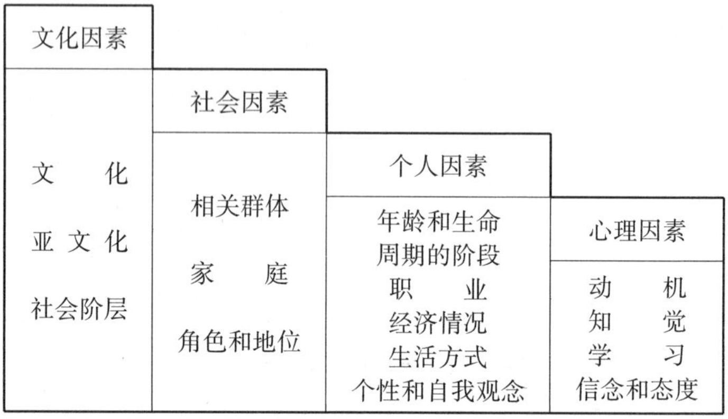

```
┌──────────────┐
│ 文化因素      │
│  ┌───────────┴──┐
│  │ 社会因素      │
│  │  ┌───────────┴──┐
│  │  │ 个人因素      │
│  │  │  ┌───────────┴──┐
文  │  │  │ 心理因素      │
化  相  年龄和生命       │
   关  周期的阶段  动  机 │
亚  群  职   业  知  觉 │
文  体  经济情况  学  习 │
化  家  生活方式  信念和态度│
   庭                    │
社  角  个性和自我观念     │
会  色
阶  和
层  地
   位
```

图 4-3　影响消费者购买行为的因素

(一) 文化因素

对于消费者购买行为而言,文化因素的影响力既广又深,尤以本身所处的文化、亚文化及社会阶层最为重要。

1. 文化

文化是人类从生活实践中建立起来的价值观念、道德、理想和其他有意义的象征的综合体,包括知识、信仰、艺术、道德、法律、风俗习惯及宗教等。文化是消费者欲望与行为的基本决定因素,对消费者购买行为有着强烈而广泛的影响。文化的差异引起消费行为的差异,表现在婚丧、服饰、饮食起居、节日、礼仪、建筑风格等各个方面。

文化不是凝固不变的,在各种复杂因素的影响下会发生变化,但可能要经过漫长的时间,任何力量想在短期内强行改变它几乎不可能。因此,营销者在选择目标市场和指定营销方案时必须了解不同的文化人群对其产品的看法和态度。如日本文化极讲究礼貌,在日本做电视广告必须采用客气及建议式口吻,若用威胁式或命令式语气则易引起消费者的反感。

2. 亚文化

亚文化是在每种基本的核心文化中所包含的由更小团体所形成的文化。它们向团体成员提供更加特定的认同对象和社会化作用,并对人们造成更直接的影响。例如以地区来分,中国南方人和北方人属于两个不同的亚文化群,他们都有自己的爱好特征和消费习惯,然而这个不同的亚文化群体又都有整个中华民族文化的主导性——基本的共同的信仰、价值观和习俗。从消费心理角度分析,亚文化相对文化更为重要。亚文化更能影响和决定消费者的行为。我国主要的亚文化群有民族亚文化群,宗教亚文化群,年龄亚文化群,地区亚文化群,性别亚文化群,职业亚文化群。我国人民的乡土观念比较重,因此地区亚文化影响尤为明显,各地的人都或多或少地保留着养育他们的本乡本土的消费习惯。在饮食方面,湖南、四川人爱吃辣,苏州、无锡人爱吃甜,川湘人不会因工作调动到了苏州就改变爱吃辣味的习惯,苏州人也不会因为迁到四川忘记炒菜放糖。因此,企业如能注意地区亚文化群的特点,针对这些特点扩大新产品,增设新服务,其发展潜力应当是很大的。

3. 社会阶层

社会阶层是具有相对的同质性和持久性的群体,依据其职业、收入、所受教育及居住区域按等级排列,同一阶层成员具有类似的价值观、兴趣爱好和行为方式。从社会阶层的角度掌握消费者心理,有三种心理值得注意:一是希望被同一阶层成员接受的"认同心理",人们常会依循该阶层的消费模式行事。如自认为"上层阶层"的人士,不管是否真心喜欢,都倾向以高尔夫、钓鱼、打桥牌等作为主要的休闲活动,以配合上层身份。二是"别掉价"心理,人们大多抗拒较低层消费模式。三是"攀比心理",人们往往喜欢做一些"越级"的消费行为,以满足"一刹那"的虚荣心。

不同社会阶层的人对产品和品牌有不同的需要和偏好,不同阶层还决定了不同的销售方式以及宣传媒体的选择,因此,一个企业只能集中力量为某些阶层服务,而不可能同时满足所有阶层的需要。

(二) 社会因素

社会因素是指消费者周围的人对他所产生的影响,其中以相关群体、家庭以及身份与地位对消费者行为影响最为重要。

1. 相关群体

相关群体就是指能够影响消费者购买行为的个人或集体,它包括以血缘、社会、经济、职业和爱好等因素为纽带所构成的组织。相关群体分为两种,一是成员群体——自己身为成员之一的团体,如家庭、亲朋好友、同事或同学会等;二是理想群体——自己虽非成员但愿意归属的团体,如体育明星、影视明星等,这些群体的一举一动往往会成为人们模仿的样板。

相关群体促使人们在消费上做出相似的选择,对个人购买选择的影响较大,因此,必须关注相关群体对消费者产生的影响。首先,人们对群体的认同程度越高,愈易受群体意见影响;其次,人们购买的商品与群体关系越密切,越易受群体意见的影响;还有,人们消费信心越低,愈易受群体影响。但是,并非所有商品都受相关群体同等程度的影响。据研究,相关群体对汽车、服装、啤酒、食品和药品等产品的购买行为影响较大,对收音机、肥皂、洗衣粉等几乎没有影响。此外,在产品生命周期的不同阶段,相关群体的影响力也不同。因此,企业应设法影响相关群体中的意见领导者,再结合产品特点,用活、用好这股影响力。

2. 家庭因素

消费者以个人或家庭为单位购买产品,家庭成员在购买活动中往往起着不同作用并且相互影响,构成了消费者的"购买组织"。分析这个问题有助于营销者抓住关键人物开展营销活动,提高营销效率。

购买决策对家庭成员的影响层面与产品类别有关。在认知风险愈高、金额愈大、影响层面愈广、产品使用期愈长的购买决策中,家庭成员参与意见的情况会愈多,介入的程度也愈大。反之,如果是例行性、低金额便利品的购买决策,可能只由家庭主妇一个人就可决定。当然商品价值的高低只是影响认知风险大小的因素之一,并非唯一的决定因素,如选购婴儿奶粉、纸尿裤等低价值产品,认知风险未必一定低于电视、冰箱等高价值产品。

3. 身份与地位

消费者会因处于不同的群体而充当不同的角色,如某人在女儿面前是父亲,在公司里是经理等。地位伴随着身份而来,每一种身份又都附有一种地位,反映社会的总评价。消费者做出购买选择时常常会考虑自己的身份与地位,从而会造成有形或无形的规范,如一个工薪阶级如果穿名贵服装,即使是真品,也可能会被说成是假的;相反,一个有地位的人即使穿着很普通的服装也可能被认为是名贵的服装,这实际上就是角色与地位对人们购买行为造成的有形或无形的规范。

企业可以主动"召唤"消费者来承担某种身份,以刺激消费者的购买欲望。例如,"爱妻号"洗衣机广告会"召唤"男性消费者扮演"好丈夫",让他们觉得"我爱妻子,我应该给妻子买台'爱妻号'洗衣机"。

(三) 个人因素

消费者的购买行为还受个人因素的影响。所谓个人因素包括年龄及家庭生命周期阶段、职业、经济状况、生活方式、性格和自我观念等方面。个人因素对消费者购买行为的影响主要体现在以下几个方面。

1. 年龄和性别

消费者在一生中购买的商品和劳务是不断变化的,年龄小时吃婴儿食品、发育和成年时期需要各类食物,到晚年时就有了特殊的食谱。同样,消费者在服装、家具和娱乐等商品需求与性别明显相关。

2. 家庭生命周期阶段

随着所处年龄及家庭生命周期阶段的不同,消费行为也会有所改变。西方学者根据家庭婚姻状况将家庭的生命周期分为九个阶段,各阶段的购买行为存在明显的差别,如表4-1所示。营销人员应明确自己的目标市场处于家庭生命周期的什么阶段,并据此发展适销的产品。

表4-1　家庭生命周期和购买行为

家庭生命周期阶段	购买行为模式
单身阶段:离开父母独居的青年	几乎没有经济负担,新观念的带头人,娱乐向导
新婚阶段:新婚的年轻夫妻无子女	经济状况较好,购买力最强,耐用品购买力高
满巢阶段一:最幼的子女不到6岁	家庭用品采购的高峰期,流动资金少,不满足现有的经济状况,有部分储蓄,喜欢新产品,主要支出与育婴消费有关
满巢阶段二:子女在6—18岁之间	孩子的教育费用成为家庭消费的重要组成部分

家庭生命周期阶段	购买行为模式
满巢阶段三：结婚已久，子女已长大但仍需抚养	经济状况仍然较好，一些子女也有工作，对广告不敏感，耐用消费品购买力强
空巢阶段一：年长的夫妇。无子女同住，夫妻仍有工作能力	经济富裕有储蓄，对旅游娱乐、自我教育尤感兴趣，愿意施舍和捐献，对新产品无兴趣
空巢阶段二：年长的夫妇，无子女同住，已退休	收入锐减，赋闲在家，购买有助于健康、睡眠和消化的实用护理保健品
鳏寡就业阶段：独居老人，尚有工作能力	收入仍较可观，但也许会出售房子
鳏寡退休阶段：独居老人，已退休养老	需要与其他退休群体相仿的医疗用品，收入锐减，特别需要得到关注、情感和安全保障

3. 职业

基于所从事的职业引起的需要，也会使消费者发生相应的购买行为。例如，教师需要购买专业参考书，运动员需要购买解除肌肉紧张和疲劳的药物，演员需要购买演出服和化妆品。因此，营销人员研究各行各业的特殊需要也是了解消费者行为的重要一环。

4. 经济状况

商品选购在很大程度上取决于个人的经济状况。经济状况主要包括收入、存款、资产和筹款能力的大小。经济状况直接影响消费者的购买力和兴趣爱好，因此营销人员在产品设计和市场定位时应充分考虑不同消费者群体的经济状况。

5. 生活方式

生活方式是指人们在生活中表现出来的活动、兴趣和看法的模式。生活方式能比社会阶层、个人性格更深刻也更全面地表示出一个人在态度、行为和心理需要方面的特点。因此，通过分析消费者的生活方式来了解其消费需要和购买行为，往往比用社会阶层和个性来分析更为有效。

小案例：杭州"狗不理"包子店为何无人理？

杭州"狗不理"包子店是天津狗不理集团在杭州开设的分店,地处商业黄金地段。正宗的狗不理以其薄皮、水馅、滋味鲜美等鲜明的特色而享誉神州。但正当杭州南方大酒店创下日销包子万余只的纪录时,杭州的"狗不理"包子店却将其楼下三分之一的营业面积租让给服装企业,可依然"门前冷落车马稀"。

当"狗不理"一再强调其鲜明的产品特色时,却忽视了南方与北方消费者生活方式存在的差异,那么受挫于杭州也是在所难免了。首先,"狗不理"包子馅比较油腻,不合喜爱清淡食物的杭州市民的口味。其次,"狗不理"包子不符合杭州人的生活习惯。杭州市民将包子作为便捷快餐,往往边走边吃。而"狗不理"包子由于薄皮、水馅、容易流汁,不能拿在手里吃,只有坐下用筷子慢慢享用。再次,"狗不理"包子馅多半是蒜一类的辛辣刺激物,这与杭州这个南方城市的传统口味也相悖。

资料来源:根据网络资料整理。

请思考:

"狗不理"包子需要做出哪些调整或者改变才能受到南方消费者的认可？

6. 性格和自我观念

性格常常可用外向或内向、乐观或悲观、柔弱或刚强、活泼或文静以及自信心强或弱等来表示。如果性格特征和某种商品、品牌之间存在强烈的相互关系,则性格就可以成为了解消费行为的一个有用的依据。例如,假设某电脑公司发现其潜在顾客大多具有自信心、优越感以及自主性较强的性格特征,则该公司如能在广告设计中显示出使用者的这些性格特点,则该个人电脑将对潜在顾客具有更大的吸引力。

自我观念也称自我形象,是指消费者心目中认为自己是什么样的人,或者认为自己在别人心目中是什么样的人。消费者往往倾向于选择能改善其自我形象的商品和服务,营销者必须了解如何设计品牌形象,才能符合目标消费者对理想的自我形象的要求。例如以高级知识分子为目标市场的服装企业,其产品最好是剪裁合体、款式典雅大方、面料高档,以符合消费者学者风度的自我形象。

(四)心理因素

消费者购买行为还受到以下四个心理因素的影响。

1. 动机

任何人在任何时候都存在着一些需要,但是在某个时点上这些需要并不都强烈到促使人采取购买行动的程度。一个需要当其强烈到某种程度后才变成动机。所以,动机是一种被激励的需要,它足以使一个人采取行动来满足这种需要。

小案例：美瞳眼镜让眼睛更迷人

美瞳眼镜因 Lady Gaga 迷人的大眼睛而风靡,并在亚洲大获流行。在新加坡、韩国,从十几岁的女孩子到年轻女士,都努力地使自己的眼睛看起来更大、更亮,纷纷戴上了这种彩色的美瞳眼镜。这些眼镜混合了各种色彩,有紫色也有粉色,使配戴者展现出孩童般天真无邪的目光。它们不仅像正常眼镜一样覆盖住虹膜,并且盖到眼白的一部分,因此使眼睛看起来更大些。

请思考:

以人体眼、耳、口、鼻为例,消费者存在哪些美容动机?

2. 知觉

消费者产生了购买动机后,将会发生什么样的行动,还取决于对客观情境的知觉。知觉是将感觉到的外界刺激变成有意义的个人经验的一种过程,简言之,知觉就是理解了的感觉。消费者在购买商品之前要经历一个从感觉到知觉的认识过程:首先通过五种感官形成对某一商品各项属性的反应,这就是感觉;然后大脑将感觉得到的信息进行综合分析,以各人自己的方式做出解释,这就是知觉。两个具有相同的购买动机、处于完全相同的客观情境之下的消费者,可能由于各人对情境的知觉不同,而发生完全不同的购买行为。产生以上现象的根本原因在于知觉具有选择性,这种选择性包括选择性注意、选择性曲解、选择性记忆。

上述情况告诉营销者,如果广告宣传的表达方式不新颖、不生动,给出的刺激不强烈,则很难引起顾客的注意,形成正确的知觉,使其产生深刻的印象。因此,营销者必须精心设计促销活动,才能突破消费者知觉选择性的壁垒,达到预期效果。

3. 学习

学习是指由经验而引起的个人行为的改变。内在需要引起购买某种商品的动机,这种动机可能在多次购买之后仍然重复产生,也可能在一次购买之后即行消失。为何会重复或消失,行为科学家认为是来自"后天经验",即通过学习得来。学习是一个由驱使力、刺激物、提示物、反应以及增强作用诸因素相互影响和交互作用的过程,可用"学习的模式"图来描述,如图 4-4 所示。

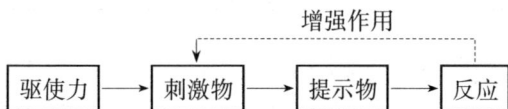

图 4-4　学习的模式

根据经验决定行为的理论,营销者应将消费者的驱使力和产品(刺激物)联结起来,使产品在各方面符合消费者的需要,并且提供激励其行动的提示物(适当的广告宣传手段和其他促销措施),以增强刺激物的诱导作用,增加消费者对该产品的需求。

4. 信念和态度

消费者的信念和态度是影响其购买行为的心理因素之一。信念和态度总的说产生于经验。所谓信念是指一个人对某些事物所持有的看法,人们对商品所具有的信念可能是基于实际认识,也可能基于个人见解和信任,有时还可能带有感情色彩。例如,有人认为国产手机照出的相片的色彩并不亚于进口手机,这种信念就会影响他的购买决策。态度是指一个人对某些事物或看法所持的评价、知觉和倾向。人们对每一事物都有其态度,如对宗教、政治、衣服、音乐、食物等。人们常常把对事物的种种态度归纳为心理上喜欢或不喜欢两大类。喜欢则采取追求的行动,不喜欢则采取避开的行动。可见,了解消费者对企业产品的信念和态度,对企业经营具有重要意义。企业可以据之设计新产品,或改进原有产品使之符合消费者的要求。一般情况下,企图改变消费者的信念和态度是相当困难的,付出的代价也是比较高昂的。所以,企业常常采用迎合消费者信念和态度的策略,而不是去试图改变。

五、消费者购买行为类型

消费者在购买商品时,会因商品价格、购买频率不同而致使投入的时间、精力不同,即介入程度不同。根据购买者在购买过程中介入程度和品牌间的差异程度,可将消费者的购买行为分为以下四种类型,如表4－2所示。

表 4－2　消费者购买行为类型

品牌差异 ＼ 介入程度	高 度 介 入	低 度 介 入
品牌差异大	复杂的购买行为	寻求多样化的购买行为
品牌差异小	化解不协调的购买行为	习惯性的购买行为

(一) 复杂的购买行为

消费者初次购买品牌差异性很大的耐用消费品时所发生的购买行为,如购买大屏幕彩电、组合音响等品牌差别很大的商品。由于对这些产品的性能缺乏了解,为慎重起见,消费者的介入程度往往很高,要广泛收集有关信息,并经过认真学习,产生对这一产品的信念,形成对品牌的态度,并慎重地做出购买决策。

对此类型购买行为,营销者应设法帮助消费者了解与该产品有关的知识,并设法让他们知道和确信本产品在比较重要的性能方面的特征及优势,使其树立对本产品的信任感。这期间,企业要特别注意针对购买决定者做介绍本产品特性的多种形式的广告。

(二)化解不协调的购买行为

当消费者高度介入某种产品的购买,但又看不出各品牌的差异时,对所购产品往往产生失调感。因为消费者购买一些品牌差异不大的商品时,虽然对购买行为持谨慎态度,但他们的注意力更多地集中在品牌价格是否优惠、购买时间和地点是否便利等问题上,而不是花很多精力去收集不同品牌间的信息并进行比较,而且从产生购买动机到决定购买之间的时间较短。因而这种购买行为容易产生购买后的不协调感,即消费者购买某一产品后或因产品自身的某些方面不称心,或得到其他产品更好的信息,从而产生不该购买这一产品的后悔心理或心理不平衡。

基本概念　　认知失调

　　认知失调是一个心理学名词,在营销中是指消费者由于购后冲突引起的不适。在购买后消费者会对所选择品牌的利益感到满意,同时对避开了没有选择的品牌的缺点感到高兴。但是,每个购买行为都包含着妥协,消费者同样会对所购买品牌的缺点和失去了没有选择的品牌的优点而感到不安。因此,消费者在每次购买后会存在或多或少的认知失调(cognitive dissonance)。

　　为此,营销者应通过调整价格和售货网点的选择,并向消费者提供有利的信息帮助消费者消除不平衡心理,坚定其对所购产品的信心。

(三)寻求多样化的购买行为

这种购买行为又称广泛选择的购买行为。如果一个消费者购买的商品品牌差异大,但可供选择的品牌很多时,他们并不花太多的时间选择品牌,也并不专注于某一产品,而是经常变换品种。比如购买饼干,上次买的是巧克力夹心,这次则想购买奶油夹心。这种品种的更换并非意味着对上次购买的饼干不满意,只是想换换口味而已。

对于消费者寻求多样化的购买行为,当企业处于市场优势地位时,应注意以充足的货源占据货架的有利位置,并通过提醒性的广告促成消费者建立习惯性购买行为;而当处于非市场优势地位时,则应以降低产品价格、免费试用、介绍新产品独特优势等方式,鼓励消费者进行多种品种的选择和新产品的试用。

(四) 习惯性的购买行为

消费者有时购买某一商品,并不是因为特别偏爱某一品牌,而是出于习惯。比如盐,这是一种价格低廉、品牌间差异不大的商品,消费者购买时,大多不会关心品牌,而是根据多次购买和多次使用而形成的习惯去选定某一品牌。

针对这种购买行为,企业要特别注意给消费者留下深刻印象,广告要强调本产品的独特点,要以鲜明的视觉标志、巧妙的形象构思赢得消费者对本企业产品的青睐。为此,营销广告要加强重复性、反复性,以加深消费者对产品的熟悉程度。

六、消费者购买决策过程

消费者从产生需求到实际购买,存在一个决策过程,这一过程因所购产品类型、购买者类型的不同而使购买决策过程有所区别。典型的购买决策过程一般包括五个阶段,即确认需求、收集信息、选择判断、购买决策和购后评价。如图4-5所示。

确认需求 → 收集信息 → 选择判断 → 购买决策 → 购后评价

图 4-5　消费者购买决策过程

(一) 确认需求

确认需求是消费者购买决策过程的起点。当消费者在现实生活中感觉到或意识到实际与期望之间有一定差距,并产生了要解决这一问题的要求时,购买的决策过程便开始了。购买需求的产生,既可以是人体内机能的感受所引发的,如因口渴而引发购买饮料的需求;也可以是由外部条件刺激所诱发的,如看见电视中的西服广告为之心动而打算买一套。当然,消费者的购买需求也可能是内外因素同时作用的结果。

营销人员应注意识别引起消费者某种需要和兴趣的环境,并充分注意到两方面的问题：一是注意了解那些与本企业的产品有实际或潜在关联的驱使力；二是消费者对某种产品的需求强度，会随着时间的推移而变动，并且会被一些诱因所触发。在此基础上，营销人员要善于安排诱因，促使消费者对企业产品产生强烈的需求。

（二）收集信息

当唤起需要的动机很强烈，市场上又有可以满足的物品时，消费者就能很快实现购买。但多数情况下，被唤起的需要并不是由消费者马上采取购买行动去满足，而往往保留在消费者记忆之中，作为满足未来需要的必要项目。这时消费者就会产生一种强烈的注意力，对满足需要的事物极其敏感，于是会着手收集有关信息。信息来源一般有四个途径：一是从企业广告、市场上推销人员、营业员、经销商、商品展览、商品陈列、产品说明书等得到的商业信息；二是从亲朋好友、同事、邻居、社会团体等相关群体中获得的个人信息；三是从报刊、杂志、广播、电视等大众传播媒介的宣传报道和消费者组织的有关评论中得到的公共信息；四是消费者自身通过以前购买使用而得到的个人经验。

上述四种信息来源中，商业信息是消费者获得最多的信息来源，商业信息具有通知的作用，而且对企业来说是可以控制的。消费者可以通过商业信息的渠道了解企业的产品，进而购买企业的产品。

在收集信息阶段中，营销者既要千方百计地做好产品广告宣传，以吸引消费者的注意力，又要努力做好商品展览、陈列和产品说明等工作，使消费者迅速获得对企业有利的信息。

（三）选择判断

选择判断阶段是指消费者利用各种来源的信息，对商品进行分析、对比、评价。消费者主要是通过比较各类产品的不同属性以及同类产品间的差异，从而在心目中建立不同产品的等级；同时根据产品的品牌，分析消费特定产品给自己带来的满足程度，在此基础上决定选择产品的态度。

营销人员可采取如下对策，以提高自己产品被选中的概率。

第一，企业要不断开发满足消费者不同需求的产品，并通过广告宣传等手段，设法使自己所生产和经营产品的性能、质量、品牌及特点给消费者留下深刻的印象,以引起消费者的注意。

　　第二,通过修正产品的某些属性以及改变消费者心目中的品牌信念,使之接近消费者"理想"的产品,便于消费者的比较和选择。

　　第三,改变消费者对竞争品牌的信念。当消费者对竞争品牌的信念超过实际时,可通过比较性广告,改变消费者对竞争品牌的信念,从而将竞争对手的客户吸引过来。

(四) 购买决策

　　经过评价和选择后,消费者形成对某种品牌的偏好和购买的意向。但购买决策的最后确定,除了消费者自己的喜好外,还受其他因素的制约。一是他人的态度。如果亲朋好友反对,那么,就很可能改变购买意向。二是一些不可预料的情况。消费者购买决策还受到家庭收入、产品价格、产品预期利益和市场行情新动向的影响。三是消费者的购买决策还受到非环境因素的影响。例如,推销态度、推销技巧等方面的影响,也会使消费者改变原来的决策。

　　购买决策是消费者购买行为过程中的关键阶段,在这个阶段,营销人员一方面要向消费者提供更多、更详细的商品信息,以便使消费者消除各种疑虑;另一方面要通过提供各种销售服务,方便消费者选购,促进消费者做出购买本企业产品的决策。

(五) 购后评价

　　消费者购买一种商品以后,往往会通过自己的使用和他人的评判,对其购买选择进行检验,把他所体验到的产品实际性能与以前对产品的期望进行比较。通过比较,消费者会产生一定的购后感受,例如满意、基本满意或不满意等。这些感受往往会通过各种各样的行为表现出来。如果感到满意,消费者就可能再次购买同一品牌的产品,并经常对他人称赞该产品。这种称赞往往比广告宣传更为有效。如果感到不满意,那么消费者除了可能要求退货外,还可能以后再也不会购买这种产品了。为此,企业要注意及时收集信息,加强顾客意见反馈的收集和售后服务工作,并采取相应措施,改善消费者的购后感受。

　　可见,研究和了解消费者购买决策过程是市场营销成功的基础。市场营销人员通过了解购买者如何经历引起需要、寻找信息、评价行为、决定购买和购后行为的全过程,就可以获得许多有助于满足消费者需要的有用线索。通过了解购买过程的各种参与者及其对购买行为的影响就可以为目标市场设计有效的市场营销计划。

第二节　生产者市场购买行为分析

生产者市场与消费者市场具有相似性,两者都有为满足某种需要而担当购买者角色、制定购买决策等。但是,生产者市场在市场结构与需求、购买规模和集中程度等方面都不同于消费者市场,从而使生产者市场购买行为与消费者市场相比有着显著不同的特征。

一、生产者市场的特征

基本概念　　生产者市场

生产者市场又称产业市场或生产资料市场,是组织市场(包括生产者市场、中间商市场、机构和政府市场等)的重要组成部分,是指购买产品或服务用于制造和生产其他产品和服务,然后销售或租赁给他人以获取利润的组织或个人。

与消费者市场相比,生产者市场有一些显著不同的特点。

(一) 衍生需求

生产者市场营销最重要的特点就是衍生需求。衍生需求是指对产品的需求是随着对消费品需求的变化而变化的。换句话说,衍生需求就是生产者不因个人的需求和愿望而采购产品或接受服务,而是为了提供他们自己顾客所需的产品或服务项目的需求,亦即从他们的顾客对其产品的需求而引致出来的需求。

衍生需求往往是多层次的,形成一环扣一环的链条。例如,对棉花的需求依赖于纺织工业的需求,而纺织工业的需求又依赖于服装工业的需求,服装工业的需求则依赖于最终消费者对于服装,尤其是对于棉制品服装的需求。在这个链条中,消费者需求是起点,是原生需求,是生产者市场需求的动力和源泉。

(二) 需求缺乏弹性

在生产者市场上,生产者对生产用品和劳务的需求受价格变动的影响较小。例如,汽车生产者不会因为汽车轮胎的涨价而少购进轮胎。造成这种现象的主要原因是生产者市场的需求取决于其生产工艺过程与生产特点,企业在短期内不可能很快变更其生产方式和产品种类。此外,如果原材料的价值很小,这种原材料成本在制成品的总成本中所占的比重很小,那么这种原材料的需求也缺乏弹性,如铁钉的价格上涨不会影响家具厂对铁钉的需求水平。

(三) 需求具有波动性

生产者市场需求的波动幅度大于消费者市场需求的波动幅度,一些新企业和新设备尤其如此,这一特点主要源于衍生需求。如果消费者需求增加某一百分比,为使产出满足这一追加需求的产品,工厂设备和原材料会以更大的百分比增长,经济学家把这一现象称之为加速原理。有时消费者需求只增减 10%,就会使下期生产购买者需求出现20% 的增减。一般来说,衍生需求的层次越多,需求链条越长,其波动幅度也越大。生产企业可实行多角化经营,尽量增加产品品种,扩大企业经营范围,以减少风险。

(四) 购买者所处的地理位置集中

相对于个人消费者而言,产业购买者所处的地理区域相对比较集中。例如,美国半数以上的生产者市场的购买者都集中在纽约、加利福尼亚、宾夕法尼亚、伊利诺伊、俄亥俄、新泽西和密歇根这七个州。在我国,工业客户主要集中在东北、华北、东南沿海一带。

(五) 影响购买决策者众多

在购买决策方面,与消费者的购买决策相比,影响产业采购决策的人要多得多,因为产业采购决策一般都不是由个人做出,而由采购委员会做出并负责,采购委员会都是由技术专家组成,在购买主要产品时,高级管理人员也往往参与。因此,产业市场营销者必须组成一支训练有素的推销代表队伍,并对客户采购委员会各成员对产品的评判标准、一般经济观点甚至个人好恶都要作较深入的了解,以便投其所好,从而达成更有利的交易。

(六) 购买人员较为专业化

产业采购与消费者购买不同,一般消费者对所购消费品往往缺乏专业知识,产业采购则都是由那些经过专业训练的采购人员进行,他们对要购买的产品不仅在性能、质量、规格以及技术细节上的要求都较为明了,而且他们运用的专业方法、谈判技巧也都较老练。这反过来要求产业市场营销者必须提供大量的技术资料和特殊服务,如某些机械设备,在成交之前还要向客户提供试用机会或表演。

不仅如此,产业市场在整个商品市场中也居于主导地位,在交易额上超出消费者市场许多倍,而且品种多、规格杂。因此,产业市场购买行为研究对企业来说具有重要意义。

小资料: 采购经理人指数(purchase managers' index, PMI)

PMI 是衡量制造业在生产、新订单、商品价格、存货、雇员、订单交货、新出口订单和进口等八个方面状况的指数,是快速及时反映市场动态的先行指标,是衡量一个国家制造业的"体检表"。PMI 以百分比来表示,通常以 50% 作为经济强弱的分界点:当指数高于 50% 时,则被解释为经济扩张的讯号。当指数低于 50%,尤其是非常接近 40% 时,则有经济萧条的忧虑。一般在 40%—50 时,说明制造业处于衰退,但整体经济还在扩张。

中国采购经理人指数是由国家统计局和中国物流与采购联合会共同合作完成,它包括制造业和非制造业采购经理指数,与 GDP 一同构成我国宏观经济的指标体系。从 2005 年 6 月开始,制造业采购经理指数将按月发布,并按国际通行做法,特约业内权威人士结合 PMI 调查数据进行宏观分析。

二、生产者购买决策的参与者

企业除专职的采购人员之外还有一些其他人员也参与购买过程。

根据成员对购买过程执行职能的不同,可分为以下五种角色:

(一)影响者

影响者是指采购企业中直接或间接对采购决策有影响的人员。他们参加拟订采购计划,协助明确采购商品的规格,并从技术角度提供估量取舍的有关资料。采购企业的技术员、工程师常常是采购任务的主要影响人。

(二)决策者

决策者是指采购单位有权选定供应商和决定交易的人。在经常性的采购中,采购者往往就是决策者,在重大的复杂的采购中,特别是在新采购中,采购单位的高级负责人往往亲自决定取舍。

(三)执行者

执行者是指选择供应商和具体洽谈订货条款的负责人。执行者也可能帮助确定采购商品的规格,但他们的主要任务是选定供应商,并在采购权限内具体进行交易条款的磋商。在复杂重大的采购中,采购单位的高级人员往往亲自参加磋商交易。

(四)使用者

使用者是指采购企业中实际使用所购商品的人。如实验室的实验员是各种仪器的使用者,织布厂的挡车工则是纺织机的使用者。可是,同是使用者,他们在采购过程中的地位很不相同,实验室购进仪器设备通常总是根据实验员的意见办理,而挡车工对纺织机的挑选则一般较少有发言权。

(五)信息控制者

信息控制者是指采购单位有权阻止推销员或信息与采购部门成员接触的人,如门卫、接待员等。

小案例:企业采购飞机,买卖双方都下很高的赌注

大多数时候对于普通消费者而言,买一辆新车将会是一个复杂且耗时的过程。在决定购买之前,你会花费许多的时间在互联网上搜集相关信息,关注汽车广告,与朋友们或者推销员交流以获得他们的建议,拜访汽车4S店以参观汽车外形并进行试驾体验。一辆新车是昂贵的,购买新车的决定会让你酝酿许久,所以你希望在一开始就做出明智的判断。

现在假设你是一家航空公司飞机采购团队中的一员,你的团队负责为公司机群购买50架新飞机、总价超过50亿美元的订单做出推荐。比较起来,消费者购买新车的决策突然间变得简单很多。这种区别至少体现在,新飞机不会被陈列在经销商的展览室里,而你也无法到商店里检查轮胎,无法对新飞机进行试飞,并且要花费巨大的购买费用。50亿美元支出对于买方无疑是一项金额巨大的投资,订单涉及购买方几名甚至几十名不同层次的决策者,不同决策者对于购买行为都可能产生或多或少的影响。

对于制造厂家而言,想要卖出一架昂贵的高科技飞机仅靠花言巧语和温暖的笑容是不够的。他们需要挖掘航空公司的增长前景、更换飞机的时机以及现时的财务状况,需要通过详尽的调查分析,模拟航空公司的航线、每个座位的成本以及其他可以展现飞机更具效率和实力的因素。飞机销售进展异常缓慢,通常从第一次营销展示到最后的合约宣布需要花费两三年的时间。

请思考:

比较将飞机销售给企业与将产品销售给个人存在哪些差别?

三、生产者购买决策的类型

生产企业购买决策过程的复杂程度和决策项目的多少,取决于其决策类型。一般地,可将决策类型分为以下三种。

(一) 直接重购型

直接重购型是指生产者用户的采购部门按照过去的订货目录、购买方式和条件,继续向原来的供应商购买产品的购买方式。这是一种常规的购买行为,针对这种购买类型,供应方的努力重点在于保持产品和服务的质量。直接重购型对竞争者来说机会很少,但也不能忽视潜在竞争者的存在,如他们可以通过新产品开发或增加服务项目等吸引顾客,或者利用顾客对现有供货来源的不满情绪,争取让其转换进货来源。

(二) 修正重购型

修正重购型是指由于生产的需要或为了争取优惠的条件,生产企业变更产品的规格、数量、价格或其他条款,或重新选择供应商的购买方式。这类购买要复杂些,需要做一些新的调查和决策,通常也需要更多的人参与决策。这种类型对原供应商是个威胁,迫使其要全力以赴保住这个客户,而对于其他竞争者则是获取新订单的好机会。供应商应重视与生产者的关系,否则就会失去市场。

小案例:IBM 与六旗娱乐园通力合作

六旗娱乐园是世界上最大的主题公园连锁品牌,在美国、墨西哥和加拿大经营着 19 家区域性主题公园,以令人兴奋的游戏和水上游乐、世界领先的过山车以及特别秀和剧目为特色。为了给游客带来欢乐和安全的体验,六旗必须非常细致和高效地管理其数以千计的公园资产,从游戏装备和设备到建筑和其他设施,急需一种工具来高效率和高效果地管理所有资产。所以它找到 IBM,后者拥有著名的 Maximo 资产管理软件,正好能够完美地处理这一问题。

IBM 不是仅仅将该软件交给六旗,Maximo 专业服务团队将软件与维持该软件运行所需的整套服务结合起来。IBM 与六旗紧密合作,为其度身定制应用,并战略性地在六旗分布在全球各地的设施中实施,再辅以现场浸入式培训和研讨。"我们目前已经在 5 个公园实施了该方案,执行团队逐个公园、逐个设施地完成每一项部署,"六旗公司的项目管理负责人说道,"我们有一个专门的执行团队来确保各个公园的所有部署协同一致。"IBM 并不是仅仅出售软件,而是与六旗通力合作,针对六旗复杂的资产管理问题提供了一套完整的解决方案。

请思考：

IBM为六旗提供软件同时提供配套服务，其额外的成本和收益有哪些？目的是什么？

（三）新购型

新购型是指生产企业在市场上寻找供应商，购买从未购买过的设备、原料、服务等的购买方式。由于买方对新购买的产品心中无数，往往要求获得大量有关信息。购买成本和风险越大，需要收集的信息就越多，购买决策的参与者就越多，购买过程就越复杂。显然，这种购买为供应企业提供了最好的机会，同时也是最有力的挑战。供应企业要捕捉这种机会，运用整体营销组合策略，主动提供产品和市场信息，以及有选择余地的产品目录样本；提供产品使用实例，增强信任感；提供技术指导，尽量帮助客户解决疑难问题等，以期把市场机会转化为营销机会。

四、影响生产者购买决策的因素

在正常情况下，影响生产者购买决策的主要因素可分为以下四类，如图4-6所示。供应商应了解和运用这些因素，引导买方购买行为，促成交易。

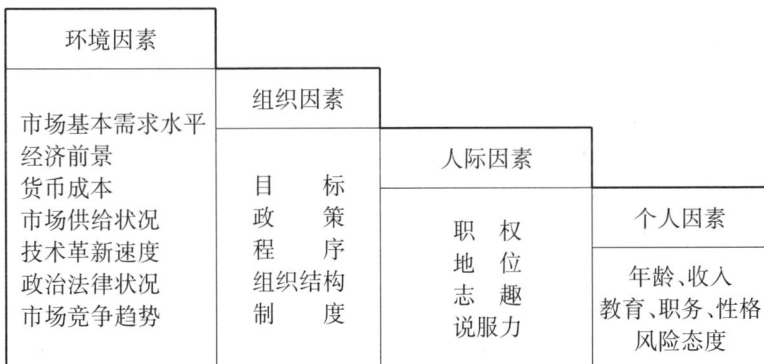

环境因素			
市场基本需求水平 经济前景 货币成本 市场供给状况 技术革新速度 政治法律状况 市场竞争趋势	**组织因素**		
	目　标 政　策 程　序 组织结构 制　度	**人际因素**	
		职　权 地　位 志　趣 说服力	**个人因素**
			年龄、收入 教育、职务、性格 风险态度

图 4-6　影响生产者购买行为的因素

(一) 环境因素

企业外在的宏观环境包括一个国家的经济前景、市场需求、技术发展变化、市场竞争、政治法律情况等,这是生产者无法控制的。例如:市场需求和货币成本会影响生产企业的投资;技术进步也会使生产企业增加投资,以新用品代替旧用品。另外,国家一定时期的政治变动、政策调整以及各种法规的建立和增减都会影响有关生产者的购买行为。

(二) 组织因素

组织因素指生产企业内部的运行机制,如企业的目标、政策、程序、组织结构和制度等。显然,这些组织因素也会影响生产者的购买决策和购买行为。

(三) 人际因素

参与和影响购买决策的使用者、影响者、决策者、执行者和信息控制者在生产企业中的地位、职权、说服力及他们之间的关系是各不相同的。这种人事关系状况必然影响生产者的购买行为。

(四) 个人因素

个人因素包括各个参与者的年龄、受教育程度、个性等。这些因素的差异会导致各人对生产用品和各方供应者的感觉、看法和印象等方面的不一致,从而影响最终的购买决策、购买行为。尤其是在一些简单的按常规进行的购买行为中,具体的采购人员的主观情感因素作用尤为显著。

总之,影响生产者购买行为的因素复杂多样,营销人员必须了解自己的顾客,使自己的营销策略适于购买情况中环境、组织、人际以及个人的影响。

五、生产者购买决策过程

生产资料的购买者和消费资料的购买者一样,也有决策过程,供应企业的最高管理层和市场营销人员还要了解其顾客购买过程的各个阶段的情况,并采取适当措施,以适应顾客在各个阶段的需要。生产购买者购买过程一般要经过八个阶段。

（一）提出需求

提出需求是生产者购买决策过程的起点。需求的提出，既可以是内部刺激也可以是外部刺激引起的。内部刺激，如因企业决定生产新产品，需要新的设备和原材料；或因存货水平开始下降，需要购进生产资料；或因发现过去采购的原料质量不好，需更换供应者。外部刺激，如商品广告、营销人员上门推销等，使采购人员发现了质量更好、价格更低的产品，促使他们提出采购需求。因此，在这个阶段，营销人员应为加强推销，经常开展广告宣传，派人访问用户，增强外部刺激，发掘潜在需求。

（二）确认需求

生产者认识到某种需求之后，要进一步确定所需产品的品种数量等。复杂的采购任务，由采购人员同企业内部的有关人员共同确定；简单的采购任务则由采购人员直接决定。营销人员在此阶段要设法参与这一过程，并提供必要的帮助。

（三）说明需求

确认需求之后，就要对所需产品的规格型号等技术指标作详细的说明，这要由专业人员运用价值分析法进行，即将产品及其配件的功能与各自的成本或费用相对比，得出它们的经济效益，确保产品的必要性。营销人员也要运用价值分析技术，向顾客说明其产品的良好功能。

（四）寻求供应商

采购人员通常搜集有关供应商的信息，将那些有良好信誉和合乎自身要求的供应商列为备选对象。越是新购任务，或准备购买的商品价值越高，查询工作就越复杂，需要花费较多的时间和成本。供应商应通过各种途径宣传介绍自己，扩大知名度，树立良好的信誉。

（五）征求建议

生产企业邀请供应商对采购决策提出建议，并对其建议进行分析和评价，目的是了解他们的供货能力和条件等，必要时还要求供应商就用户的购买要求提出详细的建议书。因此，供应商必须善于提出与众不同的建议书，以获得顾客的信任。

(六) 选择供应商

生产企业在评价建议书的基础上,综合考虑供应商的交货能力、产品质量、品种、规格、产品价格、信誉、付款结算方式,维修服务能力及交易的态度等,初步选择比较合适的供应商,然后通过进一步洽谈,争取有利条件。在大多数情况下生产企业不应依靠单一的供应者,一方面以防陷入被动,另一方面则可以促使供应者之间展开竞争。

(七) 正式订购

这是购买决策过程中的实际购买阶段,一般是生产企业将订货单给选定的供应商,在订单上列举技术说明、需要数量、期望交货时间以及退货条款和保证条款等。目前,西方企业普遍采用"一揽子合同",即采购企业与供应商建立长期供货关系,供应商通过一定方式的承诺,可根据采购企业的需要随时按照原定交换条件供货,这样可使采购企业少量多次购买,以便减少库存量,加速资本周转。

(八) 购后评价

生产企业购进产品后,采购部门还要向使用者征求意见,了解他们对购进的产品是否满意,并考查各个供应者履约情况,然后根据这种检查和评估,决定对供应商的取舍。

以上八个阶段并非任何企业每次采购都要经历,由于生产者购买类型、购买方式的不同,其经历的购买过程也具有很大差别。从购买行为类型来看,购买行为越简单,经过的阶段也越少。供应企业应清楚地知道采购企业的每一笔需求属于哪种类型的购买行为,以便采取有效的措施。具体归纳如表4-3所示。

表4-3　不同类型生产者购买行为所经历的购买阶段

购买类型 购买阶段	新　购	修订后的重购	直接重购
提出需求	是	可能	否
确认需求	是	可能	否
说明需求	是	是	是

续表

购买类型 购买阶段	新　购	修订后的重购	直接重购
寻求供应商	是	可能	否
征求建议	是	可能	否
选择供应商	是	可能	否
正式订购	是	可能	否
购后评价	是	是	是

小资料：电子采购

　　近年来，信息科技的进步已经改变了 B2B 营销过程的面貌。电子采购（E-procurement，在线采购）发展非常迅速。企业可以通过很多方式进行电子采购，如建立公司采购网站。通用电气运行的一个公司交易网站，在网站上公司可以发布采购需求、邀请投标、协商条款以及下订单，并且公司还能够创造与主要供应商的链接，例如他们能够与类似于戴尔这样的供应商建立直接的采购账户，这样，公司的采购人员就可以通过采购账户采购设备、原材料和物资。营销人员可以通过制作设计美观、方便使用的网站来帮助希望在线采购的客户。

　　电子采购为生产者市场提供接近新供应商的渠道，降低了采购成本，加速了订单处理流程。但应当看到，电子采购的快速发展也带来一些负面问题，例如，互联网在使供应商和顾客有可能分享业务数据甚至合作进行产品设计的同时，也侵蚀了数十年之久的"客户—供应商"关系。许多购买者利用网站力量挑起供应商彼此竞争，为每次购买寻求更好的交易价格、产品和交货期。电子采购还可能存在安全隐患。

本章小结

市场是企业经营的起点和归宿,根据购买者在市场上购买商品的特点和购买目的的不同将市场划分为消费者市场和组织市场。

消费者市场是指个人或家庭为了生活消费而购买产品和服务的市场,它是商品和劳务的最终归宿。消费者市场的特点有多样性、多层次性、季节性、可诱导性、伸缩性、可替代性和相关性等。消费者的行为受其不同的文化、社会、个人和心理因素组合的影响。消费行为包括复杂的购买行为、减少不协调感的购买行为、广泛选择的购买行为、习惯性的购买行为四种基本类型。典型的消费者购买决策过程包括确认需求、收集信息、选择判断、决定购买、购后评价等五个阶段。

生产者市场指组织和个人购买产品或服务用于制造其他产品和服务,然后销售或租赁给他人以获取利润的市场。生产者市场具有购买者的数量少、所处的地理位置相对集中,需求具有衍生性、缺乏弹性和波动性等特点。生产者的购买行为通常会受到环境因素、组织因素、人际因素和个人因素的影响。生产者购买决策过程要经过八个阶段:提出需要、确认需求、说明需求、寻求供应商、征求建议、选择供应商、正式订购和购后评价。

案例分析:宝洁参悟我国纸尿裤市场

十多年前,当宝洁在我国市场推出纸尿裤产品的时候,所面临的挑战不是说服宝宝的家长其产品比竞争对手好,而是说服他们需要纸尿裤。当时在我国还是保留着给宝宝垫尿布的习惯。宝宝们经常穿着"开裆裤"(开敞的裆部方便宝宝们随时蹲下和大小便)。

最开始,宝洁并没有刻意参悟我国市场。保洁错误地认为只要产品够便宜,中国的家长就会购买纸尿裤,于是宝洁向市场投放了成本低、质量较低的产品。这种纸尿裤质地较硬,不太柔软舒适。过了一段时间,宝洁才意识到,无论是新兴市场还是成熟市场,妈妈们对于舒适度的诉求是一致的。因此,宝洁迅速改进产品,降低纸尿裤的塑料质感,增加吸水性。

除了改进版本,宝洁是如何克服文化差异让中国家长接受为宝宝穿纸尿裤的呢? 宝洁进行了两轮深入调查,对我国 8 个城市的超过 1 000 名宝宝行了 6 800 次家访。研究结果让宝洁很开心:相比传统尿布,穿帮宝适一次性纸尿裤的宝宝更容易入睡,并且睡得更久。这一次,宝洁摸透了我国家长的诉求点,宝洁通过强调产品的更长睡眠时间,将它的优势和家长的需求结合起来。

这一科学调查结果用来推动宝洁"黄金睡眠"的营销大战。它包括嘉年华和中国城市中的店内促销活动。宝洁还在帮宝适中国主页上发起了病毒营销:家长们可以上传他们宝宝熟睡的照片来加强传递"高质量睡眠"的信息。活动结束时总共收到约 20 万张照片,宝洁利用这些照片在其上海的零售店创造出了一幅 660 平方米的照片墙。这次活动也突出了"宝宝睡眠被打扰的情况减少 50％"和"宝宝入睡时间缩短 30％"等科学发现。帮宝适背后的这些科学依据也有效地为消费者将帮宝适和竞争产品区分开来。

宝洁同时也投资进行研发,以更好地理解中国市场。在长达 10 年的计划中,宝洁在研发、流水线和人力资源方面投入约 10 亿元。随着生活水平的提高,宝洁已经从主要的大城市拓展到二三线城市,其产品品类也因迎合消费者多样化的需求而不断增加。

除了商业化方面的努力,宝洁也积极参与社会公益活动。宝洁发起赞助了 1 帮 1"贫困儿童疫苗关爱计划"。消费者每购买一份宝洁公司旗下的帮宝适产品,宝洁会捐出 1 支疫苗。所得善款将用于支持联合国儿童基金会在我国贫困地区改善当地儿童免疫接种服务,其社会活动还包括指导父母如何照看婴儿。

请思考:

1. 宝洁是如何改变中国家长对于一次性纸尿裤——帮宝适的预期、信念和态度的?

2. 分析我国家长们选购一次性纸尿裤的采购过程。

3. 帮宝适在我国一次性纸尿裤的市场发展中扮演了什么角色?

实践运用

一、实践目标

通过撰写创业企划书,了解消费者市场的含义及特点。

二、实践内容

选取化妆品、服装、汽车(或其他感兴趣)等某一行业,分组选择作为要进入的行业(小组不要重复),通过市场调研了解消费者市场特征,撰写创业企划书。

三、实践组织

1. 通过实地调查、收集资料,对该行业的特点、规模、发展历史、盈利及竞争状况等进行整体阐述,并对所创建公司作出简要说明。

2. 以小组为单位提交创业企划书,其内容包括:所选择行业的发展背景介绍(如目标市场、市场规模、发展前景等);选择在该行业中进行创业的原因分析;创建新企业的基本经营战略。

3. 每组制作一份 PPT 在班级报告。报告内容除上述内容外,还要说明人员分工、工作计划及实施过程。

第五章 竞争分析与竞争策略

营销完全是一场文明的战争,取胜的关键在文字、创意和缜密的思考规划上。

——艾伯特·W·埃默里

市场竞争环境中,只要存在利润空间,就会存在竞争对手。竞争者的一举一动必然会对企业产生不同程度的影响,漠视竞争对手行为变化而一味"闭门造车",终将会一败涂地。企业必须明确自己在竞争中的地位,认真研究竞争者的优势与劣势、竞争者的战略和策略,有的放矢地制定竞争策略,才可能在激烈竞争中求得生存和发展。

第一节　市场竞争概述

适者生存、优胜劣汰是自然的法则，也是市场的法则。正是基于这种法则才使企业得到了发展，才使社会在竞争中得以进步。科学分析竞争状况，制定恰当的竞争战略是企业获取竞争优势的法宝。

一、市场竞争的基本力量

企业所处行业的竞争状况受多种因素的影响。20世纪80年代初，美国著名战略专家、哈佛大学教授迈克尔·波特(Michael Porter)从产业组织角度将影响行业竞争强度的主要来源概括为以下五种力量(简称"五力模型"，如图5-1所示)：

1. 供应方讨价还价的能力

供应方主要通过其提高投入要素价格与降低单位价值质量的能力，来影响行业中现有企业的盈利能力与产品竞争力。

2. 购买方讨价还价的能力

购买方的产业竞争手段是压低价格、要求较高的产品质量或索取更多的服务项目，并且从竞争者彼此对立的状态中获利，所有这些都是以产业利润作为代价。

3. 潜在进入者的威胁

为争抢一份"市场蛋糕"，潜在进入者在给行业增加供给的同时，必然会与现有企业发生原材料与市场份额的竞争，最终导致行业中现有企业盈利水平降低，严重的话还有可能危及部分企业的生存。竞争性进入威胁的严重程度取决于进入壁垒高低以及现有企业对于进入者预期反应情况。

4. 替代品的威胁

替代品是指与现有产品具有相同功能或类似功能的产品，如传统手机被智能手机替代、飞机运输可能被高铁替代等。生产替代品的企业本身就给企业甚至行业带来威胁。

5. 行业内现有厂商的竞争

现有厂商之间的竞争常常表现在价格、广告、产品质量与功能、售后服务等方面。

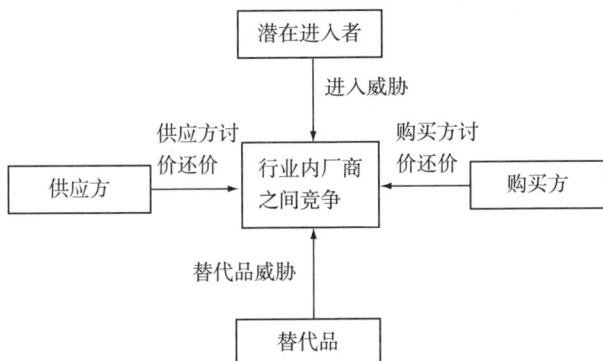

图 5-1 波特五力模型

小资料：基本竞争战略

波特五力模型为分析行业竞争状况提供一个逻辑完整的理论框架，但是实践中如何运用该模型帮助企业制定有效的竞争战略呢？波特在其专著《竞争战略》中进一步指出，有三种基本的竞争性战略可为企业获取竞争优势，使其成为行业中的佼佼者，即成本领先战略（overall cost leadership）、差异化战略（differentiation）和目标集聚战略（focus）。

二、市场竞争的主要形式

价格竞争与非价格竞争是市场竞争的主要形式。

1. 价格竞争

价格竞争是生产经营同种商品的企业为获取超额利润而进行的竞争。

事实上，各个企业的生产规模、技术装备、经营管理水平是有差异的,因此,商品的个别价值也存有差异。同种商品按照社会价值出售,生产条件较好、劳动生产率较高的企业因其个别价值低于社会价值而获得较多的利润;相反,生产条件较差、劳动生产率较低的企业则处于不利的地位。在利润动机的驱动下,企业进行价格竞争的条件是成本的降低。如果成本没有降低的空间,降价竞争就会造成企业利润率的下降,从而损害企业的利益。因此,要想在价格竞争中占据有利地位,企业就必须努力降低生产和经营成本。在市场价格竞争中,企业的价格竞争优势实际上就是企业的成本竞争优势。

价格竞争的最主要手段便是降价。正常的价格竞争会给企业带来可观的市场占有率和盈利,但是一旦价格竞争进入一种无序的状态,则会引发轮番降价,造成恶性价格战,粉碎企业的盈利区间。当一个企业率先降价时,必然会招致其他企业的报复,引起连锁反应。这种局面的结果是:企业利润率普遍下降,使各个企业都无法从降价中获取好处。

2. 非价格竞争

为了避免恶性的价格竞争可能带来的副作用,越来越多的企业开始寻求通过非价格竞争的途径参与市场竞争。

所谓非价格竞争,是指通过产品的差异化而进行的竞争。它一般是在不改变产品价格的情况下,通过改变产品的某些属性,形成本企业产品与竞争企业产品之间的某些差异,以吸引更多的消费者购买。

与价格竞争相比较,非价格竞争较为隐晦、间接,因而不容易招致竞争企业的报复,能够收到更好的市场竞争效果。原因在于两方面:一方面是社会原因,企业产品的差异性受到商标法或专利法的保护,形成一定程度的垄断优势;另一方面是技术原因,企业某些秘不示人的技术优势可能是竞争者一时无法跟进的,从而形成技术上的垄断优势。

非价格竞争的具体形式很多,凡是不属于价格竞争的竞争手段,都可以纳入非价格竞争的范畴。如产品质量的提高、产品特性的改变、商标的变化、包装的更新、销售渠道的调整、促销手段的强化、广告攻势的加强、服务质量的改进等,都是有效的非价格竞争手段。这些手段的实施,无非是要在消费者心目中形成对企业产品差异性的认同,达到消费者购买行为产生的目的。

当然,产品差异性的增加与成本的增加是成正比的。

第二节 竞争者分析

知己知彼,百战不殆。在市场竞争中,充分了解竞争对手的情况,制定针对性的竞争策略,是赢得市场竞争胜利的重要保证。

一、竞争者的识别

基本概念 竞争者

竞争者是指那些生产经营与本企业提供相同的、类似的或可以互相替代的产品和服务,并且以同一类顾客为目标市场的其他企业。

通常可以从行业和市场两方面来识别企业的竞争者。

1. 行业竞争者

行业竞争者是指提供同一类产品或服务的企业,或者提供可相互替代的产品的企业。由于在行业中存在着较大的相似性和可替代性,彼此间便形成了竞争的关系。在同行业内,如果一种商品的价格发生变化,就会引起相关商品需求量的变化。因此,企业必须从本行业出发寻找竞争者,全面透彻地了解本行业的竞争状况,制定具有针对性的竞争策略与目标。

2. 市场竞争者

市场竞争者是指那些满足相同市场需要或服务于同一目标市场的企业。这些企业无论是否属于同一行业,都可能是企业的潜在竞争者。从这一点出发,企业应当从整个市场、从消费者需要的角度来寻找竞争者,这样可以开拓企业思路,用更广泛的视角来认识企业所面临的或将要面临的竞争者。

二、竞争者目标与策略的识别

明确了企业竞争者,就可以进一步明确每个竞争者的市场目标和竞争策略,并针对这些内容制定本企业的竞争策略。

(一)竞争者的市场目标

不同的竞争者都有其各自的生产经营侧重点,导致不同的市场目标组合,如获利能力、相对市场占有份额、现金流量、技术领先与服务领先等。企业要了解每个竞争者的重点市场目标是什么,才能对不同的竞争行为作出不同的正确反应。如以技术领先为主要市场目标的竞争者,将对其他企业在研究与开发方面的进展作出强烈的反应,但对价格方面的变化相对不那么敏感。

通过仔细观察和分析竞争者的市场目标以及其竞争行为的变化,可以为企业的竞争行为提供方向。同时,还需对竞争者市场目标的差异性作分析,因为这种差异性会影响到企业的经营模式。

(二)竞争者的策略分析

各个企业采用的竞争策略越相似,它们之间的竞争就越激烈。一般情况下,市场上同行业的竞争者越多,竞争就越激烈;市场越是由少数企业控制,竞争企业之间就越是有可能达成某种程度的默契与妥协,以形成竞争的均势。不过,一旦控制了市场的少数大型企业之间爆发竞争,这种竞争就更为惨烈。

根据竞争企业所采取的竞争策略的特点,可以将竞争者划分为不同的策略群体。凡是采取类似竞争策略的企业,可以划分为同一策略群体。如高档百货面向高消费层次,它可以采用高价策略;中低档百货面向工薪阶层,它可以采用低价策略。由此划分,它们分别属于不同的策略群体。

属于同一策略群体的竞争者一般采用相类似的竞争策略,因此,同一策略群体中存在的激烈竞争是不言而喻的。同时,在不同的策略群体之间同样也存在着竞争,原因分析:第一,属于不同策略群体的企业具有相同的目标市场,从而相互之间存在着争夺市场的竞争;第二,由于不同策略群体企业之间所采用的策略差异具有不明确性,导致消费者混淆了企业之间的差异;第三,企业策略的多元化使不同策略群体企业的策略发生一定程度的交叉;第四,某一策略群体中的企业可能改变或扩展自己的策略,加入另一策略群体的行列。

三、竞争者的优势与劣势分析

竞争者的优势与劣势主要是指市场上的优势与劣势,因此,对这种优势与劣势的判断主要还是根据竞争者在市场上的表现来进行的。

竞争者的情况可以通过一系列的指标加以反映。如销售量、销售额、相对市场占有份额、利润率、经营成本、技术与设备能力、研发能力、员工素质、资金结构与来源、负债率、现金流量等。

获取竞争者的优势与劣势信息是一件比较困难的事情,一般可以通过市场调研方式来了解竞争者的优势与劣势,并对其竞争状况作出评价;也可以通过对一些二手资料的分析,借助某些合法的手段来掌握竞争者的一些内部情况,对其优势与劣势作出正确的判断。

小资料：标杆管理(benchmarking)

将本企业的产品和流程与竞争者或者其他行业中的领先企业进行比较,分析与领先企业的差距,在此基础上寻求改进质量和绩效的方法。标杆管理目前已成为西方企业提高竞争力的有力工具。

(一) 竞争者的优势与劣势分析

竞争者的优势与劣势一般体现在以下方面。

1. 产品

产品的市场地位,产品的适销性,产品系列的宽度与深度。

2. 销售渠道

销售渠道的广度与深度,销售渠道的效率与实力,销售渠道的服务能力。

3. 市场营销

市场营销组合的水平,市场调研与新产品开发的能力,销售队伍的培训与技能。

4. 生产与经营

规模经济、经验曲线、设备状况等因素决定了生产规模与生产成本的水平,设施与设备的技术先进性与灵活性,专利与专有技术,生产能力的扩展,质量控制与成本控制,区位优势,员工状况,原材料来源与成本,纵向整合程度。

5. 研究与开发能力

企业内部在产品、工艺、基础设施、仿制等方面所具有的研究与开发能力,研究与开发人员的创造性、可靠性、简化能力等方面的素质与技能。

6. 资金实力

资金结构,筹资能力,现金流量,资信度,财务比率,财务管理能力。

7. 组织

企业组织成员价值观的一致性与目标的明确性,组织结构与企业策略的一致性,组织结构与信息流的有效性,企业组织对环境变化的适应性与反应程度,企业组织成员素质。

8. 管理能力

企业管理者的领导素质与激励能力,协调能力,管理者的专业知识结构,管理决策的灵活性、适应性、前瞻性。

(二) 竞争地位分析

在辨别竞争者的优势与劣势时,可以借助阿瑟·D·利特尔咨询公司的观点。它认为,一个企业在其目标市场中处于以下六种竞争地位中的一种。

1. 主宰型

这类企业控制着其他竞争者的行为,有广泛选择战略的余地。

2. 强壮型

这类企业可以采取不会危及其长期地位的独立行动,而且它的长期地位也不受竞争者行动的影响。

3. 优势型

这类企业在特定战略中有较多力量可供利用,并在改善其地位上有较多机会。

4. 防守型

这类企业经营情况令人满意,足以继续经营,但它在主宰企业的控制下存在,改善其地位的机会较少。

5. 虚弱型

这类企业经营情况不能令人满意,但仍有改善的机会,不改变就会被迫退出市场。

6. 难以生存型

这类企业经营情况很差,并且没有改善的机会。

四、竞争者市场反应的识别

由于竞争者在其市场目标、竞争策略、优势与劣势等方面的不同,导致其对降价、促销、推出新产品等市场竞争行为会作出不同的反应。同时,每个竞争者都有其自身的经营理念和经营指导思想,因此,当企业采取某种市场竞争行为时,必须对竞争者的市场反应加以识别。

竞争者的市场反应可以分为以下四种。

(一) 迟缓型竞争者

它是指某些竞争者对市场竞争策略的反应不强烈,行动迟缓。原因可能有以下几方面:

第一,竞争者受到自身资源的限制,无法作出积极的、适当的反应。

第二,竞争者对自身的竞争力量过于自信,不屑于采取反应行为。

第三,竞争者对市场竞争的措施重视不够,未能及时发现与捕捉到市场竞争变化的信息。

(二) 选择型竞争者

它是指某些竞争者对不同的市场竞争策略作出有区别的反应。如大多数企业对降价的价格策略反应灵敏,倾向于作出强烈的反应,力争在第一时间采取报复性措施进行反击,但是对其他方面诸如增加广告预算、加强促销、改善服务质量等可能不太关注,认为这些内容不会构成对自己的直接威胁。

(三)凶猛型竞争者

它是指某些竞争者对任何方面的进攻都会迅速地作出强烈的反应,采取凶猛的报复和反击行为,将挑战自己的竞争者置于死地而后快。这类竞争者一般都处于市场领先者地位,具有相对的竞争优势,因此,它所采取的报复攻击策略往往是比较全面的、致命的,有时甚至是不计后果的。一般的企业不会轻易与之较量,避免直接的、正面的交锋。

(四)随机型竞争者

它是指某些竞争者的反应模式难以捉摸,无规则可言。一方面,它们在特定的场合可能会对竞争者的策略作出反应,采取行动,也可能不作出反应,并且无法预料它们将会采取什么行动;另一方面,就反应程度而言,可能是剧烈的,也可能是柔和的;再一方面,就反应速度而言,可能是快速的,也可能是迟缓的。总之,这类竞争者对市场竞争的变化所作出的反应通常是随机性的。

五、选择竞争者

企业在获得良好的竞争情况以后,可以根据下列分类的标准挑选竞争者进行集中攻击。

(一)竞争者的强弱

多数企业认为,应该以较弱的竞争者作为进攻目标,因为这样做的风险较小,也可以节省时间和资源,达到事半功倍的效果。但是这种策略的收益也会较少。相反,有些企业则认为,应该以较强的竞争者作为进攻目标,因为强者也会有其弱势之处,通过战胜强者而获得更大的市场份额和更多的收益。这样既可以提高自己的竞争能力,也有利于企业市场声誉的迅速提高。

(二)竞争者与本企业的相似程度

多数企业主张与相近的竞争者展开竞争,因为业务上的相类似可以使企业迅速击败竞争对手,将它的资源转换为自己的资源,扩大自己的盈利能力与相对市场占有份额。但也有企业认为,在某种情况下应该避免摧毁与自己相近似的竞争者,因为那样做的效果会适得其反。

被击败的竞争者可能会卖给出价更高、实力更强的竞争者,使企业不得不面对更强大的竞争者,导致竞争环境的恶化。

(三)竞争者的存在与企业的相关程度

从战略角度来分析,市场上竞争者的存在应该是必要的和有益的。竞争者的存在有助于增加市场的总需求量,分担和降低市场开发成本与产品开发成本,并有利于使新技术合法化;竞争者的存在可以为市场、特别是一些细分市场提供多样化的产品,增加产品的差异性;竞争者的存在有助于加强企业与政府管理者或与员工谈判时的谈判力量。因此,从企业本身出发,市场上竞争者的存在也是符合企业利益的。

当然,并非所有竞争者的存在都符合利益。一般我们把竞争者的竞争行为分为两类:一类是良性竞争,即其竞争行为符合行业的商业习惯与行规,按合理的成本定价,有利于行业的稳定与发展,有利于刺激同行业企业降低成本、提高产品与服务的差异性,取得合理的市场占有率和利润水平;另一类是恶性竞争,即其竞争行为不遵守任何行规与商业道德,具有强烈的冒险性和破坏性,往往采取不正当甚至不合法的竞争手段,如低价倾销、虚假广告、恶意诽谤等行为,扰乱行业秩序与均衡,抢夺市场份额。

六、设计竞争情报系统

企业在对竞争者的各项内容加以分析与识别时,还需借助一定的工具,其中,为使分析识别更具有针对性,很有必要及时准确地掌握竞争者的相关情报,为此,企业需要建立竞争情报系统,这也是现代企业竞争不可或缺的一个组成部分。

设计竞争情报系统的具体步骤如下:

1. 建立系统

竞争情报系统首先要明确市场营销管理者所需要的主要情报以及情报的最佳来源。

2. 收集数据

推销人员、中间商、市场咨询机构、有关协会、有关的报纸杂志等都可以成为情报来源。

3. 评价分析

对所收集的数据资料进行分析评价,并作出必要的解释,加以整理分类。

4. 传播反应

通过电话、通讯、网络、报告、布告、备忘录等形式,将情报资料及时送达企业的相关部门。

借助于设计的情报系统,企业将及时收到有关竞争者的各种形式的信息:了解竞争者突然行动的原因,或了解竞争者的劣势和优势,或预测竞争者对企业的行动会产生的反应。

有些小企业无力建立正规的竞争情报部门,比较行之有效的办法是指派专门主管人负责对特定的竞争者进行监视。

第三节　市场竞争策略

当一个产品的市场步入成熟后,在这个市场里竞争的同业企业之间,便都各自维持着一个稳定的市场占有份额。我们可以根据各企业在目标市场中所处地位或所占市场份额的不同,把它们分为市场领先者、市场挑战者、市场追随者和市场补缺者。如图 5 - 2 所示。

市场领先者	市场挑战者	市场跟随者	市场补缺者
40%以上	20%—40%	10%—20%	10%以下

图 5 - 2　竞争性市场地位与角色

值得一提的是,上述分类通常不适用于整个企业,而仅适用于企业在某一特定行业中的位置。诸如通用、微软、谷歌或宝洁这样的大型企业可能在某些市场上是领先者,而在另一些市场则是补缺者。宝洁在许多细分市场处于领导地位,比如洗衣粉和洗发水市场,但在香皂市场上要挑战联合利华公司,在面巾纸市场上挑战金佰利公司。这些企业通常会根据不同的业务单元或产品所处的竞争环境来确定不同的战略。

一、市场领先者策略

基本概念　**市场领先者**

市场领先者是指市场上实力最强的领头企业，拥有最大的市场份额，通常在40%以上。一些知名市场领先者包括脸书（社交媒体）、谷歌（网络搜索服务）、沃尔玛（零售）等。

处于领先地位的企业，其地位时刻面临着挑战。首先，若需求下降，企业的投资回报率会下降，从而影响其再投资或维持现有市场地位所需的资金；其次，企业如果不能革新其产品和技术，新产品或替代品生产者就可乘机占取更多市场份额，动摇领先者的领导地位；再次，市场领先者一般都规模庞大，它的应变能力和管理效率往往比较低下，这使其在激烈竞争中处于不利地位。

因此市场领先者要根据自身的特点，制定出正确的竞争策略，以维护自己的地位和市场份额。一般来说，市场领先者有三种策略可选择。

（一）扩大市场需求总量

扩大市场需求总量是市场领先者首先要考虑的，因为在同业市场上产品结构基本不变时，市场总规模的扩大，对市场领先者最为有利。原因是显然的，市场领先者的巨大影响、品牌的高知名度、广泛的分销渠道，使得新增加的市场有很大一部分比例仍属市场领先者持有。扩大市场总量有以下三种方式。

1. 发现新用户

每类产品总有潜在的购买者，寻找新用户就是将这种潜在的购买者转化为现实的购买者。这种转化可通过三种策略进行：一是新市场策略，即开辟新的细分市场，例如说服男子使用化妆品；二是市场渗透策略，即说服现有市场中那些还未用过产品，或很少使用产品的顾客，来采用本企业的产品或增加使用量，例如说服不使用香水的妇女使用香水；三是地理扩张策略，即把产品销到他国去。

小案例：强生公司与雀巢公司的市场开发

美国强生公司旗下的"强生"婴儿洗发精是婴儿洗发精市场的领导品牌,由于人口出生率下降,该公司对产品未来能否持续增长感到担忧。其营销人员在调研中发现,一些家庭的其他成员偶尔也使用婴儿洗发精洗头。于是,强生公司决定向成年人发起推销其洗发精的广告攻势,之后强生公司的婴儿洗发精成为整个洗发精市场的领导品牌。

雀巢是又一个成功市场开发的例子。雀巢公司为了进入我国市场,先后与有关部门进行了长达10年的谈判。在其竞争对手面对亚洲市场却步不前时,雀巢公司早已捷足先登,占据市场,争取了新的用户。

请思考:

强生公司与雀巢公司在开发我国市场时分别采取哪些做法?

2. 发现新用途

企业可以通过发现和推广产品的新用途来扩大市场规模。杜邦公司发明尼龙后,不断发现这种产品的新用途,从最初的制作降落伞绳到妇女丝袜,再到用于制作汽车轮胎、地毯等,使其产品用途不断增加,其市场规模也就不断扩大。

3. 增加产品的使用量

一般可以通过促使消费者在更多场合使用该产品、增加使用该产品的频率和增加原来消费中的使用量来实施。

(二) 保护原有市场份额

市场领先者为保护市场份额采取哪些策略呢?《孙子兵法·军形篇》有言:"守则不足,攻则有余。善守者,藏于九地之下;善攻者,动于九天之上,故能自保而全胜也。"借此箴言,市场领先者可采取适当的防御策略,在防御中不断创新。这些防御策略包括:阵地防御、侧翼防御、先发防御、反击防御、运动防御、收缩防御。同时,市场领先者应拒绝满足现状,并应成为本行业新产品创意、顾客服务、分销效益和成本降低方面的先驱。下面对这几种防御策略作简单介绍。

1. 阵地防御

所谓阵地防御就是在现有市场四周筑起一个牢固的防御工事,防止竞争者的入侵。采取这种防御方式的典型做法是向市场提供较多的产品品种和采用较大的分销覆盖面,并在同行业中尽可能采取低价策略。这种防御是一种被动型防御和静态型防御,如同法国的马奇诺防线一样,最终还是会失败。如果一个企业把它的全部资源用于建立保卫现有产品的"工事"上,是相当危险的,也是很愚蠢的。

2. 侧翼防御

侧翼防御是指市场领先者不仅应该保卫好自身的领域,而且应该在其侧翼或易受攻击处建立防御阵地,不给对手可乘之机。侧翼阵地的防御应该认真对待,否则建立侧翼防御就毫无价值。通用汽车公司为了应付日本和欧洲汽车生产商的小汽车攻击战,它并没有对小汽车产品这一公司侧翼给予足够重视,只是草率地设计了"维佳"这种小型汽车,但是美国消费者还是购买欧日生产商的汽车,因为在他们看来,美国小型汽车设计太粗糙,质量也不好。

3. 先发防御

这是一种进攻性防御。即在竞争对手欲发动进攻的领域内,或是在其可能的进攻方向上先发制人,在对手进行攻击前就挫伤它,使其无法再进攻或不敢轻举妄动。例如日本本田公司以生产高品质的摩托车闻名于世,在它进入轿车生产领域后,仍每年推出多款新型摩托车,每当有竞争对手生产同样品种的摩托车时,本田公司就率先采取降价策略,迫使对手退出竞争领域,此举使得本田公司在摩托车市场上的领先地位长久保持。

4. 反击防御

所谓反击防御,是指在对手发动进攻时,不仅仅是采取单纯防御的办法,而且主动组织进攻,以挫败对手。进攻时,既可攻击对方侧翼,也可迎头攻击,还可采用钳形包抄进攻。一个有效的反攻是侵入攻击者的主要经营领域,逼迫其回师自保,即采用"围魏救赵"之术。例如日本松下公司一旦发现竞争对手正欲采取新的促销措施或准备降价销售时,马上会增强自己的广告力度或者进行更大幅度的降价,这种反击式防御使松下公司得以在主要家电产品如电视机、录像机、洗衣机市场上占据领先地位。

5. 运动防御

所谓运动防御是指市场领先者把其经营范围扩展到新的领域中去,将这些领域作为将来进行防守或进攻的阵地。拓宽经营范围可以通过市场拓宽和经营多元化来实现。

6. 收缩防御

市场领先者因为自己的业务范围太广泛,而使自己的力量太分散时,面对市场竞争者的进攻,应该收缩战线,将力量集中到企业应该保持的业务范围或领域内。收缩防御并不是放弃企业现有细分市场,而是放弃较弱的领域,把力量重新分配到较强的领域。例如可口可乐公司在 20 世纪 80 年代放弃了曾经进入的电影娱乐业和房地产业,以集中力量来应付饮料业激烈的竞争,这使得进入 90 年代以来的可口可乐公司一直经营良好,在软饮料行业中,其市场份额一直首屈一指。

(三) 提高市场份额

根据有关的研究报告,市场份额超过 40% 的企业将得到 30% 的平均收益率,市场份额在 10% 以下的企业,其平均收益率在 9% 左右;市场份额有 10% 的差异,则平均收益率有 5% 的差异。因此,许多企业便以提高其市场份额、拥有市场份额第一或第二位为其主要目标,达不到这一目标则宁可撤离此市场。

但是市场领先者欲通过扩大市场份额来取得更多利润,还必须具备一定的前提条件:一是企业产品的单位成本能够随市场份额的提高而下降,具有成本经济性;二是顾客对高质量的产品,有付出高价的意愿,只有这样,企业才能因为质量提高而获取溢价利润。

市场领先者提高市场份额有多种途径,包括产品创新、质量策略、多品牌策略、大量广告策略等等。

当企业在确定是否以提高市场份额为目标时,还须考虑以下三个问题。

第一,在拥有一定市场份额的基点上,追求更高的市场份额有引起反垄断活动的可能性。如果一个市场领先企业进一步扩大其市场份额,超过一定限度时,就会受到反垄断法的制裁。

第二,企业为进一步提高市场份额所付出的成本的制约。当市场份额已经达到一定水平时,再要求进一步的提高有时会付出很大的代价,即市场份额的提高不是在任何情况下都与利润率的提高成正比增长的,盲目提高市场份额的结果可能会得不偿失。

第三,争夺市场份额时所导致的市场营销组合策略失误。有些市场营销变量对提高市场份额很有效,却不一定能给企业带来近期或远期的收益。如果企业采用了此类方案则会误入歧途,高市场份额并不能给企业带来高回报。

总之,处于主导地位的市场领先者必须全面掌握各种策略,既善于从扩大市场需求总量入手,保持自己的市场阵地,又善于在保证收益增加的前提下,通过适当提高市场份额使企业长期地占据市场领先地位。

二、市场挑战者策略

基本概念　　**市场挑战者**

　　市场挑战者是指市场份额仅次于市场领先者的企业,市场份额通常在20%—40%。这类企业规模较大,具备一定争取更多市场份额的实力,富有进攻性。

　　市场挑战者在制订竞争策略时,首先必须确定自己的策略目标,其次必须确定自己的竞争对手,最后要选择一个明确的进攻策略。

大多数市场挑战者的策略目标是增加它们的市场份额,以提高它们的盈利率,或者固守已有的市场地位,使自己成为不容易受其他竞争者攻击的对象。

(一)确定策略目标和挑战对象

市场挑战者的进攻对象有三种:一是市场领先者,二是市场挑战者或跟随者,三是地区性小企业。

1. 攻击市场领先者

采取这种策略的风险较大,但是一旦成功,企业的市场地位就会发生根本性的变化,因此,这种策略的吸引力也较大。

挑战者往往需要全面细致地调查研究市场领先者的弱点和失误,辨别在它的产品与服务乃至销售策略中存在的问题,并针对这些问题结合自身状况考虑本企业在这方面是否具有优势,进而选定自己的攻击目标。

2. 攻击市场挑战者或跟随者

市场挑战者对一些与自己势均力敌的企业,可选择其中经营不善发生亏损者作为其进攻对象,设法夺取它们的市场阵地。相对于攻击市场领先者来说,这种策略的风险较小,同时成功的影响也相对较小。但如果有几次战役的告捷或胜多败少,也可以对市场领先者形成威慑,甚至可能会由此改变企业的市场地位。

3. 攻击地区性小企业

市场挑战者也可对一些地区性市场中的小企业发动攻击,尤其是那些经营不善、财务拮据的小企业,从夺取属于它们的顾客到吞并这些小企业本身。

策略目标的选择取决于进攻对象的确定,如果以市场领先者为进攻对象,目标可能是夺取其手中的某些市场和市场份额;如果以小企业为对象,目标可能主要是将它们驱逐出市场。但无论在何种情况下,如果要发动攻势,进行挑战,就必须遵守一条军事上的原则:每一项行动都必须直接指向一个明确的、肯定的和可能达到的目标。

小案例:汇源50亿豪赌碳酸饮料

2010年3月,汇源果汁砸重金50亿元推出系列全新碳酸饮料——"果汁果乐"。该碳酸饮料有橙汁和柠檬汁两款产品,消费群体瞄准追求时尚、健康的青年人。与市场上传统的碳酸饮料相比,汇源果汁果乐是在果汁饮料中特别添加二氧化碳气体,不含咖啡因、磷酸和人工合成色素。正因为如此,汇源打出了"营养健康"的口号,来挑战可口可乐、百事可乐这些传统碳酸饮料巨头。

请思考:

与碳酸饮料相比,汇源果汁果乐在营销中需要克服的薄弱环节是什么?

(二) 选择进攻策略

1. 正面进攻

就是从正面向竞争对手发起进攻。攻击对手的真正实力所在,既不是它的弱点,也不是其侧翼。这种进攻的结果取决于谁的实力更强,按照军事信条来说,正面进攻者的火力优势至少应是防守者的三倍,这样才有可能夺取深沟壁垒和"高地"。像通用电气公司、施乐公司与IBM 公司正面抗衡时,使自己陷入了艰难困苦之中,就是因为忽视了IBM 公司具有优势的防御地位。

正面进攻常用的做法是使用价格战。价格战有两种方式:一是进攻者将产品的价格定得比竞争者价格更低,当对手没有相应采取降价措施时,这种方法便奏效了;二是进攻者大量降低自己的生产成本,然后在此基础上降价,运用价格武器进攻对手。事实证明,后一种价格战形式更容易成功。

2. 侧翼进攻

侧翼进攻采取的是"集中优势兵力攻击对方的弱点"的策略,竞争对手的正面总是防御得较完备森严的,但是其侧翼与后方必然有弱点,因此侧翼进攻是避其锋芒,直捣其"侧"。侧翼进攻包括两个策略方向——地理市场与细分市场。

所谓地理市场策略方向,是指向同一地理区域范围内的竞争对手发起进攻,进攻时既可以通过在对手所忽略的地域范围内,建立强有力的分销网点,以拦截竞争对手的潜在顾客;也可以通过寻找竞争对手的产品还没有覆盖的市场"空白区",并在那里组织营销。

所谓细分市场策略方向,就是利用对手因产品线的空缺或是营销组合定位的单一而留下的市场空缺,在该空缺市场上迅速用自己的产品加以填补。

3. 包围进攻

所谓包围进攻,就是同时向竞争对手的正面、侧面及后方发动进攻,具体地说就是向市场提供比竞争对手种类齐全的产品,使得购买者更倾向于购买进攻者的产品。日本索尼公司击退控制世界电视市场的美国公司时,就采用了该种策略,即提供的产品品种比任何一个美国公司提供的品种都多,结果完全击败了这些美国公司。

4. 绕道进攻

所谓绕道进攻,就是避免任何的正面冲突,绕过对手,进攻对手没有设防或不可能设防的地方。具体而言,可以通过生产经营与本行业无关联的产品来进攻,也可以通过将现有的产品打入新的地区市场,发展多样化来进行绕道进攻,还可以通过采用新技术生产产品的方式来组织绕道进攻。

5. 游击进攻

所谓游击进攻,就是以小型的、间断的进攻来干扰对手的士气,以不断削弱防守者的力量和意志。规模较小、力量较弱的企业比较适合采用这种策略,因为小企业无力发动正面进攻或有效的侧翼进攻,只有向较大对手市场的某些角落发动游击式的促销或价格攻势,才能逐渐削弱对手的实力。但是,游击战并非不需要投入,持续不断的游击进攻也需要大量的投资。游击战的特点主要是不能依仗每一个别战役的结果决出战局的最终胜负,如果想要击败对手,还需要发动更强大、更猛烈的攻势。

市场挑战者的策略是多种多样的,一个挑战者要想获得挑战的成功,通常会设计一套组合策略来达到改善自己市场地位的目的。

并非所有处于次要地位的企业都可以充当挑战者的角色,在一般情况下,采用跟随策略比挑战策略更为稳妥。

三、市场跟随者策略

基本概念　　**市场跟随者**

市场跟随者是指试图在现有行业秩序下维持住已有的市场份额的企业,市场份额通常为 10%—20%。

市场跟随者的市场份额远远小于市场领先者,但是就市场跟随者而言,能够保持住现有的市场份额就足够了,它没有实力与市场领先者抗衡,也不愿与市场挑战者抗衡,它只希望整个市场发展时,它能同样从新开发的市场中获取利益。之所以称其为跟随者,因为它一贯模仿、追随市场领先者的产品策略和营销策略,而不是自己去创新产品,这种策略也为其省去大笔产品开发费用。

跟随者是挑战者的主要攻击目标,因此,市场跟随者只有保持其较低的制造成本和高质量的产品与服务,才能不被击败,而且有新市场开辟出来时,它也必须进入,以保持自己的市场份额不变。

市场跟随者有三种跟随策略可供选择:紧密跟随策略、距离跟随策略和选择跟随策略。

(一)紧密跟随策略

它是指跟随者在尽可能多的细分市场和营销组合中模仿市场领先者的做法,但是并不与市场领先者发生正面的冲突,市场跟随者要躲在市场领先者的影子里求发展。

这种策略的突出特点是:仿效、低调。

(二)距离跟随策略

它是指市场跟随者部分模仿市场领先者的产品策略与营销组合策略,但是在包装、广告、价格等方面又有所不同,尽量使市场领先者和市场挑战者不会觉得市场跟随者有侵入的态势。

这种策略的突出特点是:合适地保持距离。

(三)选择跟随策略

它是指市场跟随者择优跟随。在对自己有明显利益时跟随市场领先者,并在跟随的同时不断发挥自己的创造性,体现一定的创新能力,对于市场领先者的产品,不仅能够模仿制造,而且还能对这些产品进行改进,以便它适合市场领先者所占市场以外的其他市场需求。它一般不与市场领先者进行直接竞争。

这种策略的突出特点是:选择跟随与创新并举。

市场跟随者不是盲目被动地跟随,也不是简单地模仿,它的首要思路是发现和确定一个不致引起竞争性报复的跟随策略。

　　市场跟随者虽然在市场份额上大幅度低于市场领先者,但这决不意味着这类企业的盈利水平低。这类企业成功的关键在于：较好地运用了市场细分工具和确定恰当的目标市场策略；市场研究和产品开发的成功；处理好企业盈利与市场份额提高的关系,重在盈利的落实以及拥有强有力的高层决策者和有效的管理人员。

四、市场补缺者策略

基本概念　　市场补缺者

> 　　又称市场利基者,是指避免与实力强的企业正面竞争,精心服务于总体市场中的一个更小的细分市场,对那些大企业无法顾及的小市场进行补缺,通过发展独有的专业化经营来寻求生存与发展的空间的企业,通常市场份额在10%以下。

　　作为市场补缺者,在竞争中最要紧的是要找到一个或多个安全的、有利可图的补缺基点。尽管各个不同的补缺者有不同的补缺基点,但其取胜的关键还是在于专业化的生产与经营。因此,如何评价一个补缺市场是否值得去占领,市场补缺者可以通过哪些途径获取竞争优势,都是值得关注的问题。

案例：SodaStream 在碳酸饮料市场中找到利基点

　　规模庞大的碳酸饮料市场一直由饮料巨头主导,可口可乐公司和百事可乐公司共同占据了约67%的市场份额。排在第三位的 Pepper Snapple 集团占据21%的市场。这些碳酸饮料巨头在新产品和市场营销上投入重金,以进一步加强自己的市场地位。因此,留给小型竞争者或新品牌的市场空间很小。然而,一个刚起步的小品牌——SodaStream 却给碳酸饮料市场注入了新的活力。这个小品牌是如何在巨头们的夹缝间谋求生存和发展的呢?

作为市场拾遗补缺者,SodaStream 尽可能避免与可口可乐和百事可乐正面冲突,定位于属于自己的独特利基市场。它并不销售碳酸饮料和水,而是向顾客提供可以在家自制苏打水的机器。其广告语是:"SodaStream,明智、简单、泡泡丰富。"SodaStream 台面饮料制作机的使用非常简单方便。采用加压二氧化碳罐作为动力,只需几秒钟就可以将普通的自来水转化成碳酸饮料,省去了用笨重的瓶子罐装,然后出售和回收的过程。用完的二氧化碳罐可以拿回商店重新装填。与瓶装、罐装软饮料和苏打水相比,SodaStream 系统更加经济实用,用Sodastream 制作的相当于 8 瓶每瓶 12 盎司的饮料比从商购买要便宜50%,且为厨房作业增加了趣味。

2013 年,全球共有 700 万活跃的 SodaStream 家庭用户制作了相当于 45 亿罐的饮料,而且这个品牌方兴未艾。在家用碳酸机市场中,SodaStream 的主导地位不容置疑。凭借聪明的竞争策路,SodaStream在碳酸饮料巨头的夹缝中取得了成功。

请思考:

由饮料巨头主导的碳酸饮料市场,其缝隙是什么? SodaStream 是如何填补这一缝隙的?

- - - - - - - - - - - - - - - - - -

(一) 补缺基点的特征

一个最佳的"补缺基点"应具备的特征有:

(1) 有足够的市场潜量与购买力;

(2) 利润有增长的潜力;

(3) 对主要竞争者不具有吸引力;

(4) 企业具有占据该补缺基点所必需的资源和能力;

(5) 企业已有的信誉足以对抗竞争者。

市场补缺之所以能盈利,就在于市场补缺者能在一个较小的领域内获得较大的市场份额。而其能成功的关键就在于利用了分工原理,专门生产和经营具有特色的、为市场需要的产品和服务。

(二) 市场补缺策略

市场补缺者可以通过下列手段与途径获得竞争优势,在补缺市场上获得成功。

1. 为最终用户服务

专门为最终用户提供服务,如保安公司专为各机构提供保安产品、保安人员。

2. 纵向专业化

专门为企业的生产、营销链上的某个环节提供产品和服务,如中央空调清洗公司。

3. 顾客规模专业化

专门为一特定规模的顾客提供服务,许多补缺者都倾向于为小客户、小公司或个体消费者提供服务或产品。

4. 地理区域专业化

专门在营销范围集中的较小地理区域内提供产品或服务,特别是在那些相对偏僻、交通不便的区域,更适合市场补缺者。

5. 产品特色专业化

专门生产一种具有特色的产品,或独具特色的服务,如专门生产豪华重型摩托车的哈雷公司就是采用了该方法。

6. 定制专业化

专门针对某一个或某一类顾客的需求提供产品或服务,如食品外卖公司根据各个顾客口味提供食品。

7. 服务专业化

专门提供其他企业无法提供的服务,如"家教服务中心"就是服务专业化的实例。

本章小结

市场竞争是市场经济的基本特征。市场竞争主要有两种形式,即价格竞争和非价格竞争。要制定一个有效的市场营销战略,企业在坚持顾客为中心的同时,还必须考虑竞争者的状况,因为只有从竞争者那里赢得顾客才能不断扩大自己的市场份额。企业首先要用以产业和市场两方面结合起来为基础的分析方法识别竞争者,在此基础上企业需收集有关竞争者的策略、目标、优势和弱点、市场反应模式等方面的信息情报,从而确定自己的竞争性定位,选择自己的竞争策略。

　　根据企业不同的竞争地位,可将其划分为市场领先者、市场挑战者、市场跟随者和市场补缺者四种类型。它们各自有其适宜的营销策略。

　　市场领先者通常有三种策略选择,即扩大市场需求总量、保护市场占用率、提高市场份额。

　　市场挑战者首先要确定自己的策略目标和挑战对象,然后还要选择适当的进攻策略,如正面进攻、侧翼进攻、包围进攻、绕道进攻、游击进攻等。

　　市场跟随者可供选择的跟随策略主要有紧密跟随、距离跟随、选择跟随等。

　　市场补缺者往往也可通过其敏锐的洞察力和灵活的策略获得较好的效益,其策略主要是专业化营销。

案例分析：没有及时发现竞争者的柯达

　　柯达,这曾是一个耳熟能详、令人肃然起敬的品牌。一个多世纪以来,人们依靠柯达的产品捕捉令人难忘的"柯达瞬间",记录和分享个人或家庭的重大事件。柯达的技术还支持着好莱坞电影产业的发展。1972年,歌手保罗·西蒙(Paul Simon)为之曾推出了一首热门单曲《柯达彩色胶片》,歌词描写柯达产品与人们的生活之间密切的情感联系。

　　然而,当爱已成往事,今天的柯达已宣告破产,公司已根据美国《破产法》相关规定进行重组。曾经是蓝筹股中佼佼者的柯达,如今股价已经一落千丈,沦为垃圾股;它曾是行业的垄断者,占据85%的相机市场和90%的胶卷市场,如今却不得不在所有的市场中挣扎求生;曾一度日进斗金,却在破产前的最后4年中,每月亏损4 300万美元;全球雇员曾经超过10万人,如今公司主要是美国员工,人数已经缩减到不足

1 万名。

为什么这样一个传奇品牌会如此快速地陨落?柯达是竞争短视的牺牲品,也就是说,它只关注少数的现有产品和竞争者,而忽略了顾客需求的变化以及新兴的市场动态。迫使柯达破产的不是那些竞争性的胶卷厂商,而是柯达没有及时关注的竞争者——那些根本不用胶卷的数码摄像技术和相机。一直以来,柯达都致力于生产最好的胶卷,但在快速发展的数字世界,顾客不再需要胶卷。因为顽固地坚持其优势产品,柯达的数字化转型远远落后于竞争对手。

尤为令人惋惜的是,柯达公司的工程师早在 1975 年就发明了世界上第一台数码相机,虽然这台相机足有烤面包机大小,仅可以记录粗糙的黑白图像。但柯达公司并没有意识到数码摄像技术背后潜藏着的巨大商机,而是担心数码技术的推广和应用会损害自己宝贵的胶卷生意,公司因此搁置了数码相机的研发。当时的管理者根本无法想象没有胶卷的世界。柯达因此固守胶卷市场,将自己所有的创新和竞争重点都集中在生产更好的胶卷和比其他胶卷制造商更具创新性上。曾被柯达寄予厚望的能打"咸鱼翻身仗"的产品——喷墨复印机和相关电脑技术,也因为施乐等大公司占领市场在前而陷入"一步赶不上,步步赶不上"的窘境。

曾经创造辉煌的柯达公司一路走来,恰恰被自己对于胶卷的坚守和偏爱蒙蔽了双眼,没能注意到与拍摄和分享图像相关的新竞争趋势。柯达的公司文化沉湎于以往辉煌的历史。"它是一个被历史绊住脚步的公司,"一位分析人士这样说道,"那段铸就了无数辉煌、赚取了大量财富的历史如此重要,以至于成了它的负担。"当柯达公司终于认识到自己的错误时,但为时已晚,著名的"柯达瞬间"注定已成为历史。

请思考:

1. 根据竞争地位分类,你认为曾经辉煌的柯达公司属于哪一类?为什么?

2. 请分析柯达公司的竞争对手。

3. 如果历史可以重来,你对柯达公司有什么建议?

实践运用

一、实践目标

掌握分析竞争者的方法

二、实践内容

选择某一行业,运用波特五力模型,通过市场调研编写该行业市场竞争力分析报告。

三、实践组织

1. 以小组为单位收集资料(每组4—5人为宜),撰写市场竞争力分析报告。注意,每组选择行业前进行沟通,不要重复。

2. 制作PPT,分组汇报。

第六章 | 市场营销调研与预测

没有调查，没有发言权……

——毛泽东

信息对于市场机制运行、资源配置效率促进发挥着极其重要的作用。在当前这样一个信息技术高速发展、各种信息急剧膨胀的时代，从海量信息中搜集、整理和开发出有价值的信息，需要专设机构来完成。企业必须建立先进的营销系统，及时捕捉、调研和掌握企业内部和外部的重要信息，才可能对市场需求进行精准预测，制定企业科学的营销战略与策略。

第一节 市场营销信息系统

企业所处的市场总是动态的,而且随着技术进步步伐的加快、竞争压力的增大以及消费者期望的不断提高,市场将趋于更加动态化。这就使得营销职能比其他任何职能更明显地需要详细、准确和及时的信息,而一个完善的营销信息系统的建立恰恰可以满足企业营销的这一要求。

一、市场信息

市场信息是指与企业所处市场的各种经济活动和环境有关的数据、资料、情报的统称,它反映了市场活动和环境的变化、特征和趋势等情况。市场信息包括的内容非常广泛复杂,归纳起来主要包括市场环境信息、产品信息、价格信息、销售渠道信息、促销信息和竞争信息等。

市场环境信息主要指与企业营销活动有关的经济、政治、法律、社会文化、人口、技术和自然等方面的信息。产品信息主要包括企业所处的国内外市场,特别是目标市场对企业所经营的相关产品的需求情况、产品的服务水平、性能质量、生命周期以及替代品和互补品的情况。价格信息主要包括市场上同类产品的平均价格水平、产品的价格弹性、价格的未来变化趋势等。销售渠道信息主要包括市场上同类产品分销渠道的种类、不同渠道的特点及优劣、渠道的未来发展趋势等。促销信息则是指市场上有关人员推销、广告、营业推广和公共关系方面的情况。市场竞争信息包括企业所处市场的竞争特点、竞争对手的营销战略和策略、市场份额和地位、对企业营销活动的反应等。

小资料:"大数据"背景下的市场营销信息

大数据(big data)指由成熟的信息生成、收集、存储和分析技术产生的大量复杂数据。每天大约产生令人难以置信的 $25×10^{18}$ 字节新数据,每年大约产生 1 000 万兆字节的信息。这些数据足以灌满 2.47 兆张旧式 CD-ROM，堆积起来足以往返月球 4 次。

人类社会所产生的信息量正在呈指数级数增加，大数据给市场营销者带来机会的同时，也提出了严峻的挑战。有效利用"大数据"的公司能够获得丰富、及时的顾客洞察。但是，评价和挖掘如此多的数据几乎是无法完成的任务。例如，当诸如百事等公司考察通过关键词在推特、博客、小栏和其他来源搜索得到的关于其品牌的网上讨论时，发现每天有超过 600 万次公开谈论，每年超过 20 亿次。这一信息量远远超出了任何管理者的消化能力。大数据背景下，营销工作者不是需要更多的信息，而是需要更好的信息，需要更好地利用已有的信息。

二、市场营销信息系统

在激烈的市场竞争中，信息资源已成为企业最重要的战略资源之一。为了增强对营销环境因素变化的适应性和反应性，及时发现和捕捉市场机会，企业需要建立一个能够及时而系统地收集并加工处理信息的信息系统，这就是营销信息系统。

基本概念　营销信息系统

营销信息系统是指由人、计算机和程序构成的系统，其目的是为营销决策者收集、挑选、分析、评价和分配其所需要的、及时的和准确的信息。一般由内部报告系统、营销情报系统、营销调研系统、营销决策支持系统等四个子系统组成，如图 6-1 所示。

（一）内部报告系统

营销决策者使用的最基本的信息系统是内部报告系统。这是一个包括订单、销量、存货水平、应收账款、生产进度、现金流量等信息的系统。通过对这些信息的分析，营销决策者能够发现机会和问题。

内部报告系统的核心是订单—发货—账单的循环。即销售人员将

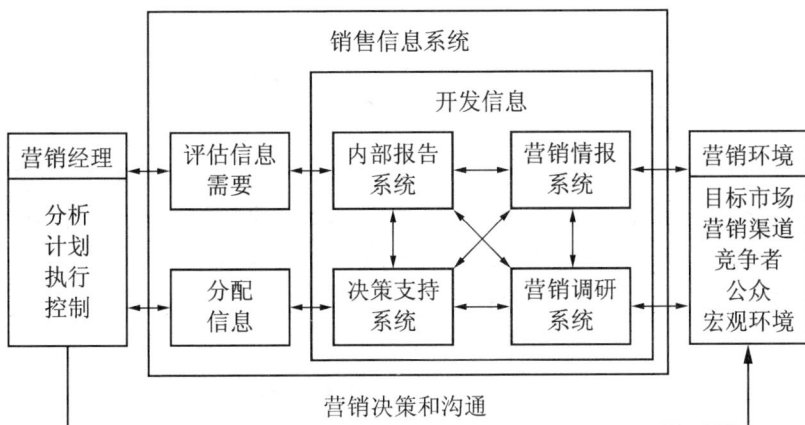

图 6-1　市场营销信息系统

顾客、经销商、销售代表的订单送交企业,订单处理部门会通过计算机网络了解存货情况,并将数份订单副本迅速分送有关部门,使各部门协调行动,顾客收到货物和账单后付款,企业根据付款凭证确认货款到账。

(二)营销情报系统

营销情报系统是指使企业获取关于营销环境变化的恰当信息的一整套程序和来源。它与随后将介绍的营销调研系统一样,都是从组织外部获取信息,但是两者的区别是:营销情报系统由于收集和传递的是日常的、变化的信息,所以进行的往往是系统的、连续的作业;而营销调研系统则是对企业营销活动中出现的特定问题进行研究,侧重于营销活动中特定问题的解决,进行的是零碎的、间断的作业。

营销情报系统可以为企业提供的情报包括:防御性情报;参考性情报;进攻性情报。

小案例:老干妈独特产品配方遭到泄露

2016 年 5 月,"老干妈"工作人员发现本地另一家食品加工企业生产的一款产品与老干妈品牌同款产品相似度极高。该事件引起了老干妈公司的警觉,公司相关人员认为此现象很可能存在重大商业机密的泄露。贵阳市公安局一举将涉嫌泄露商业机密的贾某抓捕归案,该案涉案金额高达千万元人民币。

对于食品行业来讲,配方可谓是核心的商业机密,也是市场竞争的杀手锏,每个食品企业都会严密守护配方,制定相关保密措施,防范内部人士泄露和竞争对手窃取。老干妈对产品配方保护的高度重视,亦是出于公司发展考虑,因此才会在发现有厂家产品与其相似时,立刻警觉到配方被泄密,进而在警方的调查下侦破案件,并将泄密者抓获归案,及时阻止损失进一步扩大。涉案人贾某在任职期间,与老干妈公司签订了"竞业限制与保密协议",却违背协议泄露商业机密,被抓也是咎由自取。

请思考:

企业在构建营销情报系统时如何做到攻守兼备?

(三) 营销调研系统

企业一旦捕捉到市场机会信息或是遇到某些特定的营销问题,需要进行深入研究以获取进一步的市场信息,这就要依靠企业的营销调研系统。大企业一般会设立专门的营销调研部门,对某一特定的营销问题系统地设计、收集、分析各种信息资料,并提出有效的对策。我们将在下一节详细介绍。

(四) 营销决策支持系统

营销决策支持系统由科学的统计步骤和统计模型构成。该系统的作用是利用科学的技术、技巧来分析营销信息,从中得出更为精确的研究结果,以帮助决策者更好地进行营销决策。

营销决策支持系统由统计库和模型库两个部分组成。统计库是由一系列统计分析方法组成的,目的在于求得现有数据间的关系和发展趋势,其主要的工具有多元回归分析、判别分析、因子分析、聚类分析、联合分析等。模型库是一组数学决策模型,在既定的条件约束下寻求最优决策,这种决策包括最优的静态决策和动态对策。其主要的工具有数学规划决策、博弈论等。

小资料：客户关系管理（customer relationship management，CRM）

　　CRM 由甲骨文、微软以及 SAS 等公司提供的复杂软件和分析工具组成，将不同来源的顾客信息整合起来，不断加强与客户沟通，对客户需求进行深度分析，并将结果应用于建立更加牢固的客户关系。CRM 整合公司销售、服务和市场营销团队所了解的有关各个顾客的所有信息，全方位审视客户关系。公司可运用数据挖掘技术从海量数据中提取出对创造顾客价值有重要意义的发现。

　　总之，市场营销信息系统就是将有关各种数据经过计算机处理，形成系统的营销信息，然后分门别类地输出给有关部门或存入数据库，系统的营销信息在各个部门与相应的模型和决策者的经验相结合，最终形成营销决策方案。

第二节　市场营销调研

　　市场营销调研是针对组织特定的营销问题，采用科学的研究方法，系统地、客观地收集、整理、分析、解释和沟通有关市场营销各个方面的信息，为营销管理者制定、评估和改进营销决策提供依据的一项营销活动。

　　由此可见市场营销调研包括紧密联系的两个组成部分——市场营销调查与研究。通过市场调查，营销者可获得有关市场营销背景历史与现状的数据和资料；通过市场研究，营销者可获得有关营销背景中机会与威胁的信息。两者的有机结合，使市场营销调研成为一个完整的概念。

一、市场营销调研的类型

　　市场营销调研分类的方法有很多种。按照市场营销调研本身的性质来进行分类,可将它分为探测性调研、描述性调研、因果性调研和预测性调研四种类型。

(一) 探测性调研

探测性调研用于帮助澄清或辨明一个问题,而不是寻求问题的解决办法。它往往是在大规模的正式调研前开展的小规模定性研究,其研究目的只是对营销问题的本质作一个初步评估,以便为进一步的研究确定范围和方向。所以,探测性调研的研究方法比较灵活,事先不需要进行周密的策划,在研究过程中可根据情况随时调整。

(二) 描述性调研

描述性调研是通过详细的调查和分析,对市场营销活动的某个特定方面进行客观的描述,以说明它的性质与特征。描述性调研是营销调研中使用最多的一种类型,与探测性调研相比,它研究的问题更加具体,数据收集的具体目标也已经明确,而且通常事先已形成了具体的研究假设,只需要通过描述性调研去验证这些假设,以对研究的问题给出明确的答复。所以,描述性调研一般会在事先拟定周密的调研方案,包括准备收集的资料、收集资料的方法和步骤以及调研活动的程序、路线和进度安排。

(三) 因果性调研

因果性调研的目的是为了证明一种变量的变化能够引起另一种变量发生变化,这种调研方法是以实验为基础的调研,因此又被称为实验调研。以实验为基础的调研与以询问或观察为基础的调研相比有着根本的区别。在询问和观察的情况下,调研人员是一个被动的数据收集者,他们只是询问人们一些问题或是观察他们在干什么。在实验调研中,研究人员成了研究过程中积极的参与者,他们会改变一些被称为自变量的因素,观察这些因素的变化对其他因素有什么影响。

(四) 预测性调研

预测性调研是为了预测所需要的有关未来的信息而进行的调研活动。它可能是为了预测市场的潜在需求及其变化以帮助企业作出相应的营销决策,也可能是预测特定营销活动的结果以使该营销活动的计划更加完善。

二、市场营销调研程序

市场调研是系统识别、收集、分析、分配和使用信息的过程,目的是发现营销问题并提出有效的对策。营销调研是一项复杂而细致的工作,如果失败,不仅会造成巨大的人力、物力和财力的浪费,还会造成信息滞后,延误营销时机。为了保证营销调研工作有序进行,提高研究工作的质量,营销调研必须按照一定的程序进行。一般而言,营销调研的过程包括五个步骤,如图 6-2 所示。

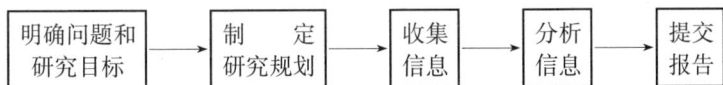

明确问题和研究目标 → 制定研究规划 → 收集信息 → 分析信息 → 提交报告

图 6-2 营销调研过程

(一)明确问题和研究目标

确定所要研究及解决的问题是调研活动的首要步骤,也是调研过程中最重要的一个部分,它的正确界定可以为整个调研过程提供保证和方向。由于经济现象非常复杂,不易准确发现问题和提出问题,因此,在这一阶段通常要先作初步调查,然后确定调研的问题及其范围。对调研问题的表述应当清晰易懂,所给出的定义不能过于宽泛也不能过于狭窄,否则会影响到调研成果的质量。

(二)制定研究规划

研究计划是营销调研中重要的指导性文件。在设计一个调研计划时,一般需要作出以下几个方面的决策。

1. 确定资料来源

根据获取方式或途径的不同可以把资料来源分为两类,即二手资料和一手资料。二手资料是指在某处已经存在并为其他目的已经收集好的资料;一手资料是指为当前某一特定的目的而收集的直接原始资料。由于二手资料能为调研工作提供一个成本低廉和工作迅速的起点,调研人员通常从二手资料开始他们的调查工作,并据此判断调研问题是否已局部或全部得到解决。除了内部的二手资料外,还可以通过付费的方式查阅有关资料或通过专业信息服务机构获得。只有当调研人员确认所需的资料不存在或资料过时、不完整、不可靠时,调研人员才考虑收集一手资料,通常的做法是对要调研的问题作初步调查,并根据调查结果确定正式的调查方法,实施现场调查。

2. 选择收集资料的方法

收集一手资料的方法通常有以下三种。

(1) 观察法。观察法是调研人员通过观察或用仪器进行记录而不是直接向调查对象提问的一种方法。这种方法要求调研人员使用眼睛注视特定的调查对象与环境因素,以及通过听觉等收集相关的资料,同时还包括通过拍照、摄像、录音等视觉和听觉的延长手段,获取周围的信息。

观察法是收集一手资料的基本方法之一。它的最大优点在于可以实地观察现象和行为的发生,收集到既原始又真实的资料,而且简便易行,灵活性较大,观察时间可长可短,观察者由于处于"局外旁观"的地位,不易被人注意。但观察法也有不足,即只能观察明显的行为,而不能看出行为的动机,此外,被观察对象的行为或环境也无法加以控制。因此,观察法最适合于探测性调研。

(2) 调查法。调查法是一种以问卷方式为主,向调查对象提问以获得所需信息的方法。调查法最适合于描述性调研,它又具体包括:人员访问、电话访问、邮寄问卷等形式。

人员访问是通过访问者和被访者之间进行面对面的交谈,以取得信息的方法。这种方式的好处是:具有较高的灵活性,调研结果的质量较高,拒答率低。但人员访问也存在一些缺点,主要表现在调查费用较高、对调查员的调研技巧的要求也较高。

电话访问是通过电话与受访者交流以获取所需信息的方法。这种方式可以在一定程度上减少调研的成本,能在较短时间内从较大的范围中收集到信息。但是,电话访问的拒答率一般较高,而且受到访问时间的限制,较难获得详细的信息。

邮寄访问是调研人员将事先设计好的问卷寄给受访者,请他们按照要求填写后再寄回给调研人员。这类方法的优点是成本低,调研范围广泛,受访者也有充分的时间来考虑如何回答问题。但是,邮寄访问的问卷回收率一般较低,而且回收时间较长,使得一些信息缺乏时效性。

（3）实验法。实验法是指在一定的控制条件下,对所研究的课题的一个或多个因素进行操纵,以测定这些因素之间的因果关系的一种调研方法。实验法的重大作用是可以通过它来了解是何种变量引起事件的发生。因此,此方法较适合于因果性调研。

实验法可采用实验室实验与现场实验两种形式。前者的优点是可以很好地控制实验条件,以观察到因变量受自变量的真实影响,但是这种在实验环境下被测量到的因果关系在真实环境下可能缺乏有效性;现场实验结果一般有较好的外在有效性,但是,它的问题是调查者不能控制可能影响因变量的所有因素,从而较难获得各因素之间真实的因果联系。

小资料：获取大数据的四大来源

大数据时代,大数据获取是企业精准地找到用户、理解用户、服务用户抢占商机的前提,通常有以下四大来源。

（1）人口统计。你可能会从用户注册行为或购买行为时收集到基本的数据信息,比如年龄、性别、地址。这部分数据不会经常改变,人们一般不会改变他们的名字、性别或地址,这些基础的数据信息便于细分。

（2）偏好数据。偏好数据通常是通过相同类型的偏好中心收集的,可能包括关于用户的首选产品、服务、品牌、规模或邮件频率。

（3）交易数据。在你的电子商务平台中分析出有商业价值的交易数据,是你在电子邮件营销中可以做的最好的事情之一。将这个数据导入ESP（电子邮件服务提供商）,可以大大提高数据细分的能力,并打开了自动电子邮件营销的新天地。

（4）行为数据。你的用户感兴趣的是什么？最近的行为数据是最可靠的指标。这种类型的数据可以从电子邮件收集（打开/点击）或从网站（网页浏览）情况中收集。

3. 准备调研工具

收集第一手资料使用的工具包括仪器设备和调查问卷两种。仪器设备使用方便,人为因素影响较小,问卷是调研中使用最广泛的工具,其收集信息的质量和数量由人的因素决定。因此,问卷如何设计显得尤为重要。一份完整的调查问卷由三部分组成:问卷说明、要提的问题和被调查对象的个人背景资料。其中问题的设计是问卷设计核心。在设计问题时,一般应遵循以下几个原则:一是要使被调查对象容易并且能充分理解问句的含义;二是要使被调查对象能够并且愿意回答问题;三是要对问句确定界限、避免混淆;四是问句应尽量获得具体或事实的答案;五是问句要克服偏差、追求精确。

4. 抽样技术

抽样是指从调研对象总体中抽出一定数目个体作为研究样本的过程。样本必须对总体具有代表性,否则不但会造成巨大的浪费,而且也造成研究结果的无效性,使调查研究失去意义。所以,必须对样本进行认真的设计,抽样设计涉及的问题包括抽样总体、样本数量和抽样方法三方面。抽样总体是指抽取样本的总体构成。总体的范围与所调研问题的特性和要求有关,一般可以用划定地理区域或划定被调查对象某种特性的类型来确定范围。但无论如何,在抽样前首先必须对总体明确界定。样本数量对随后的信息分析和结论的有效性均有重要影响,一般来说,样本数量越大,调研工作的费用越大、时间越长,但调研结果的误差越小,调研结果的准确性也越高。在样本数量决定后,就必须考虑样本的代表性,即抽样的方法,抽样的方法可以分为随机抽样和非随机抽样。

(三) 收集信息

研究规划的执行过程即是调研信息的收集过程,这一过程也是最艰苦、最易出错、花费最多的一个环节。在调研中一般首先考虑取得二手资料的可能性。运用现成的二手资料,既节省时间又节省成本,对资料的历史背景也比较清楚。但在运用二手资料时,要充分考虑资料可能存在的不足。如果二手资料不合用,就要考虑收集原始资料。

（四）分析信息

搜集完资料之后，接下来是对资料进行整理和分析。常用的信息整理技术包括将资料分类编号，进行统计分析和编辑整理，对实地调查得来的资料要检查误差，发现记录不完整和数据前后矛盾的地方，应审核情报资料的根据是否充分，推理是否严谨，简述是否全面，结论是否正确。

信息分析过程中要用到很多统计方法。比较简单的有一些描述性的统计方法，对一些较大的定量调研活动，还会用到相关分析、回归分析等更加复杂的统计方法。

（五）提交报告

调研报告是调研活动的最终成果，也是评价调研活动质量的重要文件。一般来说，调研报告从形式上可分为书面报告和口头报告。书面报告没有完全统一的格式，但一份翔实、完整的报告应该包含调研问题及目标；主要背景信息；调研方法的介绍及评价；以表格或形象化的方式来展示的调研结果；调研结果的文字摘要和调研结论及建议。

三、市场调研中的伦理问题

大多数市场营销调研对企业和消费者都是有利的。通过市场营销调研，公司更加了解消费者需求，从而提供更加令人满意的产品和服务，建立更强有力的顾客关系。但是，如果市场调研过程中忽视所涉及的伦理与道德问题，很可能会伤害或惹恼消费者，从而使市场调研工作达不到预期结果。企业在进行市场调研的各个环节应充分考虑可能涉及的重视伦理与道德方面问题，尽可能避免侵犯消费者个人隐私、滥用调研结果等问题。

小案例：塔吉特的市场调研让顾客感到不安

塔吉特给每一位顾客一个会员身份号码，与他们的姓名、信用卡或电子邮件地址联系在一起,然后追踪并详细记录他们的购买活动,以及从其他来源获得相关的统计特征。通过研究以前注册过婴儿档案的女性的购买历史,塔吉特发现可以根据她们对25个产品类别的购买模式,为每位顾客进行"怀孕预测"。塔吉特根据这一预测,针对不同的孕期阶段,向准父母们发送含婴儿产品优惠券的个性化目录。

塔吉特这一营销手法"看上去很美",即通过锁定准父母们,伴随家庭的发展周期将他们转化为公司忠诚的顾客。但是,当一位愤怒的男人出现在当地的塔吉特商店,抱怨他尚在高中读书的女儿居然收到了塔吉特关于婴儿床、学步器和孕妇装的优惠券,该商店遇到了麻烦。"你们想鼓励她怀孕吗?"他质问道。该店经理赶紧道歉。几天后,当他再次打电话致歉时,却意外地得知,实际上塔吉特的市场营销人员比这位懊恼的父亲更早地得知他女儿怀孕的事实。许多顾客担心塔吉特公司还可能追踪和收集了其他隐私。

请思考:

在收集顾客消费的相关信息时,应该注意哪些问题?

第三节　市场需求预测

管理者制定的营销计划是面向未来的企业行动计划。这个计划是否具有可行性和有效性,在很大程度上取决于这份计划是否充分考虑了企业即将面临的未来的市场环境和顾客需求。显然,只有符合未来市场环境和顾客需求的市场营销计划才能够得到顺利和有效的执行。因此,管理者在制定市场营销计划之前,一定要首先进行市场需求预测,弄清楚顾客需求的性质和大小,为正确制定市场营销计划提供依据。

一、市场需求预测的基本要求

基本概念　市场需求预测

市场需求预测指在市场调研和市场分析的基础上,运用逻辑和数学方法,对各种市场信息进行分析研究,预先对市场未来的发展变化趋势做出描述和量的估计。

市场预测的内容包括市场需求预测、市场供给预测、市场物价与竞争形势预测等,对企业来说,最主要的是市场需求预测。为了让市场需求预测工作为企业经营决策提供可靠的依据,提高市场需求预测的准确度十分必要,那么,如何提高市场需求预测的准确度呢? 其基本要求如下:

(一) 正确定义市场需求预测的具体任务和要求

企业组织市场需求预测,通常都是为制定经营决策、编制发展规划和市场营销计划提供依据。在每次具体的预测活动组织中,通常都面临特定的市场形势,需要依据当时掌握的数据资料,弄清楚某些具体的问题,因而当次预测的任务、性质和要求具有特殊性,与其他的市场需求预测会有所不同。这一点不仅预测的组织应当明确,还要让预测人员明白。正确定义当次预测的任务和要求,将会使预测程序安排合理,并有很强的针对性。

(二) 集思广益

相当多的预测活动是以人们的经验和知识为基础的。而不同的人由于经历不同、爱好相左、见识参差不齐,在预测任务的完成能力、准确性等方面会有差别。因此,在重要的预测活动中,应尽量吸收较多的经验丰富、学识渊博、分析判断能力强的人参与预测,以便集思广益。

(三) 重视可信度分析

不论选用定性预测方法还是选用定量预测方法,提高预测准确度的关键都在于预测推理思路或分析模型是否合适。在某些情况下,一项预测任务可能要试用多种不同模型或分析思路,通过可信度分析来找出相对理想的模型,借以为有效预测奠定基础。

(四) 做好预测过程的组织管理工作

企业进行市场需求预测,可能要组织多个预测人员,采用一定的程序和方法,因而有一定的组织管理工作量。为了保证尽快获得预测结果,并有较高的准确性,要求组织者注意做好事前准备、制定预测活动计划、严格控制进度和质量,并注意做好沟通和保密工作。获得预测结果以后,要及时向需要预测结果的部门和人员递送预测报告。

二、市场需求预测的方法

市场预测的方法有很多,下面我们介绍几种最常用、最基本的市场预测方法。

(一) 定性预测法

定性预测法是由预测者根据已有的历史资料和现实资料,依靠个人判断和综合分析能力,对市场未来的变化趋势进行预测。其优点是简便易行,不需要复杂的计算;不足是其准确性受预测者的个人经验、判断分析能力和逻辑推理能力乃至情绪的稳定性的影响很大,因而往往不能得到精确的数据。定性预测方法适用于资料较为缺乏或影响因素十分复杂又难以分清主次的情况。常用的定性预测方法有三种。

1. 专家意见法

专家意见法就是利用专家们的经验、知识和分析判断能力对市场的未来发展趋势做出预测。它包括专家会议法和专家小组法。

专家会议法是通过召集专家开会,对预测课题进行集体讨论,从而做出预测。这种方法的好处是可以相互沟通,集思广益。其缺点是参加人数有限,会影响代表性;易受心理因素的影响,或屈从于权威的意见;不愿修改已公开发表的意见等。

专家小组法又叫德尔菲法,是由美国兰德公司首创并被广泛应用的市场预测方法。专家小组法实际上是专家会议法的一种发展,它是以匿名的方式,通过轮番征询专家意见与反馈,最后得出统计预测值的方法。专家小组法的具体程序是:

第一,预测前的准备工作。成立一个预测领导小组,确定预测项目,设计预测调查表,寻找有关背景资料。

第二,选择专家。选择的专家是否胜任,是专家小组法成败的关键,一般应选择与调查课题有关的、专业工作达 5 年以上、有预见能力和分析能力并有一定声望的专家,同时也可吸收不同领域的专家参加,人数一般在 20 人左右。

第三,轮番征询专家意见。将调查表寄发给各专家,请他们独立做出书面预测意见并寄回,由调查组织者将专家们的意见进行归纳总结,匿名反馈给每位专家,再次征求意见;如此反复征询三至五轮,使得意见渐趋一致。

第四,确定预测值。调查组织者将最后一轮征询得到的答案采用统计分析的方法进行处理,得出预测值。

运用专家小组法进行预测,其优点是:专家们互不见面,从而避免了心理因素的影响及权威意见的左右;在预测过程中,各种不同的观点都可以表达并加以调和;预测过程迅速,成本较低。当然,专家小组法也有相应的缺点,专家意见未必能反映客观现实;有时发函征询的回收率不高,或者有的专家中途退出,影响预测结果的准确性。所以,专家小组法一般仅适用于总额的预测,而用于区域、顾客群、产品大类等的预测时,可靠性较差。

2. 购买者意向调查法

购买者意向调查法是定期直接向用户了解其在下一时期的购买意向,通过综合分析,推断用户购买意向的变动趋势。这种方法的原理是:只有用户最清楚自己将来想要购买的商品的种类和数量,因而他们提供的信息才是最可靠的。一般而言,用这种方法预测非耐用消费品需求时的可靠性较低,用在耐用消费品方面较高,用在产业用品方面则更高。因为一般消费品的购买行为往往受多种因素的影响,采用购买者意向调查法会增加不确定性。在运用此方法时,通常结合进行产品调查、消费者调查和市场占有率调查。

3. 销售人员预测法

销售人员直接接触顾客,对市场有着较深入的了解,因此销售队伍是宝贵的预测资源。通过征集销售人员的意见来进行预测也是企业经常用到的预测方法。但是,销售人员在对市场需求进行预测时也往往并不客观。例如,有些销售人员会故意低估市场需求,以获得更多的奖励,或是使自己的工作表现显得更好一些。此外,销售人员也往往对宏观的经济形势和发展趋势把握不够,从而导致较大的预测误差。

(二)定量预测方法

定量预测方法是依据市场调查所得的比较完备的统计资料,运用数学特别是数理统计方法,建立数学模型,用以预测经济现象未来数量表现的方法的总称。运用定量预测方法,一般需具有大量的统计资料和先进的计算手段。定量预测方法大致可分为两大类,即时间序列预测方法和因果分析预测方法(因有专门课程讲述,本书只作概要介绍)。

1. 时间序列法

时间序列法是最常用的预测方法,这类方法的基本点就是在所要预测的时间序列变量数值中,找到一种基本数据模式。常用的有:

(1)简单平均法。这种方法把一定时期的历史数据的算术平均值作为预测值,适用于需求相当稳定的商品预测或是短期预测。对于一般商品而言,由于中长期预测面临更大的不确定性,所以一般不能采用这种方法。简单平均法的计算公式是:

$$Y_t = \overline{x} = \frac{x_1 + x_2 + \cdots + x_n}{n} = \frac{\sum x}{n}$$

式中:Y_t——第 t 期的预测值;

　　　$\overline{x}$——算术平均值;

　　　n——历史资料的期数。

(2)加权平均法。不同时期的历史资料对未来可能有不同的影响,例如近期的历史数据可能就比早期的历史数据更具有参考价值。加权平均法正是考虑到了这一因素,给不同时期的历史数据以不同的权数后,再将其平均值作为未来的预测值。其公式可表示如下:

$$Y_t = \frac{w_1 x_{t-1} + w_2 x_{t-2} + \cdots + w_n x_{t-n}}{w_1 + w_2 + \cdots + w_n} = \frac{\sum_{t=1}^{n} w_i x_{t-i}}{\sum_{i=1}^{n} w_i}$$

式中：Y_t——第 t 期的预测值；

w_i——$t-i$ 期的权数，$i=1, 2, \cdots, n$；

x_{t-i}——$t-i$ 期的观测值，$i=1, 2, \cdots, n$；

n——历史资料的期数。

（3）移动平均法。移动平均法的基本原理和简单平均法是一样的，只是在选择历史数据时，会随着预测期的变化而不断地变化所选历史数据的期间，一般都是选择最靠近预测期的若干期间的历史数据。

（4）指数平滑法。这种方法是移动平均法和加权平均法的结合。它将以前对本期的预测值和本期实际发生值的加权平均数作为下一期的预测值。预测者可以自行设定平滑指数，因此有较大的灵活性来确定近期和远期数据对预测值的影响，有助于提高预测的准确性。具体的计算公式如下：

$$Y_{t+1} = \alpha x_t + (1-\alpha)Y_t$$

式中：Y_{t+1}——$t+1$ 期预测值；

Y_t——t 期预测值；

x_t——t 期观测值；

α——平滑系数，$0<\alpha<1$。

由计算公式可以看出，平滑系数 α 值越大，下期预测值受本期实际值的影响就越大，反之，下期预测值受本期预测值的影响则越小。

时间序列分析在预测时经常被用到，但是它有一个重要的缺陷，就是假定事物都将稳定地向未来发展，而不会有任何大变动。这一假设在稳定且可预测的市场中是有道理的，但在不稳定而有波动的市场中则是非常危险的。

2. 回归分析

回归分析并不是直接根据历史数据来预测未来需求，而是首先确定影响需求的主要因素，然后根据历史数据来确定这些影响因素与需求之间的函数关系，建立一个受一个或多个自变量影响的需求函数，最后，根据对这些自变量的预测计算出预计的需求。

例如，一个房地产开发商希望预测未来 5 年中某一地区市场对商品住宅的需求,他首先确定了影响这一需求的主要因素有:该地区消费者的收入、房屋贷款的费用、人口增长率。他希望建立一个函数式:

$$Q = f(X_1, X_2, X_3)$$

其中对商品住宅的需求用 Q 来表示,三个影响因素分别用 X_1、X_2、X_3 来表示。通过对一定时期的历史统计资料的分析计算,假设它得出了以下函数:

$$商品住宅的销售额 = C + \alpha X_1 + \beta X_2 + \gamma X_3$$

那么通过它可以预测未来 5 年内以消费者收入、房屋贷款的费用和人口增长率这三个因素来计算的所需的数据,而且为求这三个影响因素的预测值甚至可以找到较为精确的二手数据。

使用回归分析法面临的最大困难是很难建立一个准确的、反映变量之间关系的数学模型,这往往需要花费较高的预测成本。

本章小结

当今社会已进入知识经济时代,在这种背景下,市场信息是企业经营管理的一项重要资源,是企业在市场上取得竞争优势的砝码。掌握及时、准确、可靠的市场信息并对信息进行科学有效的处理和运用,是现代企业的一项重要任务。市场营销调研和市场预测是现代企业的一项不可缺少的工作,是取得、分析和运用市场信息的过程。

市场营销信息系统对企业成功开展市场营销活动有着重要的作用。一个完善的营销信息系统由内部报告系统、营销情报系统、营销调研系统和营销决策支持系统构成,该系统分析、收集企业所需要的信息,适时分配信息,对营销环境及其各组成要素加以监视和分析,帮助企业从事市场营销的分析、计划、执行和控制。

市场营销调研是取得和分析特定市场营销信息的过程。有效的营销调研一般包括五个步骤:确定问题和研究目标、制定研究规划、收集信息、分析信息、提交报告。市场营销调研的方法主要有观察法、调查法、实验法等。

市场预测是利用一定的方法或技术,对各种市场信息进行分析研究,预先对市场未来的发展变化趋势作出描述和量的估计。市场预测方法可分为两大类,即定性预测方法和定量预测方法。

案例分析：甲骨文公司——手持彩练当空舞

自1977年以来,甲骨文公司一直致力于提供优秀的电脑硬件和软件产品。如今,它是世界上紧随微软和 IBM 之后的第三大软件制造商,建立了数据库管理、资源规划、顾客关系管理和供应链管理系统。所有这些专有技术,加之创立者兼 CEO 拉里·埃里森(Larry Ellison)的远见卓识,使甲骨文公司处于收集、组织、分析大数据的前沿,是当仁不让的领先者。甲骨文公司声称它"提供范围最广、整合程度最高的产品组合来帮助您获得和组织多样化的信息源,并结合您现有的信息进行分析,以找到新洞察和利用潜在的关系"。

甲骨文的产品组合包括软件、硬件和产品平台,目前是"世界上唯一一家能够在不同层次上提供完善产品线的科技公司。"甲骨文的产品组合非常庞大,包括能够收集、连接、整合和分析数据的数据库产品。其硬件系统既包括服务器产品,也包括专为最优化地使用所有甲骨文软件而设计的大数据设备,以及其他外部来源的产品。基于其完美整合的系统,甲骨文能够为企业提供的独特利益是其他大数据公司无法比拟的。在石油、天然气和采矿业,新式的"机器与机器连接的设备"被用于准确地追踪哪一口矿井正要产出,从而减少损失、最大化利润。在运输业,集装箱中安装的设备可以监控整个运输过程,追踪温度、湿度,甚至集装箱是否被打开过等各种信息。在移动服务业,让人们能够仅用手机就完成支付的虚拟钱包服务发展迅速,已经成为智能手机的一项必不可少的功能。

作为在大数据领域具有领先地位和创新性的表现,甲骨文公司正在推出的许多处理大数据的产品在"云计算"或者甚至"大数据"等术语使用之前就设计好了。例如,早在2004年,甲骨文的融合应用设计

(Fusion)——一套专门处理跨越从供应链到人力资源再到客户关系管理等各个领域进行的数据管理而设计的软件就开始应用了。2007年，甲骨文就开始研发其最新的数据库产品。然而这两种产品线最适合云端，既可以在现场使用，也可以在网上使用。

另一个有远见的产品开发案例是甲骨文基于软件的企业用户程序内置了社交体能力。根据甲骨文公司高管所说，"甲骨文的社交关系管理能力将社交融入所有活动，也使我们的核心大型应用程序因具有社交能力而卓越不凡。"没有哪家公司尝试过这样做，它使得甲骨文一直以领先地位推动整个行业向客户递送社交媒体的价值和利益。

请思考：

1. 简要分析甲骨文公司如何帮助企业与消费者建立更好关系？

2. 结合案例讨论，大数据背景下传统市场营销调研工作需要做出哪些改进？

3. 从消费者角度来看，大数据发展有哪些不利之处？

实践运用

一、实践目标

理解市场调研目的，学会运用市场调研方法。

二、实践内容

选择某一种商品，设计一份包含各种题型的市场需求调查问卷，并通过实地调查、整理、分析后写出调查报告。

三、实践组织

1. 分组调查，撰写调研报告。小组制作PPT，向班级其他小组同学汇报。

2. 为调研商品提出营销策略，或者为具体厂家营销策略提出改进建议。

第三编　市场选择

第七章 ▊ 目标市场营销

图难于其易，为大于其细；天下难事，必作于易；天下大事，必作于细。

——老子

企业资源有限性和市场需求无限性之间的矛盾，要求企业必须深谙市场取舍之道。为了充分利用企业有限资源，充分发挥自身优势，提供适合购买者需要的产品和服务，企业应细分不同购买者群，选择其中一个或几个作为目标市场，发挥企业资源优势，运用适当的市场营销组合，满足目标市场的需要。目标市场营销由市场细分（segmentation）、目标市场选择（targeting）和市场定位（positioning）构成（简称 STP 营销）。

第一节 市 场 细 分

市场细分是美国市场营销学家温德尔·斯密于 20 世纪 50 年代提出的一个概念，它顺应了第二次世界大战后美国市场由卖方市场转化为买方市场这一新的市场形势。

一、市场细分的理论依据

基本概念 **市场细分**

市场细分是指按照一定的标准，辨别和区分对同一产品具有不同需求的消费者群体的过程。

企业在进行市场细分时，要把某一个产品市场按照不同消费者之间的需求差异，划分为若干个顾客群体，然后将相同或相似的消费者群体归为一类。这样，就可以把一个产品市场划分为若干个子市场或细分市场。在各个不同的细分市场之间，消费需求的差别较为明显，而在每个细分市场的内部，消费需求相同或相似。因此，市场细分不是通过产品来细分，而是通过对同种产品有不同需求的消费者进行分类。市场细分的理论依据是消费需求的绝对差异性和相对同质性。

（一）消费需求客观存在绝对差异性

由于人们所处的地理条件、社会环境以及自身的个性心理不同，市场上的顾客千差万别，表现为不同的消费者有各自的购买欲望和需求特点，消费需求的差异是绝对存在的，也正是这种差异性的需求，使市场细分具有了必要性。

（二）消费需求客观存在相对同质性

当我们认识消费需求存在差异性的同时，也应该看到，在同一地理条件、社会环境和文化背景下的人们会形成具有相对类同的人生观、价值观的亚文化群,他们的需求特点和消费习惯大致相同。正是因为消费需求在某些方面的相对同质,市场上绝对差异的消费者才能按一定标准聚合成不同的群体。每一个群体都是一个有相似欲望和需求的子市场,也正因如此,市场细分才有了实现的可能性。

二、市场细分的意义

市场细分作为一种新的营销观念迅速被大多数企业接受。实践证明,科学合理地细分市场,是企业有效开拓市场的重要工具。

(一)有利于企业发现和挖掘新的市场机会

通过市场细分,企业可以深入了解子市场的消费者的不同需求,因此,更容易发现新的营销机会,形成新的目标市场。另外,企业还可以通过比较不同细分市场中的需求情况和企业竞争者在各个细分市场中的地位,在充分了解竞争态势的前提下,确定企业自身的适当位置。

(二)有利于企业有效利用资源,获得竞争优势

面对广阔的市场,任何企业都不可能满足所有的需求,而只能满足其中十分有限的部分。通过市场细分,企业可有效地将有限的资源集中使用在一个或部分市场,降低企业营销活动的盲目性,增强在目标市场上的竞争能力。

(三)有利于企业自身的应变和营销策略的调整

通过市场细分,企业比较容易发现购买群体的反应,信息反馈快,这样企业可以根据目标市场的变化,及时、准确地调整产品结构、营销目标,以适应目标市场的变化。

三、市场细分的方法和原则

(一)细分市场的一般方法

市场细分的方法很多,企业可根据实际情况进行选择。这里列举图形来说明问题,见图 7-1。

图 7-1(a)表示在未进行细分前的一个拥有六个消费者的市场。如果这 6 个消费者需求和欲望是完全一致的,市场就没有细分的必要。但实际上消费者的需求和欲望是不同的,因此就有了细分的必要。

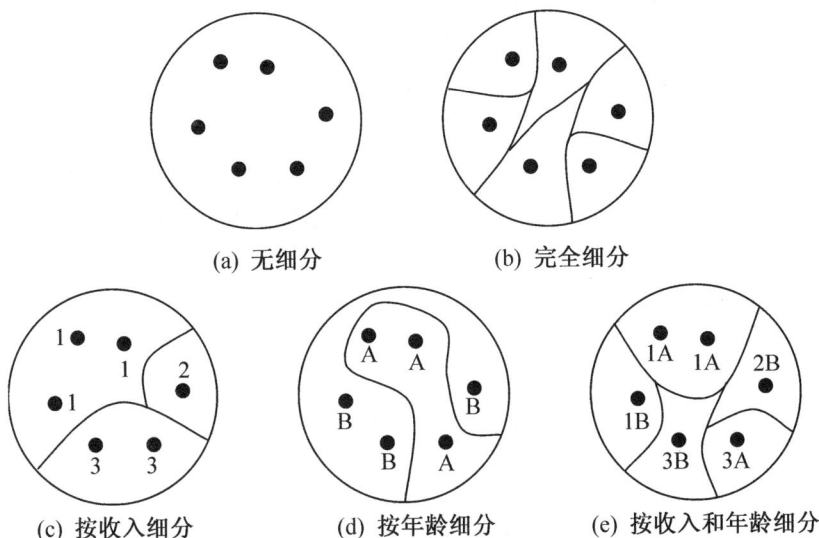

(a) 无细分　　　　(b) 完全细分

(c) 按收入细分　　(d) 按年龄细分　　(e) 按收入和年龄细分

图 7 - 1　细分市场的方法

1. 完全细分

如果市场上每一个消费者都有自己独特的需求和欲望,那么,每一个消费者都有可能成为一个潜在的独立市场。如图 7 - 1(b)所示,将市场上所有消费者分别作为独立的市场,企业为每个消费者设计一项独立的营销计划的市场细分称为完全细分。

2. 按一个影响因素细分

当企业面对众多消费者时,完全细分市场不合算也不可能。消费需求的相对同质性使企业可根据某些变量将众多的消费者划分成几群。如图 7 - 1(c)是根据收入等级细分市场;图 7 - 1(d)是根据年龄变量将市场分为青年消费者和老年消费者两大部分。

3. 按两个以上影响因素细分

在实际购买中,消费者的需求与行为都是多种因素影响的结果,因此企业可用多个细分变量进行市场细分。如图 7 - 1(e)是同时用收入、年龄将市场细分为五部分:假设收入等级为 2 的年轻人人数为 0;收入等级为 1 的年轻人人数最多,为 2 人;收入等级为 1、2 和 3 的老年人和收入等级为 3 的年轻人各为 1 人。

当企业以多个细分变量细分市场时,常使用"产品/市场矩阵"法。"产品/市场矩阵"法是同时以产品(顾客的不同需要)和市场(不同的顾客群)这两个变量建立矩阵来细分市场,从中寻找出最适宜企业的子市场作为目标市场。

一般来说,企业细分市场运用的细分变量越多,所获得的精确度就越高,每个细分市场的人数也就越少。同时,企业的细分成本随着细分市场的增多而递增。所以恰当的市场细分应该既能保证市场细分的有效性和精确性,又能使成本最低。

(二) 市场细分的原则

细分一个市场有许多方法,然而,并不是所有的细分都是有效的。要使市场细分有效进行,需要把握以下五个原则。

1. 可衡量性

市场细分要求各种变量是可以测量的,细分出来的各个子市场的规模大小和购买力水平也是大致可以确定的。如果某些细分变数或购买者的特点和需求很难衡量,这个细分市场的大小就很难测定。一些带客观性的变数,如年龄、性别、收入、教育、地理位置等,这些都易于确定,并且有关它们的信息和统计数字,通过统计部门是比较容易获得的。相反,一些带主观性的变数,如心理和性格方面的变数,就比较难以测量。

2. 可进入性

可进入性是指细分的市场应该是企业通过营销努力可以有效地到达并为之服务的市场。如果商品无法通过一定的分销渠道抵达该市场,或者有关的营销信息无法对该市场的潜在消费者进行传播,那么,该细分市场对企业是没有意义的。

3. 可盈利性

可盈利性是指企业所选定的细分市场的规模要大到足以使企业有利可图。因为企业的经营目标就是在为顾客提供最大价值的同时获取利润。如果细分市场规模过小,市场容量有限,而相对应的营销成本又很高,获利就会很少甚至亏损,显然是得不偿失的。因此,在进行市场细分时,企业必须考虑细分市场上顾客的数量,以及购买能力和购买频率。细分市场应该是值得企业为其设计一套营销方案的尽可能大的同质消费者群体。

4. 差异性

差异性是指各细分市场的消费者对同一市场营销组合因素和方案有差异性反应,或者说对营销组合方案的变化,不同的细分市场会有不同的反应。进行市场细分的假定前提是不同细分市场的需求是异质的,而在某一细分市场则是同质的,如果对同一营销组合方案,各细分市场的反应是相同的,那么,这样的市场细分本身就无任何意义。

5. 相对的稳定性

市场营销理论强调动态的观点,强调在变化中的营销策略,但在具体的市场细分上,要考虑其稳定性。如果市场变化太快,变动幅度又很大,企业还未实施其营销方案,目标市场就已面目全非,这样的细分也毫无意义。

四、市场细分的标准

市场细分是建立在市场需求差异性基础上的,因而形成需求差异性的因素,就可以作为市场细分的依据。由于市场类型不同,所以市场细分的依据也有所不同。消费者市场和产业市场的细分标准存在很大的差异。

(一)消费者市场细分的依据

消费者市场上的需求是千差万别的,影响因素也是错综复杂的。各行业、各企业应根据自己的特点和需要,采用适宜的变量进行细分,以求得最佳的营销机会。一般认为,消费者市场主要的细分依据有四类,即地理因素、人口因素、心理因素和行为因素。

1. 地理因素和地理细分

地理因素是指消费者所处的地理位置与地理环境,包括地理区域、地形、气候、人口密度和其他地理环境等一系列的具体变量。按照地理变量细分市场称为地理细分。地理因素是市场细分的一个最常用的变量,也是最明显、最容易衡量和运用的细分变量。

以地理因素细分市场的主要理论依据是:由于地理条件、社会风俗和文化传统的影响,同一地区的消费者往往具有相似的消费需求,而不同地区的消费者在需求内容和特点上有明显差异。

小案例:知名企业的地理细分

联合利华针对我国市场特别推出了"清扬"品牌。在最初的广告宣传中,清扬由台湾地区电视名人徐熙娣和韩国偶像巨星 Rain 代言,广告宣传让消费者对清扬去除头皮屑的显著效果印象深刻。可口可乐公司根据日本不同地理区域开发了多种不同的即饮式灌装咖啡。同时,它还发现日本的青少年总是行色匆匆,在打电话时不喜欢可乐瓶口敞开,因此公司为日本市场设计了带有旋转盖的可乐瓶。宝洁公司为了满足不同消费者的口味,在英国和新加坡市场上分别推出了咖喱味和烧烤味的品客薯片。

请思考:

哪些产品适合地理细分?

2. 人口因素和人口细分

人口因素是描述人口一般性特征的人口统计变数,包括消费者的年龄、性别、职业、收入、教育、家庭生命周期、社会阶层、国籍、宗教、种族等。按人口变量细分市场称为人口细分。人口变量的构成虽然复杂,但并不难衡量,而且这些因素直接影响到消费者的心理和行为,因而它是市场细分的一个极重要的依据。

例如,性别细分一直运用于理发、化妆品和杂志领域,以收入水平细分市场是汽车、服装、旅游等行业的长期做法,按年龄将消费者分为青年、中年、老年等不同的消费者群体在食品、娱乐等企业很普遍。但是,现在越来越多的情况是,采用多种人口统计变量来进行综合市场细分,尤其是当单一变量无法准确划分时,例如,某服装公司以性别、年龄和收入三个变量将市场划分为多个细分层面,每个层面有更细致的描述,如企业可为月收入在 3 000 元以上的年轻女性市场提供高档职业女装。

小案例：耐克公司加快占领女性运动品市场步伐

随着越来越多的女性走进健身房,走向户外,以往专注于男性运动市场的运动品牌也开始争相进军女性运动品市场。近年来,耐克公司加快了其占领女性运动品市场的步伐。耐克已经对女士服装生产线进行了全面的革新,公司将这种革新称为耐克女性(Nikewomen),其目的就是能够为女性提供更加舒适、鲜艳、时尚的运动服。随着运动趋势的突出,改进后的 Nikewomen 网站主要以特色服装为主。

请思考:

耐克为进军女性运动品市场在营销方面需要突出哪些元素?

3. 心理因素和心理细分

心理因素是指消费者的生活方式、态度、个性等心理变量,是关于消费者自身的较深层次的因素。这些因素与市场需求及促销策略有着密切关系,尤其是在经济发展水平较高的社会中,心理变量对购买者行为的影响更为突出。按照心理变量的不同,将消费者划分为不同的群体就是心理细分。

生活方式是影响消费者的欲望和需求的一个重要因素。人们的生活方式不同,对商品的需求也就不同。一个消费者的生活方式一旦发生变化,他就会产生新的需求。因此,越来越多的企业按照消费者不同的生活方式来细分市场,并为生活方式不同的消费者群体设计不同的产品和安排市场营销组合。例如有些服装制造商为"朴素妇女""时髦妇女""有男子气的妇女"等分别设计和生产不同的妇女服装。

有些企业还按照消费者不同的个性来细分消费者市场。这些企业通过广告宣传,试图赋予其产品以与某些消费者的个性相似的"品牌个性",树立"品牌形象"。例如,20 世纪 50 年代后期福特汽车的购买者被普遍认为是独立、感情易冲动、善于适应环境变化和雄心勃勃的消费者群;通用汽车公司雪佛莱汽车的购买者曾被认为是保守的、节俭的、计较信誉的、较少男子气概的和避免极端的消费者群,个性不同的消费者分别对这些公司的产品发生兴趣,从而促进销售。

4. 行为因素和行为细分

行为因素是指和消费者购买行为习惯相关的一些变量,包括购买时机、追求的利益、使用情况、购买频率、消费者对品牌的忠诚度、消费者的待购阶段等。按上述行为因素将消费者细分为不同的群体,就是行为细分。

消费者购买和使用某种商品往往有其特定的时机。例如,西方在圣诞节期间,我国在国庆节、春节期间,消费者对食品、礼品的需求会激增;在夏季含薄荷配方的洗发水会更受市场的欢迎。

因为消费者往往各有不同的购买动机,追求不同的利益,因此,可以按照购买者对产品追求的不同利益,将他们划分成不同的消费群体。比如,手表的购买者中,追求时尚和动感的青少年们喜欢各种新款的玩具表,而购买精工机械表的消费者则属于追求价值的传统消费者,购买劳力士名表的人则多是品位和社会地位的追求者。

根据消费者使用情况的不同,可以将市场细分为某一产品的未使用者、曾经使用者、潜在使用者、首次使用者和经常使用者。对于市场占有率比较高的大企业,他们往往注重将潜在使用者转变为实际使用者,较小的企业则注重于保持现有使用者,并设法吸引市场领先者的现有顾客。值得一提的是,越来越多的企业认识到吸引新客户和保持老客户之间成本的巨大差异,越来越注重顾客的保持。

许多商品的市场还可以按照消费者对某种产品的使用率来细分,这样可以将市场细分为大量使用者、中度使用者和少量使用者市场。大量使用者的人数可能并不很多,但他们的消费量却占全部消费量中很大的比重。美国一家公司发现,美国啤酒销量的 87% 是 50% 的顾客消费掉的,而另外一半的顾客仅消耗了总量的 13%,所以啤酒公司宁愿吸引重度饮用啤酒者而放弃轻度饮用者,从而把重度饮用啤酒者作为目标市场。

企业还可以根据消费者对产品的忠诚程度进行市场细分。根据对品牌的忠诚程度,我们可以把消费者分为四种:

第一,坚定的忠诚者,他们在较长时期内始终购买一种品牌,如遇缺货,也宁肯等待或到别处寻找;

第二,动摇的忠诚者,他们经常在两至三种品牌间进行选择购买;

第三,转移的忠诚者,他们经常从偏爱一种品牌转换到偏爱另一种品牌;

第四,非忠诚者,他们对任何一种品牌都不忠诚。

每一个市场由这四种消费者组成,只是各种消费者的数量不同而已。而且,一个消费者并非对所有产品都有同样的忠诚度,他可能对这种产品有高度的品牌忠诚性,而对另一种产品则没有。如有的消费者讲究衣着,只穿某名牌服装,而对牙膏等日常用品不太讲究。忠诚度分析也被用于考察消费者对商店的偏好程度。

(二)产业市场细分的依据

产业市场与消费者市场相比有所不同:一是其购买者是产业用户;二是其购买决策是由有关专业人员作出,一般属于理性行为。因此,细分消费者市场的标准,虽然基本适用于产业市场,但应该对这些因素赋予新的内容,并增加新的变量。

1. 最终用户

在产业市场上,不同的最终用户(或产品不同的最终用途)对同一种产品追求的利益不同。企业分析产品的最终用户,就可针对不同用户的不同需求制定不同的对策。例如,电子元器件市场可细分为军用市场、民用工业市场和商业市场等,它们各有不同的需求重点,军事用户要求产品质量绝对可靠,供应准确及时,不太在意价格;民用工业用户要求质量良好,服务周到,价格适中;商业用户则特别重视价格,对质量要求一般。针对不同要求,企业应采取不同的营销组合策略。

2. 用户规模

用户规模也是细分产业市场的一个重要变量。在现代市场营销实践中,许多企业建立适当的制度来分别与大顾客和小顾客打交道,以便更好地适应各种规模用户的特点。例如,一家办公室用具制造商按照用户规模将其顾客细分为两类:一类是大客户,由该公司的全国客户经理负责联系;另一类是小客户,由外勤推销人员负责联系。

3. 地理位置

一些产业市场客户对产品的需求,往往是集中在某一地理区域内的。因为这些行业的各个机构选址时,都是根据各地区是否容易获得资源和劳动力,以及各地对该产业是限制还是鼓励来决定的。这样大家往往都集中到那些对该行业来说最容易获得资源和劳动力及受到当地政府鼓励的地区,从而形成了煎糖制糖业都集中在广东、广西、云南、福建等省区,或广东的制糖业主要集中在湛江及其周边县市,就是因为在那里有大量的种蔗基地,他们所需的制糖原料极易获得。

在大多数情况下,产业市场不是依据单一变量来细分市场的,而是把一系列变量结合起来进行细分。例如一个纺织原料行业的生产商可首先用最终用户这一变量来细分其市场,并决定把重点放在用来制造沙发的公司上;其次该生产商还可决定把重点仅放在年销售额在 6 000 万元以上的沙发制造商上;最后该纺织原料生产商还可进一步决定把重点放在那些年销售额在 6 000 万元以上,希望购买质量好、质地坚实、价格适中的纺织原料的制造商上。

五、市场细分的步骤

美国营销学者麦卡锡提出了细分市场的七个步骤:

第一,选定产品市场范围。当企业确定市场细分的基础之后,必须确定进入什么行业,生产什么产品。产品的市场范围应以顾客的需求,而不是产品本身的特性来确定。

第二,列出顾客的基本需求。企业在所选定的产品市场范围内列出所有潜在顾客的基本需求。它决定着企业应采用何种变量细分市场。

第三,分析潜在顾客的不同需求。对于列举出来的基本需求,不同顾客强调的侧重点可能会存在差异。分析评价各种需求,目的是为了确定几种切实可行的需求作为细分的主要依据。

第四,以特殊需求作为细分标准。在确定切实可行的需求作为细分的依据时,要注重剔除消费者需求中的一般性,即共性特征,保持其差异性。

第五,为每个细分市场命名,以便说明与分类。

第六,进一步分析每一细分市场需求与购买行为特点。主要是检查各个细分市场是否符合细分具体变数的情况。

第七,分析各细分市场的规模。即分析细分市场上消费者潜在购买力的大小以及需求发展程度,结合本企业资源选择目标市场。

第二节 目标市场选择

基本概念 **目标市场**

目标市场是指在需求异质性市场上,企业根据自身能力所确定的准备满足的现有的和潜在的消费者群体的需求。

市场细分的目的在于有效地选择并进入目标市场。市场细分之后,企业首先要认真评估各个细分市场部分,然后根据自己的营销目标和资源条件选择适当的目标市场,并决定自己在目标市场上的营销策略,从而实现市场细分和目标营销的积极作用。

一、评估细分市场

评估细分市场的目的在于弄清这些细分市场是否具有值得企业进入的各种条件,及其程度如何。因此企业在评估细分市场时,就必须确定一套具体的评估标准。一般来说,应包括以下四个方面。

(一)市场规模

企业进入一个市场的目的是为了在向这个市场提供产品或服务的同时,获得一定的利润。如果所选择的细分市场过于狭窄或者趋于萎缩状态,企业就可能达不到它所期望的销售额和利润;如果所选择的细分市场过于广阔,企业又会使自己的市场营销力量铺得过宽而显得单薄,增加的销售额和利润就不足以弥补增加的开支。

至于什么是适当的规模,应相对于企业的规模与实力而言,较小的市场对大企业来说不值得涉足;而较大的市场对于小企业而言,又缺乏足够的资源来进入,并且小企业在大市场上也无力与大企业竞争。

(二) 市场增长的潜力

市场增长潜力的大小,关系到企业销售和利润的增长,但有发展潜力的市场也常常是竞争者激烈争夺的目标,这又减少了它的获利机会。

(三) 市场的吸引力

所谓吸引力主要是指长期获利率的大小。一个市场可能具有适当规模和增长潜力,但从获利观点来看不一定具有吸引力。决定整体市场或细分市场是否具有长期吸引力的有五种力量:现实的竞争者、潜在的竞争者、替代产品、购买者和供应者。企业必须充分估计这五种力量对长期获利率所造成的威胁和机会。

如果某个市场上已有为数众多、实力强大或者竞争意识强烈的竞争者,该市场就失去吸引力;如果某个市场可能吸引新的竞争者进入,他们将会投入新的生产能力和大量资源,并争夺市场占有率,这个市场也没有吸引力;如果某个市场已存在现实的或潜在的替代产品,这个市场就不具有吸引力;如果某个市场购买者的谈判能力很强,他们强求降价,或对产品和服务苛求不已,并强化卖方之间的竞争。那么,这个市场就缺乏吸引力;如果企业的供应者——原材料和设备供应商、公用事业机构、银行等,能够随意提高价格或降低产品和服务质量,或减少供应数量,该市场就没有吸引力。

(四) 企业本身的目标和资源

企业对各个细分市场的规模、增长程度、市场吸引力作出评估后,还应将这些细分市场与企业的目标和资源背景作对比检查,看细分市场与企业的长期目标之间的一致程度如何。如果细分市场与企业的发展目标及资源条件不相匹配,那么就不宜进入这些细分市场。即使这些细分市场与企业的长远目标相吻合,也必须进一步考虑企业是否具有有效生产经营所需的技术力量、物质资源及责任承担能力,如果缺乏这些条件,进入这些细分市场就没有多少策略性价值。

二、目标市场策略

在选择目标市场的基础上,企业可以对不同目标市场制定相应的营销策略。目标市场策略有三种,即无差异性营销策略、差异性营销策略和集中性营销策略。

(一)无差异性营销策略

所谓无差异性营销策略,就是将整个市场看作一个整体,不考虑消费者对某种产品需求的差别,决定提供一种产品,采用一套市场营销方案吸引所有的顾客。如图7-2所示。

```
┌──────────┐      ┌──────────┐
│  营销组合  │ ───→ │  整个市场  │
└──────────┘      └──────────┘
```

图7-2　无差异性营销

无差异性营销策略将细分市场之间的需求差异性略而不计,只注重其需求的共性。例如早期的可口可乐营销活动就是无差异性市场营销的典型例子。面对世界各地的消费者,可口可乐都保持同一的口味、包装,甚至连广告语也统一为“请喝可口可乐”。

无差异性营销策略最大的优点在于成本的经济性,单一的产品降低了生产、存货和运输的成本,统一的广告促销节约了市场开发费用。但这种策略的缺点也十分明显。首先,一种产品能迎合所有顾客的需求是罕见的,所以,在很多情况下是企业“忽略”了消费需求的差异,从而,潜藏着失去顾客的危险。其次,这种策略容易受到其他企业发动的各种竞争措施的伤害。再次,当同一市场上众多的企业都采用无差异性营销策略时,就会使市场上的竞争异常激烈,难以获利。

一般而言,无差异性营销策略适用于两种情况:一是具有同质性市场的产品;二是具有广泛需求、可能大批量产销的产品。然而,对于大多数需求存在明显差异的产品而言,这种策略并不适用。

(二)差异性营销策略

差异性营销策略是企业针对每个细分市场的需求特点,分别为之设计不同的产品,采取不同的市场营销方案,满足各个细分市场上不同的需要。如图7-3所示。

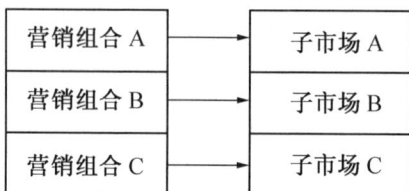

图 7-3　差异性营销

　　差异性市场营销策略的优点很明显。第一,企业同时为多个细分市场服务,有较高的适应能力和应变能力,经营风险也得到分散和减少;第二,由于针对消费者的特点开展营销,能够更好地满足市场深层次的需求,增加企业的销售量;第三,一旦企业在多个细分市场上获得成功,就会增强消费者对企业的信任感,提升企业的形象并提高市场占有率。也正因为差异性营销的明显优势,因此,20 世纪 60 年代以来,越来越多的企业采用这种目标市场策略。比如通用汽车公司针对不同的细分市场分别设计了卡迪拉克、别克等不同价位和不同风格的汽车,并且采取了不同的广告主题来对这些产品进行宣传。

　　但是,差异性营销策略也有不足。第一,营销成本提高,由于目标市场多、经营品种多、广告宣传的扩大化和多样化、管理复杂,市场营销费用将大幅度增加;第二,可能引起企业经营资源和注意力的分散以及顾此失彼,甚至出现内部相互争夺资源的现象,不利于核心竞争力的形成;第三,各细分市场间可能会出现"互斥"和替代效应。基于这些原因,一种叫做"反市场细分"的策略应运而生。反细分并不反对市场细分,而是将许多过于狭小的子市场组合起来,以便能以较低的价格去满足这一市场需求。

小案例：宝洁公司洗涤剂用品的差异化营销

　　宝洁是一家全球领先的日用消费品公司。宝洁在世界各地所经销的不同产品都有着多种品牌,如洗衣粉、沐浴液、洗发露、洗洁精、面巾纸、除臭剂、衣物柔顺剂、化妆品,以及一次性纸尿裤。此外,宝洁针对不同国际市场中的每一类产品都有许多其他品牌,宝洁的这些品牌在相同超市的货架上彼此竞争。

以洗衣粉为例,洗衣粉使消费者的衣物变干净,除此之外,消费者还希望洗衣粉可以满足其他的诉求,如经济性、去污强力性和使用温和性、漂白性、衣物柔顺性、气味清新性,以及洗涤过程中是否起泡沫等。消费者都希望所购买的洗衣粉具备上述大部分的优点,但是他们或许对不同的优点有着不同的偏好。对于一部分消费者来说洁净性和漂白性是最重要的;而对于另一部分消费者来说,衣物柔顺性却至关重要;还有一部分消费者需要比较温和、气味清新的洗衣粉。因此,对每种类型的洗衣粉,消费者都在寻找具有不同优点组合的产品。

通过细分市场和差异化营销,宝洁为所有重要参考群体中的消费者提供具有吸引力的选择。宝洁因此在美国洗衣粉市场上赢得了70亿美元的销售额,仅汰渍就占据了洗涤剂市场38%的份额,并且其市场份额仍在不断上升。所有的宝洁品牌总共占据了70%的市场份额,迫使其主要竞争对手联合利华和高露洁认输,并卖掉了它们在美国市场上的洗衣粉品牌。所以,在与自己的竞争中,宝洁完胜!

请思考:

宝洁为什么对同一类型产品引入多个不同品牌,而不是集中所有资源专注于一个领导品牌?

(三)集中性营销策略

集中性营销策略是指企业集中所有力量,在某一细分市场上实行专业生产和销售,力图在该细分市场上拥有较大的市场份额。如图7-4所示。

企业运用此策略的指导思想是把企业的人、财、物集中用于某一个或几个较小的子市场,实行专门化生产和销售,而不是把力量分散在广大市场上。这种策略一般适合于资源有限的中小企业,或初次进入新市场的大企业。

这种策略的优点是:第一,由于目标集中能更深入地了解市场需要,使产品更加适销对路,有利于树立和强化企业形象及产品形象,在

```
                        ┌──────────┐
                        │  子市场 A │
          ┌────────┐    ├──────────┤
          │ 营销组合 │──→ │  子市场 B │
          └────────┘    ├──────────┤
                        │  子市场 C │
                        └──────────┘
```

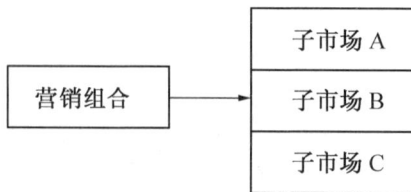

图 7-4   集中性营销

目标市场上建立巩固的地位;第二,由于实行专业化经营,可节省生产成本和营销费用,增加盈利。但这一策略所蕴含的经营风险较大,如果目标市场发生突然变化,如消费者偏好的突然变化,强大竞争者的进入等,就会使企业措手不及,导致亏损,因而实行这种策略时要做好应变准备,加强风险意识。

三、影响目标市场策略选择的因素

上述三种目标市场策略各有利弊,它们各自适用于不同的情况,企业在选择目标市场策略时需综合考虑各种因素,权衡得失,慎重决策。

(一) 企业的实力

企业实力主要指人力、物力、财力及管理能力等。如果企业实力雄厚,在资金、技术、管理和人力资源较强的情况下,可以考虑实行无差异性或差异性营销策略;如果实力有限,则最好实行集中性营销策略。

(二) 产品的同质性

产品同质性是指产品在性能、特点等方面相似度的大小。如水力、电力、石油、大米、食盐等,虽然产品在品质上或多或少存在差异,但用户一般不加区分或难以区分,我们可视为"同质"产品,这类产品一般适合于实行无差异性营销策略。反之,对于差异性较大的产品,如服装、化妆品、汽车等产品,则应实行差异性营销或集中性营销策略。

(三) 市场同质性

市场同质性是指各细分市场上顾客需求、购买行为等方面的相似程度。如果市场上顾客在一定时期内需求和偏好比较接近,并且对市场营销刺激的反应相类似,则可视为"同质"市场,比较适合于实行无差异性营销策略;反之,如果市场需求和偏好的差异较大,则为异质市场,宜采用差异性营销或集中性营销策略。

(四)产品所处的生命周期阶段

对处于不同生命周期阶段的产品,应采取不同的目标市场策略。处在导入期和成长期的产品,由于同类竞争品不多,竞争尚不激烈,企业这时的营销重点是挖掘市场对产品的基本需求,因此,最好实行无差异性营销策略;当产品进入成熟期后,市场竞争激烈,消费者需求日益多样化,此时企业可以用差异性营销或集中性营销策略。

(五)竞争者的目标市场策略

企业选择目标市场策略时,一定要充分考虑竞争者特别是主要竞争对手的营销策略。一般说来,企业的目标市场策略应与竞争者有所区别,如果强大的竞争对手实行的是无差异性营销策略,则企业应实行差异性营销策略或集中性营销策略;如果竞争对手实行的是差异性营销策略,则企业就应进一步细分市场,实行更有效的差异性营销策略或集中性营销策略。

第三节　市场定位

企业在市场细分的基础上选择了自己的目标市场,并确定了目标市场营销策略,这就明确了企业的服务对象和经营范围,接下来将面临的课题是市场定位。

一、市场定位图

基本概念　　**市场定位**

市场定位是指企业为了使自己生产或销售的产品获得稳定的销路,要从各方面为产品培养一定的特色,树立一定的市场形象,以求在顾客心目中形成一种特殊的偏爱。

市场定位图是市场定位常用分析工具,用来描述消费者在重要购买维度上对企业及其竞争者的认知差异,可以分为二维定位和多维定位。二维定位采用两个变量或两个因素,每个变量又选择两种状态,分析由两种状态组合而得到的四种不同结果;多维定位则采用 3 个或 3 个以上因素进行分析和定位,也叫立体定位,如服装市场可以按性别、年龄、收入等变量定位。图 7 - 5 采用城市规模和价格两个维度,展示我国可乐市场的二维定位图。

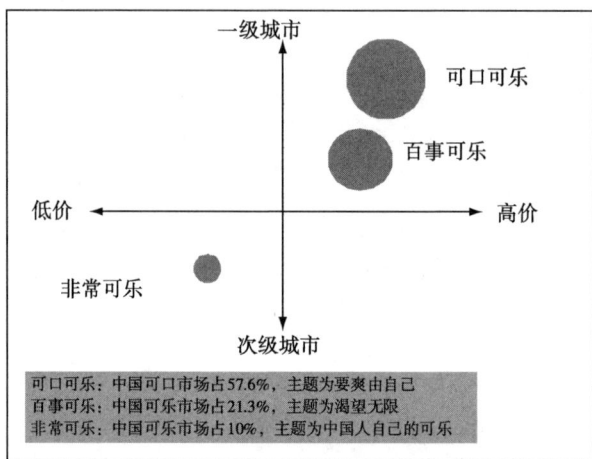

图 7 - 5　我国可乐市场的二维定位图

随着市场经济发展,在同一市场上有许多同一品种的产品出现,而广大顾客都有着自己的价值取向和认同标准,因此,企业要想在目标市场上取得竞争优势和更大效益,就必须在了解购买者和竞争者两方面情况的基础上,确定本企业的市场位置。即为企业树立形象,为产品赋予特色,以独到之处取胜。这种形象和特色,可以从产品实体上表现出来,如形态、成分、结构、性能、商标、产地等;也可以从消费者心理上反映出来,如豪华、朴素、时髦、典雅等;还可以两者兼有,作为市场定位的观念。

小案例：可口可乐的市场定位

可口可乐可能是商业世界里最成功的品牌之一，你认为可口可乐的市场定位是什么？这个问题有人可能回答为"Open Happiness"，这毕竟是可口可乐用了7年的广告口号。从2016年开始，他们把广告口号换成了"Taste the Feeling"。不管是"Open Happiness"还是"Taste the Feeling"，很多人可能会有疑惑：这算是什么市场定位呢？既不具体，又不形象，看三遍也不一定能记得住，然而可口可乐依然是最成功的品牌之一。成功秘方何在？

为了解释这个问题，我们引入一个概念，叫品类进入点（category entry points，CEP）。消费者每天会产生不同的需求，或要完成不同的任务。比如在家里看电视时，突然想喝点什么或嚼点东西；和朋友聚餐的时候，想喝点东西；炎热的夏天，在沙滩上晒太阳，也想喝点东西，这些都是消费者要完成的"任务"。而这些"任务"都可以认为是饮品的"品类进入点"。这里的饮品可以是可乐，可以是果汁，甚至可以是酒。很显然，品类进入点有大有小，有重要和次要之分。

一个品牌要想被消费者选中，关键的一步是要让消费者能够首先主动想到它，也就是消费者心智的显著性。可口可乐之所以可以成为一个价值上千亿美金的品牌，是因为它成功地将自己和很多个重要的品类进入点联系在一起，建立了在很多场景的心智显著性。

一个非常鲜明的数据对比可以给出更有力的证据。以土耳其软饮料市场为例，该市场上有两个大品牌，一个是Coca-Cola，一个是土耳其本地的Cola-Turka，前者是后者市场份额的8倍。相关研究机构甄别出了在土耳其软饮料市场8个最重要的品类进入点，并统计了消费者在这些品类进入点能否主动想到这两个品牌。调查结果显示，有67%的消费者不能把Cola-Turka和8个中任何一个品类进入点主动联系在一起；而对Coca-Cola这个数字只有14%。更重要的是，有67%的消费者能在3个以上的品类进入点主动联想到Coca-Cola，而对于Cola-Turka，这个数字只有15%。

不同的品类进入点(或消费者要完成的任务)就像是消费者心智中的分销网点。正如一个消费品牌要想取得巨大成功,很难脱离线下广泛的分销覆盖,在很多品类,一个品牌要想成功,也离不开在消费者心智中对不同品类进入点的占有。

请思考:

品类进入点与市场定位有何联系? 简要说明可口可乐公司市场定位策略。

二、市场定位的步骤

市场定位的根本目的就是要在目标市场上建立本企业产品的竞争优势,并使目标顾客充分认识自己的这种优势。选择和建立企业竞争优势的过程——市场定位包括这样几个步骤:

(一) 识别可能的竞争优势

竞争优势是一个相对概念,当一个企业通过提供较低的价格或较高的利益使消费者获得更大的价值,它就具备了竞争优势。企业可以拥有两种基本的竞争优势:低成本和差异化。成本优势可以通过优化企业的价值链实现,差异化优势则源于企业提供有别于其他竞争者的产品或服务。这种差异化可以体现在以下四个方面。

1. 产品差异化

产品差异化是指企业使自己的产品区别于其他产品,产品差异化可以从产品的形式、特色、性能、质量、一致性、耐用性、可靠性、可维修性、风格等方面实现。

2. 服务差异化

服务差异化是指企业向目标市场提供与竞争者不同的优质服务,包括服务的增加和较高的服务质量。由于实体产品建立和维持差异化越来越困难,因此,服务差异化日益重要。服务差异化主要表现在订货方便、送货及时、安装、客户咨询与培训、维修等方面。

3. 人员差异化

人员差异化是指企业通过聘用和培训比竞争者更为优秀的人员以

获取竞争优势。市场竞争归根到底是人才的竞争，人员差异化要求企业严格挑选与顾客直接接触的员工，并进行认真的培训。

4. 形象差异化

形象差异化是指企业塑造与众不同的产品、企业或品牌形象以获取竞争优势。主要可以通过如标志、文字和媒体、气氛、事件等，把有关企业及其产品的优势和定位的信息反复不断地传递给消费者，以触动消费者的心灵。

（二）选择正确的竞争优势

企业可能拥有一种或多种潜在的竞争优势，但必须准确地选择其中几个真正有开发价值的竞争优势作为市场定位的基础。一个企业的竞争优势是本企业能够胜过竞争者的能力。它可以是竞争者所不具备的能力，也可以是竞争者虽然具备，但本企业能够胜其一筹的能力。真正具有开发价值的优势应该是较强的优势，而不是微弱的优势；应该是开发成本较低的优势，而不是开发成本很高的优势。

（三）向市场传播和表达自己的市场定位

市场定位确定以后企业必须通过广告宣传和各种促销活动与目标消费者沟通，把定位信息有效地传达给消费者，使他们熟悉和了解企业的市场定位，认同企业为产品所塑造的形象，并培养消费者对产品的偏好和引发购买行动。否则企业的市场定位就会前功尽弃。

三、市场定位的策略

企业要在市场上树立自己的形象并非易事，必须要有适当的定位策略。可供企业选择的定位策略有：对抗定位、避强定位和填补定位三种策略。

（一）对抗定位策略

对抗定位策略是指企业根据自身的实力，为占据较佳的市场位置，不惜与市场上占支配地位的、实力最强或较强的竞争对手发生正面竞争，而使自己的产品进入与对手相同的市场位置。企业这样定位是准备挑战现有的竞争者，力图从他们手中抢夺市场份额。所以，选用这一策略的企业一般实力都比较雄厚，为扩大自己的市场份额，决心并且有能力和信心击败竞争者。

企业采用对抗定位策略的好处是：由于竞争过程往往相当惹人注目，企业及其产品可以较快地为消费者或用户所了解，易于达到树立市场形象的目的。但是，对抗定位策略也可能引发激烈的市场竞争，因此具有较大的风险性。当企业采用这一策略时，必须具备以下条件：第一，企业的产品在质量、功能或其他方面明显优于竞争对手；第二，该市场容量足够吸纳这两个竞争者的产品；第三，企业拥有足够的实力，其资源足以支持这种较量。

(二) 避强定位策略

避强定位策略是采取迂回的方式，避开强有力的竞争对手的市场定位，使自己的产品在某些特征或属性方面与强大的对手有比较显著的区别。七喜的"非可乐"型定位是避强定位的经典案例。

企业采用避强定位策略的好处是能够使企业较快地在市场上站稳脚跟，并能在消费者心目中树立起一种形象，市场风险较小，成功率较高，常常为多数企业所采用。但这种策略也有缺点：避强往往意味着企业必须放弃某个最佳的市场位置，很可能使企业处于最差的市场位置。

(三) 填补定位策略

填补定位策略是寻找新的尚未被占领，但为许多消费者所重视的位置，即填补市场上的空位。企业选择填补策略，大都因为该策略能避开竞争，获得进入某一市场的先机，先入为主地建立对自己有利的市场地位。但是企业在决定采用这一策略之前，必须仔细分析"空缺"的性质和大小，以及企业自身的实力特点。

本章小结

目标市场营销包括三个活动，即市场细分、目标市场选择和市场定位。由于消费者数量众多，且其需求具有多样性，而企业又受制于自身的资源条件，因此必须进行市场细分。细分的标准很多，消费者市场的细分标准主要包括地理因素、人口因素、心理因素和行为因素，产业市场除了可以依据上述因素进行细分外,还可以根据最终用户、用户规模和地理位置等进行细分。细分时要遵循可衡量性、可进入性、可盈利性、差异性和相对稳定性的原则。

企业选择目标市场时需对细分市场进行评估,评价一个市场是否有价值,主要取决于市场的规模、市场的增长潜力、市场的吸引力,还要符合企业的目标和能力。企业对目标市场的选择通常有三种策略,即无差异性营销策略、差异性营销策略和集中性营销策略。在选择时企业必须考虑本身实力、产品的同质性、市场的同质性、产品所处的生命周期阶段、竞争者的目标市场策略等影响因素。

市场定位就是与竞争产品相比,某种产品、品牌或某系列产品在消费者心目中的地位。一个完整的定位过程可以通过识别可能的竞争优势、选择正确的竞争优势和向市场传播与表达自己的市场定位三个步骤实现。企业可运用的市场定位策略主要有对抗定位、避强定位和填补定位等。

案例分析：拉美企业 Pollo Campero 进军美国餐饮市场

很早以前,美国餐饮业的两大巨头——麦当劳和肯德基就占领了拉丁美洲市场。如今,正当麦当劳和肯德基在其他国家攻城略地时,拉美地区一些知名的快餐连锁店已开始反攻美国市场。巴西、墨西哥以及委内瑞拉等地区的连锁店提供各种食品,如猪肉煎玉米卷、甜甜圈等。他们正计划获得在美国的特许经营权,从而在美国市场中大展拳脚。这些连锁店希望能凭借拉美移民的思乡之情和美国人对于汉堡和炸鸡之外的其他食物的潜在需求以获得成功。这一趋势也反映了拉丁美洲餐饮业的成熟。过去,他们缺乏规模和品牌意识,缺少在国外开拓市场的资金。但近几年里,该地区少数的几家快餐连锁店在家乡站稳脚后,已开始在邻近国家扩展业务。

美国消费者的口味正日趋多样化,这为拉丁美洲连锁店在美国竞争激烈的低价快餐业提供了千载难逢的机会。近年来,提供传统快餐(如汉堡和比萨)的连锁店发展缓慢,而供应拉美食品的连锁店却获得迅速的发展。Pollo Campero 公司是美国新兴的拉丁食品销售商之一,总部设于危地马拉城,主要提供辣味炸鸡。3 年前,中美地区一家航空公司 Grupo TACA 要求 Pollo Campero 公司采用密封无味的包装。为什么呢? 因为飞回美国的乘客会携带在机场站台处购买的新鲜出炉的炸鸡,而食物的香辣味会弥漫整个机舱。Pollo Campero 公司每年在危地马拉城、圣萨尔瓦多的机场商店中售出大量的鸡肉食品,借助 TACA 航班上深怀思乡之情的乘客之手进入美国市场。

Pollo Campero 公司的经营者发现其连锁店在洛杉矶和其他美国城市都已经打响了品牌,甚至一些非中美国家后裔的消费者也对他们的产品感兴趣。在拓展了邻近的中美、南美市场后,Pollo Campero 公司的连锁店与 Adir 餐饮公司签订了合同,准备在洛杉矶附近地区建立一家特许经营餐厅,该地区是除危地马拉城之外最大的危地马拉人集中地。该店开业后,前 7 个星期内销售额就达到了 100 万美元。有时排队购买的人太多,一些顾客甚至等了 9 个多小时才买到炸鸡。Pollo Campero 公司计划在 5 年内,在加州休斯敦、达拉斯、华盛顿、芝加哥和盐湖城等美国大城市开设 200 家分店。

为了迎合美国人的饮食习惯,Pollo Campero 公司在美国的菜单与其在拉美地区的食品供应并不完全相同。例如,拉丁美洲人的早餐通常更为丰盛,所以早餐中供应的食品较多。美国人早餐进食较少,通常在他们去工作的路上或换车的过程中完成,所以 Pollo Campero 公司计划简化早餐的内容。

请思考:

1. 以 Pollo Campero 公司为代表的拉丁美洲快餐连锁店运用的是哪些市场细分要素? 简要说明理由。

2. 评价 Pollo Campero 公司的目标市场定位战略。

3. 以我国一家餐饮企业为例,为其撰写一份《市场细分、目标市场选择和市场定位决策分析报告》。

实践运用

一、实践目标

掌握目标市场营销(STP营销)的实施过程,主要包括评估细分市场、选择目标市场及市场定位等。

二、实践内容

假设你是某种新型保健品的生产者,想进入保健品市场,请按下面的步骤进行操作:

(1)总结分析当前保健品市场的细分形式和具体标准,分成若干子市场。

(2)根据产品特征,加入新的细分标准,看看能否发现新的市场。如果可以发现新的细分子市场,评估新老细分市场的吸引力;如果不能发现新的细分市场,可评估原来的细分市场的吸引力。

(3)综合考虑影响目标市场选择的因素以及目标市场选择方式。

(4)针对选择的目标市场,对新保健品进行定位。

三、实践组织

1. 将班级同学划分为若干小组,每小组人数以4—5人为宜,小组中要合理分工,选举组长以协调小组的各项工作。

2. 通过一手和二手形式采集资料和数据,并以小组为单位报告各组发现和成果,与其他组沟通、讨论。

3. 按照STP营销范式,每组提交一份完整营销策划书。

第四编　市场策略

第八章　产品策略

> 伟大的设计在实验室产生,而伟大的产品在营销部门产生。
>
> ——威廉·H·达维多

产品(product)及其品牌是企业和市场的联结点,也是企业服务市场、满足顾客需求的承载体。产品策略在企业营销组合策略中处于中心地位,直接影响和决定价格策略、分销策略和促销策略等其他营销组合因素的管理。企业应以产品整体为营销活动开展基础,优化产品组合结构,不断开发新产品,以更好地满足市场需要,在激烈竞争中取得优势。

第一节　产品和产品组合

不同的学科,在不同的时间,从不同的角度,对产品有不同的描述。市场营销理论有自己特定的研究对象和范畴,它是从管理企业营销活动的角度去考察产品的,因此,对产品的认识和解释有其独特性。

一、产品整体概念

现代营销理论认为,产品不仅包括传统的物理形体,还包括服务、事件、人物、地点、组织、创意或上述项目的组合。因此,产品一词是整体概念,通常分为三个层次,即核心产品、形式产品和附加产品。如图8-1所示。

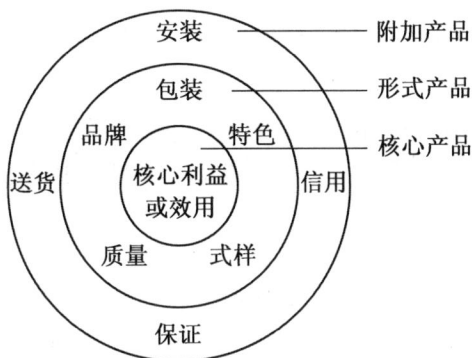

图 8-1　产品整体概念

(一) 核心产品

核心产品是指产品提供给消费者的实际利益和效用。从这一意义上说,消费者在市场上购买的并不是物品的实体,而是需要的满足与满意,实体产品实质上只是传递利益的载体而已。例如,购买化妆品的消费者不是在购买化妆品的物理、化学属性及其实体,而是在购买美容的希望;购买摄像机的消费者,是为了满足对美好往事的追忆。由此可见,某一产品能否被市场接受,不仅取决于企业能否提供这一产品,更重要的是取决于它能否给消费者带来某种实际利益,使其需求得到满足。因此,企业必须以向消费者提供尽量多的实际利益为出发点,来设计和开发新产品。

(二) 形式产品

形式产品是核心产品所展示的外部特征,也就是核心产品借以实现的形式。主要包括产品的质量、特色、式样、品牌和包装等。消费者购买某种商品,除了要求该产品具备某些基本功能,能够提供某种核心利益外,还要考虑产品的质量、造型、款式、颜色等多种因素。因此,企业设计产品时,既应着眼于消费者所追求的核心利益,又要考虑如何将这种核心利益通过一种好的形式呈现给消费者。

(三) 附加产品

附加产品是指消费者购买某种产品时所获得的全部附加服务和利益,包括维修、运送、安装、保证等。iPhone 提供的不只是一个通信设备,它为消费者的移动连接问题提供一个完整的解决方案。因此,当消费者购买一部 iPhone 手机时,公司及其经销商必须对其零部件和工艺做出担保、提供如何使用的详细说明书、在顾客有需要时提供快捷的维修服务、提供顾客在遇到困难时可以免费拨打的电话号码和可查询的网站。

随着市场竞争加剧,产品同质化倾向明显,不同企业提供的同类产品在核心利益上越来越接近,很难有大的差别,因此,企业要想获得竞争优势,更好地满足顾客的需求,不仅取决于生产领域的产品开发过程和流通领域的购买过程,更取决于企业能够提供消费者多少附加利益。

产品整体概念充分体现了以消费者为中心的现代市场营销观,它对企业营销活动具有重要的指导作用。

二、产品分类

产品分类的方法各种各样,从而划分出许多不同的产品类别。根据消费者的购物习惯分类,产品可分为便利品、选购品、特殊品和非渴求品四类。

（一）便利品

便利品是指价格低廉，消费者要经常购买的产品。消费者在购买此类产品时的购买特征是：花费的时间越少越好，消费者对这些产品几乎不作任何比较，希望就近、即刻买到。如肥皂、洗衣粉、牙膏、毛巾、饮料、报纸等就属此类商品。对于生产经营此类商品的企业来说，应该尽量增加销售此类商品的网点，特别是要把网点延伸到居民住宅区的附近。

（二）选购品

选购品是指消费者愿意花费比较多的时间去购买的商品。在购买之前，消费者要进行反复比较，注重产品的品牌与产品的特色。选购品占到产品的大多数，价格一般也要高于便利品，消费者往往对选购品缺乏专门的知识，所以在购买时间上的花费也就比较长。服装、皮鞋、家电产品等都是典型的选购品。对于经营选购品的企业而言，要赋予自己的产品以特色，并且不断地向消费者传达有关商品的信息，帮助消费者了解有关产品的专门知识。

（三）特殊品

特殊品是指那些具有独特的品质特色或拥有著名商标的产品。消费者对这类产品往往注重它的商标与信誉，而不注重它的价格，在购买时，愿意努力去搜寻。像皮尔·卡丹西服、金利来领带、本田摩托车等等都属此类产品。因为消费者会不顾远道去购买，所以特殊品的销售并不要求有很多的网点，也不要考虑购买者是否方便，只要使消费者知道在什么地方能买到就行。

（四）非渴求品

非渴求品是指顾客不知道的物品，或者虽然知道却没有兴趣购买的物品。如刚上市的新产品、人寿保险、百科全书等。非渴求品的性质决定了企业必须加强广告、推销工作，使消费者对这些物品有所了解，产生兴趣，千方百计吸引潜在消费者，扩大销售。

三、产品组合

(一) 产品组合的衡量

基本概念　　产品组合、产品线、产品项目

产品组合是指某个企业生产或销售的全部产品的组成方式，它包括所有的产品线和产品项目。

产品线是指密切相关的一组产品项目。它可以从多方面加以理解，如满足同类需求，或出售给同类顾客，或有共同的销售渠道等。企业可根据经营管理、市场竞争、服务顾客等具体要求来划分产品线。

产品项目是产品线中一个明确的产品单位，它可以依尺寸、价格、外形等属性来区分，也可以根据品牌来区分，因此，有时一个产品项目就是一个品牌。

对于企业产品组合的衡量一般可从四个方面予以反映，即产品组合的宽度、长度、深度和关联性。

1. 产品组合的宽度

这是指一个企业有多少产品线。产品线越多意味着企业的产品组合的宽度越宽。如表 8-1 所示，该企业的产品线为五条。产品组合的宽度表明了一个企业经营的产品种类的多少及经营范围的大小。

表 8-1　某企业产品组合

	产 品 组 合 宽 度				
	沐浴露	洗面奶	香皂	洗衣粉	杀虫剂
产品组合长度	留春 蜜蜂 宝宝乐 百合 百草	维康 美白 洁士	呵护 三笑 洁盈	熊猫 箭牌	全效 杀无敌

2. 产品组合的长度

这是指一个企业的产品组合中所包含的产品项目的总数。据此可计算出产品线的平均长度。如表8-1所示,该企业产品组合的长度为15,平均长度为3。

一般情况下,产品组合的长度越长,说明企业的产品品种、规格越多。由于有时候一个产品项目就是一个品牌,因此,产品组合的长度越长,企业所拥有的产品品牌也就可能越多。

3. 产品组合的深度

这是指企业产品线中每一产品项目有多少花色、规格等形式。如表8-1所示,该企业生产的百草沐浴露有三种规格和两个配方(普通型和薄荷型),那么该沐浴露的深度就是6。产品组合的深度往往反映了一个企业产品开发能力的强弱。

4. 产品组合的关联性

这是指各个产品线在最终用途、生产技术、销售方式以及其他方面的相互关联程度。如表8-1所示,该企业的所有产品都是通过同样的渠道销售的,那么我们可以说,该企业的产品线具有关联性。

产品组合的宽度、长度、深度和关联性对企业的营销活动会产生重大影响。一般而言,增加产品组合的宽度,即增加产品线和扩大经营范围,可以使企业获得新的发展机会,更充分地利用企业的各种资源,亦可以分散企业的投资风险;增加产品组合的长度和深度,会使各产品线具有更多规格、型号和花色的产品,更好地满足消费者的不同需要与爱好,从而扩大产品市场占有率;增加产品组合的关联性,则可发挥企业在其擅长领域的资源优势,避免进入不熟悉行业可能带来的经营风险。

(二)产品组合决策

企业在调整和优化产品组合时,依据情况的不同,可选择如下决策。

1. 扩大产品组合

扩大产品组合包括扩大产品组合的宽度和增加产品组合的长度。前者是在原产品组合中增加一个或几个产品大类,扩大经营产品范围;后者是在原有产品大类内增加新的产品项目。当企业预测现有产品大类的销售额和利润额在未来一段时间内有可能下降时,就应考虑在现行产品组合中增加新的产品大类;当企业打算增加产品特色,或为更多的细分市场提供产品时,则可选择在原有产品大类内增加新的产品项目。一般而言,扩大产品组合,可使企业充分地利用人、财、物资源,分散风险,增强竞争能力。

2. 缩减产品组合

当市场繁荣时,较长、较宽的产品组合会为许多企业带来较多的盈利机会,但当市场不景气或原料、能源供应紧张时,缩减产品组合反而可能使总利润上升。这是因为从产品组合中剔除了那些获利很小甚至不获利的产品大类或产品项目,使企业可集中力量发展获利多的产品大类和产品项目。

3. 产品延伸

产品延伸是全部或部分改变现有产品的市场定位。具体的做法有向下延伸、向上延伸、双向延伸。

(1)向下延伸。向下延伸是指原来定位于高档市场的企业逐渐增加一些中低档次的产品。企业决定向下延伸的主要原因是:

第一,高档产品因市场容量有限,销售增长缓慢;

第二,企业进入高档市场的最初目的就是为了更好地树立企业的形象,然后再进入中低档市场,以扩大市场占有率;

第三,企业在高档产品市场上受到攻击,决定以拓展低档产品市场作为反击;

第四,以较低档产品填补产品线的空白,以排斥新的竞争者涉足。

企业实行向下延伸策略可能会使企业面临一定风险,如推出低档产品可能会使原有高档产品的形象受到损害;可能会激怒生产低档产品的企业;原有经销商可能不愿意经销低档产品等。

(2)向上延伸。向上延伸是指原来定位于中低档市场的企业现增加高档产品的生产。企业决定向上延伸的主要原因是:

第一,高档产品有较高的销售增长率和利润率,对企业有较大吸引力;

第二,为了能有机会把自己定位成完整产品线的制造商;

第三,企业具有进入高档产品市场的优势。

企业采用向上延伸策略同样会使企业面临风险,如消费者对企业生产的高档产品缺乏信心;可能引起生产高档产品的竞争者进入低档产品市场进行反攻;企业的经销商可能没有能力经营高档产品。

(3)双向延伸。双向延伸是指原来定位于中档市场的企业在具备一定实力,掌握了一定的市场优势之后,将产品线逐渐向高档和低档两个方向延伸,同时增加高档产品和低档产品的生产。此策略在一定条件下可起到加强企业市场地位的作用。

第二节　产品生命周期

产品生命周期是现代市场营销学中的一个重要概念,研究产品生命周期的发展变化,可以使企业掌握各个产品的市场地位和竞争动态,为制订产品策略提供依据,对增强企业的竞争能力和应变能力有重要意义。

一、产品生命周期阶段

基本概念　产品生命周期

　　市场营销学中的产品生命周期不是指产品的使用寿命,而是指产品的市场寿命、经济寿命,是指产品从进入市场到退出市场的周期化变化过程。

典型的产品生命周期一般分为四个阶段,即导入期、成长期、成熟期和衰退期。见图8-2所示。

产品生命周期的长短由众多的影响因素决定,其中包括:产品本身的性质、特点;市场竞争的激烈程度;科学技术的发展速度;消费需求的变化速度;企业营销的努力程度等。从总的趋势看,产品生命周期正在日益缩短。因此,企业如何为处于生命周期不同阶段的产品制定有

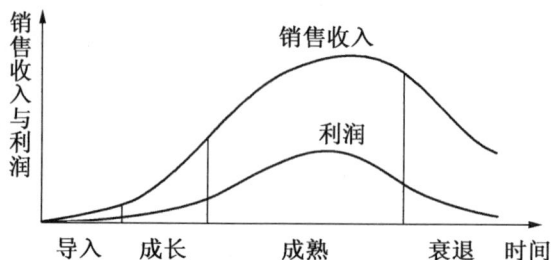

图 8 - 2　产品生命周期图

效的营销策略,同时加快产品开发,是企业面临的挑战。

二、产品生命周期各阶段的特征及营销策略

(一) 导入期

导入期是新产品上市的最初时期,这一阶段的特点是:

第一,消费者对该产品尚未接受,销售增长缓慢;

第二,生产和销售成本较高,企业处于微利或亏损状态;

第三,同类产品生产者少,竞争不激烈;

第四,市场风险大。

在这种情况下企业的着眼点应是建立新产品的知名度,广泛宣传,以促使产品尽快进入成长期。导入期的营销策略一般有四种可供选择。

1. 快速撇脂策略

此策略即采用高价格和高促销费用的方式推出新产品。实行高价格是为了在每单位销售额中获取较多利润。高促销费用是为了使更多消费者知晓和试用新产品,加快产品的市场渗透,迅速占领市场。

实施快速撇脂策略的条件是:大多数潜在消费者还不了解该产品;知道该产品的消费者有强烈的购买欲望而不在乎价格;企业面临潜在竞争者的威胁,需要及早建立消费者对本企业的品牌偏好。

2. 缓慢撇脂策略

此策略即采用高价格和低促销费用的方式推出新产品。采用这种策略,可以降低促销费,使企业获取更多的利润。

实施缓慢撇脂策略的条件是：目标市场规模有限，大多数目标消费者已经了解该产品，购买者对价格不是很敏感，潜在竞争威胁不大。

3. 快速渗透策略

此策略即采用低价格和高促销费用的方式推出新产品。采用这种策略的目的是为了能够迅速占领市场和获得最高的市场份额。为此，通过低定价获得尽可能多的消费者的认可，并通过大规模的促销活动刺激消费者的购买欲望。

实施快速渗透策略的条件是：市场容量很大，大多数消费者对产品还不了解，对价格十分敏感，存在较大的潜在竞争威胁。

4. 缓慢渗透策略

此策略即以低价格和低促销费用的方式推出新产品。采用这种策略的目的是为了使消费者迅速接受新产品，同时低促销费用又可以使企业获取更多的利润。

实施缓慢渗透策略的条件是：市场容量很大；消费者对价格非常敏感，目标顾客已经知晓或容易了解该产品；潜在的竞争压力较大。

导入期的四种策略对企业来说并不是只能选择其中一种。企业可以从整个产品生命周期过程中的总体战略去考虑，灵活地交替使用。

（二）成长期

新产品经过导入期以后，消费者对该产品已经熟悉，产品在市场上站住了脚跟并打开了销路。这一阶段的特点是：

第一，消费者对新产品已熟悉，销售量增长很快；

第二，大批竞争者加入，市场竞争加剧；

第三，规模效应开始显现，产品的单位成本下降，企业利润迅速增加。

在这种情况下企业应尽可能维持销售的增长速度，把保持产品品质优良作为营销的主要目标，具体的营销策略有以下四种。

1. 改善产品品质

从产品质量、性能、式样、包装等方面努力加以改进，以对抗竞争产品；还可以从拓展产品的新用途着手以巩固自己的竞争地位。

2. 寻找新的细分市场

通过市场细分,找到新的尚未满足的细分市场,根据其需要组织生产,迅速进入这一新的市场。

3. 改变广告宣传的重点

把广告宣传的重心从介绍产品转到建立产品形象上来,树立产品品牌,形象维系老顾客,吸引新顾客,使产品形象深入顾客心中。

4. 调整产品的售价

选择适当的时机,采取降价决策,以激发那些对价格比较敏感的消费者产生购买动机和采取购买行动。

(三)成熟期

成熟期是产品进入大批量生产并稳定地进入市场销售,产品需求趋向饱和的阶段。这一阶段的特点是:

第一,市场趋于饱和,产品销售量增速趋缓,并逐步趋于下降;

第二,生产成本低,产量大;

第三,销售费用增加,企业利润下降;

第四,生产同类产品企业竞争加剧。

在这一阶段企业的主要营销目标是争取稳定市场份额,延长产品市场寿命。具体的营销策略有以下三种。

1. 市场改良

通过发现产品的新用途和寻求新的用户,以扩大销售。市场改良的主要方式有:

(1) 进入新的细分市场。企业可以努力进入新的细分市场——地理的、人口统计的,或者运用新用途开拓现有市场。

(2) 刺激现有消费者更多地购买。企业可以努力使消费者更频繁地使用该产品,同时使消费者在每次使用时增加该产品的用量。

(3) 重新定位吸引新顾客。

2. 产品改良

产品改良是指改进产品的品质或服务再投入市场,以扩大产品的销售量。产品改良具体可包括:改进产品质量;增加产品功能;增加产品特点;扩大产品的安全性、方便性;改进产品的式样、包装、外观等。

3. 营销组合改良

营销组合改良是指通过改进营销组合的一个或几个因素来刺激销售,延长产品的市场成熟期。通常使用的方法有:降低价格,加强促销,改进营销渠道等。

(四)衰退期

衰退期是产品走向淘汰的阶段。这一阶段的特点是:

第一,产品销量和利润呈锐减状态;

第二,产品价格显著下降。

面对衰退期的产品,企业需要进行认真研究分析,决定采取什么决策以及在什么时候退出市场。通常有几种策略可供选择。

1. 继续策略

这是继续延用过去的策略,仍按照原来的细分市场,使用相同的销售渠道、定价及促销方式,直到这种产品完全退出市场为止。

2. 集中策略

这是把企业能力和资源集中在最有利的细分市场和销售渠道上,从中获取利润。这样有利于缩短产品退出市场的时间,同时又能为企业创造更多的利润。

3. 收缩策略

这是大幅度降低促销水平,尽量减少销售和推销费用,以增加目前的利润。这样可能导致产品在市场上的衰退加速,但又能从忠实于这种产品的顾客中得到利润。

4. 放弃策略

对于衰落比较迅速的产品,应该当机立断,放弃经营。可以采取完全放弃的形式,如把产品完全转移出去或立即停止生产,也可采取逐步放弃的方式,使其所占用的资源逐步转向其他的产品。

第三节 品牌策略

产品是冰冷的,置身于琳琅满目的产品之中,消费者常常感到无所适从。品牌是产品整体的一个重要组成部分,可以给消费者在选购时带来启示与慰藉。著名品牌可提高产品身价,获得稳定市场,因此品牌策略是企业不可忽视的课题。

一、品牌的有关概念和内容

(一) 品牌的定义

品牌的定义多种多样,著名市场营销专家菲利普·科特勒认为"品牌是一种名称、术语、标记、符号或设计,或是它们组合运用,其目的是借以辨认某个销售者或某群销售者的产品或服务,并使之与竞争对手的产品或服务相互区别"。由此可见,品牌是一个复合概念,它包括品牌名称、品牌标记和商标等。

品牌名称是品牌中可以用语言称呼的部分,如可口可乐、海尔等。

品牌标记是指品牌中可以被认出但不能用言语称呼的部分,如符号、设计、独具一格的颜色或印字。

商标是指已获专有权,并受到法律保护的一个品牌,或品牌的一部分。商标具有排他性,不同企业的商标不能相同。一般来说,同行业经营范围内商标必须是独家拥有。

品牌与商标既有联系又有区别。其联系主要表现为它们都是无形资产,都具有一定专有性,都是用来识别不同生产经营者的不同种类、不同品质产品的商业名称及其标志,所以商标和品牌经常被混淆使用。但实际上两者外延并不相同,品牌是市场概念,是产品和服务在市场上通行的牌子,是品牌使用者对顾客在产品特征、服务和利益等方面作出的承诺。品牌无须注册,一经注册,品牌就成为商标了。商标是法律概念,商标一般都要注册(我国也有未注册商标),它是受法律保护的一个品牌或品牌的一部分,其产权可以转让和买卖;品牌主要表明产品的生产和销售单位,而商标则是区别不同产品的标记。一个企业品牌和商标可以是相同的,也可以不相同,品牌比商标具有更广的内涵,品牌代表一定文化,有一定个性,而商标只是一个标记。

小案例：真的是可乐口味差异吗？

有一个关于可口可乐和百事可乐的口味测试。测试人员先将两种可乐未做任何标记，请67名受试者引用，结果表明偏好两种可乐的人数相当；而将两种可乐标记区分后，有75％的受试者选择了可口可乐，25％的受试者选择了百事可乐。由此可见，消费者偏好并不仅仅建立在产品物理属性基础之上。两种可乐的口味固然可能因配方不同存在差异，但这种物理属性上差异对于大多消费者来说是很难辨别的，造成选择差异更多是来源于消费者对两种可乐品牌的认知差异。

请思考：

可口可乐和百事可乐的品牌定位分别是什么？作为互相竞争的对手，他们是如何营造差异的？

（二）品牌的内容

品牌由于依附于某种特定的产品或企业而存在，所以通常它也就成为这种产品或企业的象征。当人们看到某一品牌时，就会联想到其所代表的产品或企业的特有品质，联想到在接受这一品牌的产品或企业时所能获得的利益和服务，这就构成了品牌的基本属性。然而由于品牌本身又是一种文字和图案，其本身所具有的文化内涵，也会使人们产生某种联想，所以品牌的内涵就变得十分复杂。一般而言，品牌的内涵可以从六个方面来认识。

1. 属性

一个品牌首先给人带来特定的属性，比如优异的质量、精良的工艺、快捷的服务等，它反映了品牌所代表的产品或企业的品质内涵。

2. 利益

消费者购买的不是属性而是利益，所以属性需要转换成功能或情感利益。消费者会以品牌所代表的利益大小来对品牌作出评价。

3. 价值

品牌还体现了制造商的某些价值感。例如"高标准、精细化、零缺陷"体现了"海尔"的服务价值。

4. 文化

品牌还依附和象征着特定的文化。它可使消费者产生与其文化背景相关的各种联想,从而决定其取舍。

5. 个性

好的品牌应具有鲜明的个性特征,使消费者感到独一无二,新颖突出,这样才能使品牌产生有效的识别功能。

6. 使用者

品牌还体现了购买或使用这种产品的是哪一类消费者。事实上,产品所表示的价值、文化和个性,均可反映到使用者身上。

二、品牌的作用

品牌的作用可从多个方面来透视。品牌的作用最终表现为一定量品牌资产的积累,而品牌资产是企业与消费者互动的结果。

(一) 品牌对生产者的作用

1. 有助于企业促进产品销售,树立企业形象

消费者把消费感受与简洁、明快、易读易记的品牌联系起来,使品牌成为记忆产品质量、产品特征的标志,因而使得品牌达到促销的目的。随着这种良好的消费感受和联系的积累与加强,消费者对品牌产生某种情感,并把这种情感与品牌有关的一切事物联系起来,使得企业形象得到提升。

2. 注册的品牌可以保护企业合法权益

品牌经注册后获得商标专用权,其他任何未经许可的企业和个人都不得使用和仿制,从而为保护品牌所有者的合法权益奠定了客观基础。

3. 有利于约束企业的不良行为

品牌是企业与消费者的一种"心理契约"。企业遵守契约或违背契约,消费者必然会作出相应反应。所以,从长期观点出发,企业只有自

觉约束自己的行为,尊重消费者的利益,才有可能真正塑造成功的品牌。

4. 有助于扩大产品组合

市场竞争需要企业不断地开发新产品、增加产品的特色以适应市场需求,成功的品牌就是企业在市场上的竞争利器,由于消费者对成功的品牌有高度的认同感,并会转移这种认同感,因此企业利用成功的品牌扩大产品组合,进行品牌延伸,容易被消费者接受。

5. 有助于塑造和宣传企业文化

品牌体现了一种企业文化,通过品牌个性可以宣传企业的精神,起到扩散企业文化的作用。

(二)品牌对消费者的作用

1. 有利于消费者识别产品的来源或产品的生产者,保护消费者利益

随着科学技术的发展,商品的科技含量日益提高,对消费者来说,同种类商品间的物质差别越来越难以辨别,而有了品牌,消费者在选购商品时只要认清品牌,就能够获得性能适当的商品。如果性能低于应有的标准,消费者就可以与企业进行交涉,保护自己利益。

2. 有助于消费者选购商品,降低消费者购买成本

消费者经过长时间的积累,对品牌有一定的知识,他们很容易辨别哪类品牌适合自己,对品牌的了解大大缩短了消费者识别产品的过程和购买的时间,从而降低了购买成本。

3. 有利于消费者形成品牌偏好

消费者一旦形成品牌偏好,就可以增加消费者的认同和满足感,再继续购买该品牌时,就会认为他们购买了同类较好的商品,从而获得一种满足。

小资料: 国家同样需要品牌意识

"Made-in"标签时常会让人们把品牌优劣和国家制造水平高低联系在一起,国家同样需要品牌意识。我国制造的各种玩具和

食物已走向世界,为了提升在全球的品牌形象,我国品牌第一次推出了"中国制造,世界制造"的广告标语。它强调我国的很多产品也是结合了海外许多公司的技术。例如一个广告展示一名慢跑者系上他的鞋带,标题为"中国制造,美国运动技术"。还有一个广告里面则是一个模特所穿衣服的标签上写着"中国制造,法国设计"。

三、品牌策略

(一) 品牌化策略

企业首先要决定是否给产品规定品牌名称、设计标志,这叫做品牌化策略。历史上最初的商品是没有牌子的,品牌和商标是商品经济发展到一定阶段的产物。尽管品牌化是商品市场发展的趋势,但对于单个企业而言,是否要使用品牌还必须考虑产品的实际情况,因为在获得品牌带来好处的同时,建立、维持、保护品牌也要付出巨大成本,所以企业要认真分析利弊。

(二) 品牌使用者策略

企业决定给其产品规定品牌之后,下一步要考虑的是品牌使用者问题,在这方面,企业有三种可供选择的策略:第一,制造商品牌,即企业决定使用自己的品牌;第二,中间商品牌,即企业将其产品大批量地卖给中间商,中间商再用自己的品牌将货物转卖出去;第三,同时使用制造商品牌和中间商品牌。

长期以来,制造商品牌在市场上是占主导地位的,但目前中间商品牌已经变成品牌竞争的一个重要因素。中间商使用自己的私人品牌有它的好处:第一,可以更好地控制价格,并且可以在某种程度上控制供应商;第二,进货成本较低,因而销售价格较低,竞争力较强,可以得到较高利润。因此,越来越多的中间商特别是大批发商、大零售商都使用自己的品牌。

(三) 品牌名称策略

企业决定采用自己的品牌还需要作进一步的选择,在这个问题上可供选择的策略至少有四种。

1. 个别品牌

企业的不同产品分别使用不同的品牌。这种策略的好处是：企业的整体声誉不至于受其某种商品的声誉的影响，且有可能为每个新产品寻求最适当的品牌。但由于品牌多，新产品进入市场的费用较高。

2. 统一品牌

企业的所有产品都统一使用一个品牌。企业采取统一品牌的主要好处是：企业宣传介绍新产品的费用开支较低，如果这个品牌声誉好，所有产品都能畅销，易于树立企业整体形象。但如有质量较差的产品，必然影响整个企业的信誉。

3. 分类品牌

企业按不同大类区分产品，一个产品大类下的产品使用共同的品牌，以便在不同大类产品领域中树立各自的品牌形象，有时即使在同一类产品中，由于品质等级的差异，也要使用不同的品牌。这种策略兼备个别品牌和统一品牌两种策略的好处。

4. 企业名称与个别品牌并用

这是个别品牌与统一品牌同时并行的一种方式，即企业决定其各种不同的产品分别使用不同的品牌，而且在各种产品的品牌名称前冠以企业的名称。企业采取这种策略的主要好处是：既可使产品系统化，享受企业已有的信誉，又可使各种产品各有不同的特色。

当企业决定了它的品牌名称策略后，还要进行选择特定品牌名称的工作。企业可选择人名、地点、质量、效用、制法、生活方式或艺术名字作为品牌名称。一般来说，企业在选择时，应考虑到这样几个因素：它应该使人们联想到产品的利益；应该使人们联想到产品的作用和颜色等品质；应该易读、易认和易记；应该与众不同。

（四）品牌延伸策略

所谓品牌延伸是指一个品牌从原有的业务或产品延伸到新业务或产品上，多项业务或产品共享同一品牌。

企业适时适地地推出延伸策略，可以把市场做大，锻造出成功的品牌。品牌延伸策略有许多优点，一个受人注意的好品牌能给予新产品即刻的认知和较容易地被接受,使新产品能迅速、顺利地打入市场,新产品失败的风险有所减小;而且品牌延伸节约了大量广告费。当然,品牌延伸也有它的风险性,如果某一产品出现问题就会损害原有品牌形象,一损俱损;品牌名称对新产品可能不适宜;品牌名称滥用会失去它在消费者心目中的特定定位。

(五) 多品牌策略

多品牌策略,是指企业决定同时经营两种或两种以上互相竞争的品牌。一个品牌只适合于一种产品,一个市场定位,多品牌策略强调品牌的特色,最大限度地显示品牌的差异化与个性。

这种策略是宝洁公司首创的。宝洁公司的产品有洗衣粉、香皂、洗发水等,其不同的产品线及不同的产品项目使用不同的品牌。宝洁公司大都是一种产品多个牌子,比如洗衣粉就有汰渍、洗好、欧喜朵、波特、世纪等九种品牌;在中国市场上,仅洗发水就有"飘柔""潘婷""海飞丝"三种品牌。他们的多品牌策略追求每个品牌的鲜明个性,使每个品牌都有自己的发展空间。如"海飞丝"的个性在于去头屑,"潘婷"的个性在于对头发的营养保健,而"飘柔"的个性则是使头发光滑柔顺。

一般来说,企业采取多品牌策略的好处在于:

第一,多品牌策略适合零售商的行为特性。多种不同的品牌只要被零售商店接受,就可占用更大的货架面积,增加销售机会。

第二,多品牌策略可吸引更多顾客,提高市场占有率。一般说来,大多数消费者都是品牌转换者,品牌的坚定忠诚消费者是很少的,因此发展多种不同的品牌,才能赢得这些品牌转换者。

第三,多品牌策略有助于企业内部各个产品部门、产品经理之间开展竞争,提高效率。

第四,多品牌策略可使企业深入到各个不同的市场部分,占领更大的市场。多品牌策略可以满足不同偏好消费群的需要,一种品牌有一个市场定位,可以赢得某一消费群,多个品牌各有特色,就可以赢得众多消费者,广泛占领市场。

多品牌策略虽有众多好处,但其对企业实力、管理能力要求较高,市场规模也要求较大,因此,企业采取此品牌策略时应慎重。

（六）品牌重新定位策略

某一个品牌在市场上的最初定位即使很好,但随着时间的推移也必须重新定位。这主要是因为:

第一,竞争者推出一个品牌,把它定位于本企业的品牌旁边,侵占了本企业品牌的一部分市场,使本企业的品牌占有率下降,这种情况要求企业对品牌进行重新定位。

第二,有些消费者的偏好发生了变化,他们原来喜欢本企业的品牌,现在喜欢其他企业的品牌,因而市场对本企业的品牌需求减少,这种市场情况变化也要求企业进行品牌重新定位。

企业在做品牌重新定位决策时,要全面考虑两方面的因素。一方面,要全面考虑把自己的品牌从一个市场部分转移到另一个市场部分的成本费用。一般来讲,重新定位距离越远,其成本费用就越高。另一方面,还要考虑把自己的品牌定在新的位置上所得收入的多少。而收入多少又取决于这个市场部分或偏好群有多少消费者,其平均购买率大小,这个市场部分或偏好群有多少竞争对手,自己品牌在这个市场部分的销售价格定得多高。

企业必须权衡多种重新定位的收入和费用,然后决定如何做品牌重新定位决策。

第四节　包装策略

包装是产品策略的重要组成部分,它不但保证了产品的使用价值,而且还增加了产品的价值,良好的包装是获得市场竞争力的有效手段。

一、包装的含义及作用

（一）包装的含义

大多数物质产品在从生产领域流转到消费领域的过程中,都需要有适当的包装。包装是产品整体的又一重要组成部分。通常包装是指设计并生产容器或包扎物并将产品包裹起来的一系列活动。它包含两层含义：一是指盛放或包裹产品的容器或包扎物；二是指设计、生产容器或包扎物并将产品包裹起来的一系列活动。产品包装一般分三个层次：第一，内包装，是指产品的直接容器或包扎物，如牙膏的软管、酒类的瓶子、香烟的小纸盒等；第二，中层包装，是保护内包装的包装物，如每条香烟的包装物；第三，外包装，是为了便于储运、识别某些产品的包装，如装运香烟的纸板箱等。

（二）包装的作用

包装设计的好坏直接关系到产品的价值和销路，因此一向受到生产企业的高度重视，包装的作用具体表现在以下四个方面。

1. *保护产品使用价值*

包装的首要功能是保护产品在流通过程中完整无损、清洁卫生、使用价值不受损害。例如，为防止茶叶、可可粉等产品香味散发和氧化变质，采用复合铝箔袋抽氧充氮密封包装，效果极好。

2. *便利经营和消费*

良好的包装可为产品的买卖、陈列、储运提供种种便利，同时也可为消费者的选购和使用提供方便，更好地满足消费者需要。例如，服装等产品的吊挂式包装，食品的一次量小包装、易开包装等，既便利经营，又便利消费。

3. *便于识别产品*

专门设计的包装可作为产品的特定标志，以便于同竞争产品相区别。比如造型、材料、容器、色彩、图案等的不同，使消费者对同类商品中的不同商品容易区别，以选择理想的商品。

4. *增加商品价值*

由于消费者收入水平和生活水平的提高，消费者一般愿意为良好包装带来的方便、美感、可靠性和声望多付些钱。所以，良好的包装不仅可以促进销售，而且可以提高售价，并增加产品附加价值。

小资料：国家立法限制过度包装

过度包装(over package)，用专业术语来说就是包装的耗材过多、分量过重、体积过大、成本过高、装潢过于华丽、说词过于溢美等。过度包装广泛存在于我们的商品包装中，其中以保健品、食品及化妆品尤为突出。由实木、金属制成的包装盒，内衬精美的绸缎，有的还"附赠"手表等物品，里三层、外三层，剥开层层叠叠的商品包装，最终的实物却小得可怜或者价值不高。

国家质检总局和国家标准委于 2010 年 3 月 28 日发布了《限制商品过度包装要求食品和化妆品》国家标准要求企业实行，对化妆品、保健品、时装、饮料、酒、糕点等外包装强制"瘦身"。国标规定商品包装层数不得多于 3 层，包装空隙率不得大于 60%。这两条是为了限制包装体积规定的。体积过大既浪费材料，又占用运输空间和商场空间，而这部分成本最终会加到销售价格上，由消费者埋单。国标还规定，初始包装之外的所有包装成本总和不得超过商品售价的 20%，主要为了限制生产商用高档材质如木质和金属材料包装商品，以节约日益枯竭的自然资源。同时，针对饮料、酒、糕点、粮食、保健食品、化妆品等过度包装现象较为严重的商品，标准指标要求也进行了相应调整。

二、包装策略

包装不仅要设计好，而且还要讲究科学决策，一般可供企业选择的包装策略有以下六种。

(一) 类似包装策略

类似包装策略是指企业生产经营的各种产品，在材料选择和包装外形上都采取相同或相近的图案、色彩等共同的特征，使消费者通过类似的包装联想起这些商品是同一企业的产品，具有同样的质量水平。这种包装策略不仅可以节省包装设计成本，树立企业整体形象，扩大企业影响，而且还可以充分利用企业已拥有的良好声誉，消除消费者对新产品的不信任感,进而带动新产品销售。但是,如果企业产品的质量相差很远,类似包装策略容易对高质量产品产生不良影响,所以不适宜使用。

(二) 等级包装策略

为了适应不同的购买力水平或不同的购买目的,对同一种产品采用不同档次的包装,如糖果可采用盒装、袋装、散装等多种形式。

(三) 配套包装策略

配套包装又称系列包装策略,是指企业将几种有关联性的产品组合在同一包装物内的做法。如女士化妆品、家用工具箱、电工用具等,这种策略能够便于消费者购买、携带与使用,有利于扩大产品销售,还能够在将新旧产品组合在一起时,使新产品顺利进入市场。但在实践中,须注意市场需求的具体特点、消费者的购买能力和产品本身的关联程度大小,切忌任意配套搭配。

(四) 再使用包装策略

再使用包装策略也称双重用途包装策略,是指包装物在被包装的产品消费完毕后还可以循环使用或用于其他用途。再使用包装可以刺激消费者的购买欲望,有利于扩大产品销售,同时也使标有商标的包装物在再使用过程中起到延伸宣传的作用。

(五) 附赠品包装策略

这是指在包装物内附有赠品以吸引消费者购买的做法。在包装物中的赠品可以是玩具、图片,也可以是奖券。该包装策略对青少年儿童和低收入者比较有效。如果赠品采用累积获奖的方式,则效果更明显。

(六) 创新性包装策略

创新性包装就是创造性地采用新包装技术、新包装材料或新包装设计来改变原来的包装。创新性包装使竞争对手短期内无法仿造仿制,可以为企业带来超过竞争对手的优势;且创新性包装有助于使消费者对商品产生新鲜感,从而扩大产品销售。

小案例：亨氏番茄酱的创新性包装

亨氏用瓶口倒置包装的番茄酱，为已有170年历史的调味品行业带来了革命性的变化。这一创新性的包装使消费者能快速挤出番茄酱，且满足了消费者难舍"最后一滴"的情怀。新包装上市一年后，亨氏番茄酱的销售增长率是行业平均水平的3倍。这开启了一股包装风潮并迅速蔓延到其他产品和行业。

请思考：

以具体产品为例，为其设计一项创新性包装。

第五节 新产品开发

产品生命周期的理论告诉我们，企业生存和成长的关键在于不断创造新产品和改进旧产品。创新是企业得以发展的唯一途径。从短期看，新产品的开发和研制纯粹是一项耗费资金的活动；但从长期看，新产品的推出和企业的总销售量及利润的增加成正相关关系。因此，有远见的企业把新产品的开发看作是一项必不可少的投资。

一、新产品的概念

市场营销学中所讲的新产品是从市场和企业两个角度来认识的。对市场而言，第一次出现的产品即为新产品；对企业而言，第一次生产销售的产品也叫新产品。显然，市场营销学中的新产品与科技上所讲的新产品不同。

营销学认为，所谓新产品，是指在结构、功能或形态上发生改变，并推向了市场的产品。它包括以下四种产品。

（一）全新产品

全新产品是指应用新原理、新技术、新材料和新结构研制开发的市场上从未有过的产品。全新产品往往表示了科学技术发展史上的一个新突破。如汽车、电视机、飞机等第一次出现时都属于全新产品。全新产品开发通常需要大量的资金、先进的技术水平，并需要有一定的需求潜力，故企业承担的市场风险较大。调查表明，全新产品在新产品中只占 10% 左右。

（二）换代产品

换代产品是指在原有产品的基础上，采用或部分采用新技术、新材料、新工艺研制出来的新产品。如洗衣机从单缸洗衣机发展到双缸洗衣机和全自动洗衣机；电视机由黑白电视机发展到彩色电视机和高清晰度彩色电视机。更新换代产品与原有产品相比，产品性能有了一定改进，质量也有了相应提高。它适应了时代发展的步伐，也有利于满足消费者日益增长的物质需要。

（三）改进产品

改进产品是指对老产品的性能、结构、功能、造型，甚至颜色、包装等加以改进，使其与老产品有较显著的差别。如电熨斗加上蒸汽喷雾，电风扇改成遥控开关。与换代产品相比，改进产品受技术限制较小，且成本相对较低，便于市场推广和消费者接受。但容易被竞争者模仿。

（四）仿制产品

仿制产品是指对国际或国内市场上已经存在但企业没有生产过的产品进行引进或模仿、研制生产出的产品。如引进汽车生产线，制造、销售各种类型的汽车等。开发这种产品不需要太多的资金和尖端的技术，因此比研制全新产品要容易得多。但企业应注意对原产品的某些缺陷和不足加以改造，而不应全盘照抄。

新产品的不断开发和涌现是企业的活力所在。美国著名管理学家杜拉克说："任何企业只有两个——仅仅是两个基本功能，就是贯彻市场营销观念和创新，因为它们能创造顾客。"创新是企业的基本功能之一，而创新通过新产品体现。

二、新产品开发的意义

当今时代科技的发展日新月异,创新成为时代的主旋律,开发新产品对企业具有重要的战略意义。

(一) 新产品开发有利于企业的发展

通过开发新产品企业一方面可以从新产品中获取更多的利润,另一方面能够提高市场份额。利润和市场份额是关系企业成长的重要指标,两个指标的提高使企业不断发展壮大。

(二) 新产品开发有助于增强企业的竞争优势

企业的市场竞争力往往体现在其产品满足消费者需求的程度和领先性上。消费需求的发展与变化要求不断有新的产品予以满足,所以,为了更好地获取顾客忠诚,提高市场占有率,企业必须不断对自己的产品进行开发和更新,从而在与竞争对手的较量中获得领先地位。

(三) 新产品的开发使企业更好地适应环境的变化

环境的变化对企业的经营活动产生很大的影响,如技术环境、政治法律环境、消费者消费习惯等都影响着企业的经营。这些变化可能使企业原有产品不适合市场需求,在这种情况下,企业要想生存和发展,必须研究开发新型的产品。

(四) 新产品的开发有助于充分利用企业的生产和经营能力

企业在经营过程中,往往会有许多剩余资源得不到充分的利用,若能从这些资源利用的角度去开发一些新产品,就能在很大程度上提高资源的使用效率,降低生产成本。

小案例:微软开发 Surface 招徕新用户

2017 年 5 月 23 日,微软在上海举行的新品发布会上,发布了其最新笔记本电脑 Surface Pro。微软副总裁 Mehdi 并不避谈竞争,直言推出的 Surface Pro 意在同谷歌 Chromebook 抢夺市场。谷歌产品在美国 K-12 教育市场很受欢迎,微软毫不掩饰自己也想从中分一杯羹。

假装竞争不存在的时代已经一去不复返,没有任何品牌可以自顾自地发展,即便微软也不例外。聪明的公司从竞争中取长补短,明白了这些道理的微软开始将 Surface 打造成一个包罗万象的品牌,满足所有的硬件需求。微软并未按照以往惯例命名,如 2015 年 10 月份发布的 Surface Pro 4,本次并非 Surface Pro 5,只是称它为 Surface Pro。这表明,微软正像苹果 MacBook 和 iPad 那样,对其产品施行进行固定周期升级战略。同时,微软也在努力避免产品混淆,因为其 Surface 品牌下现在已经拥有多种不同产品,包括其他笔记本电脑和台式机。

打造自主品牌的道路并非一帆风顺,行业对新产品的接受需要时间。最初推出的 Surface 感觉似乎仅是为了向其他厂商示范 Windows 10 的功能。后来某些地方慢慢发生改变,Surface 产品线逐渐成为微软的一项业务。Surface 产品线标志着微软重返一线视野,此前这个科技巨头经历了十年迷茫期。同时从另一方面证明,当一家公司不畏竞争并能从中学习时,到底会发生什么。例如当扎克伯格出面回应 Facebook 抄袭 Snapchat 的质疑时,"借"非"抄"的意思明白了当,已不再具有起初的污名色彩。

苹果公司以不断在产品中增添令人心动的新功能而知名,但苹果公司同样精于从卓越竞争对手那里"盗取"设计。"优秀艺术家抄袭,伟大艺术家剽窃"(Good artists copy,great artists steal),乔布斯这段名言广为人知,这反而成为他个人魅力的一部分。在过去几年中,Surface 系列从示范产品起步,经过"师夷长技以制夷"的阶段,借鉴 iMac 一体机推出 Surface Studio,如今又入侵 Chromebook 把持的教育市场,在悄然中壮大了自身。

微软软硬件协同的能力为竞争增添砝码。在苹果止步不前时,微软近期推出的 Windows 10 Creators/Surface Studio 让创作者群体眼前一亮。微软通过操作系统更新和一些独家辅助工具来招徕新用户。这便是微软的真正胜利。经过了几年的发展,微软完成从步人后尘到执牛耳者的转变。

请思考:
微软为什么重视通过开发 Surface 招徕用户?

三、企业获取新产品的方式

在现代市场上,企业要得到新产品,并不意味着必须由企业独立完成新产品的创意到生产的全过程。除了自己开发外,企业还可以通过购买专利、经营特许、联合经营,甚至直接购买现成的新产品来取得。

(一) 自己开发

自己开发新产品可以分为两种基本的形式。

1. 独立研制开发

这种方式是根据科学技术发展的新趋势和国内市场的新需求,企业主要依靠自己的力量,探讨新产品的原理与结构,开展基础理论研究和有关新技术、新工艺、新材料的应用研究,从而创造出全新的独具特点的新产品。它是一种具有独创性的开发方式。但需要花费巨大的人力、物力和财力,另外,还存在研制失败和被竞争者超越的风险。

2. 协约开发

雇用独立的研究开发机构或企业为自己开发某种产品。这一种方法可以克服企业在技术力量上的不足。

(二) 获取现成的新产品

这种方式又可以分为以下四种形式。

1. 联合经营

如果某小企业开发出一种有吸引力的新产品,另一家大公司就可以通过联合的方式共同经营该产品。这样小企业可以借助大公司雄厚的资金和销售力量扩大该产品的影响,同时提高自己的知名度,大公司则可以节省开发新产品的一切费用。这种方式可以产生技术和生产资源的优势互补,减少开发成本。

2. 购买专利

企业向有关科研部门、开发公司或别的企业购买某种新产品的专利权。这种方式可以节省时间,这在复杂多变的现代市场上极为重要。

3. 经营特许

某企业向别的企业购买某种新产品的特许经营权。如世界各地的不少公司都争相购买美国可口可乐公司的特许经营权。

4. 外包生产

当企业的销售能力超过其生产能力,或没有能力自己生产该产品,或觉得自己生产不合算时,就会把新产品的生产外包给别的企业。这种方式可以分为全部外包和部分外包、部分自制两种。前者如汽车公司把零部件的生产全部外包给小企业,自己只进行加工组装;后者在服装行业中较常见。

四、新产品的开发过程

新产品开发过程由八个阶段构成,即寻求创意、甄别创意、产品概念的发展和试验、制定营销战略、商业分析、产品开发、市场试销和商业化。

(一) 寻求创意

所谓创意就是开发新产品的设想。虽然并不是所有的设想或创意都会变成产品,但是,寻求尽可能多的创意可为产品创新提供更多的机会。因此,现代企业非常重视创意的开发。

1. 创意的来源

新产品创意的来源很多,有顾客、科学家、竞争对手、企业推销人员和经销商、企业高层管理人员、市场研究公司、广告代理商等。除了以上几种来源外,企业还可以从大学、咨询公司、同行业的团体协会、有关的报刊媒介那里寻求有用的新产品创意。其中消费者是新产品创意的主要来源。实践证明,在来源于消费者创意的基础上发展起来的新产品,其成功率最高。据美国的有关调查表明,除军用品以外,美国成功的技术革新和新产品有60%—80%源自消费者的建议,或者源自消费者在使用中提出的改进意见。

2. 寻求创意的方法

新产品构思的形成需要知识、灵感、勤奋和创新精神,同时还应采用一些有助于创新形成的科学的创造技法。

(1) 头脑风暴法。这是由美国人奥斯本提出来的一种创造方法。其基本内容为:针对要解决的问题,召开5—10人的小型会议,与会者按一定步骤,在轻松融洽的气氛中交流思想,各抒己见,自由联想,互相激励和启发,让创造性思想火花产生共鸣和撞击,引起连锁反应,从而导致大量新设想产生。在会议过程中禁止对意见作出判断,尽可能产生新的构思。通过这种方法可以充分调动人思考的积极性,从而产生好的创意。

(2) 特征列举法。这是由美国学者 R·克劳福得提出来的一种获取新产品创意的有效方法。首先是对所满足的事物尽可能详尽地列举其特征,其次是对该事物提出改进特征或者将其他事物特征移植过来对该事物进行改进。通过这种方法可以发现产品的优点和缺点,对优点进行保持,继续扩大,针对缺点找出改进策略,从而发现新创意。

(3) 顾客问题分析法。邀请产品的使用者参加讨论会,在会上要求他们尽可能提出产品使用过程中所遇到的问题,然后对这些问题的主要特性、解决办法和改进成本进行评估,据此找出新产品创意。

(4) 强迫关系法。是指列举若干不同的物体,然后考虑每一个物体与其他物体之间的关系,从中引出更多的新创意。

(二) 甄别创意

要提高新产品开发过程的成功可能性,其最重要的因素可能是提高新产品创意的质量。所以,在取得足够多的创意之后,要对这些创意加以评估,研究其可行性,并挑选出可行性较高的创意,这就是创意甄别。创意甄别的目的是为了说明该创意是否具有潜在的市场需求,是否与企业目标相一致,企业是否有足够的资源能力实现该创意。

在甄别创意阶段,企业要避免两种过失:一是误舍,即企业未认识到该创意的发展潜力而将其误弃;二是误用,即企业将一个没有发展前途的创意付诸开发并投放市场。不论是误舍,还是误用,都会给企业带来损失,因此,在甄别创意时必须对新产品的创意进行评估。

(三) 产品概念的发展和试验

经过甄别后保留下来的产品创意还要进一步发展成为产品概念。所谓产品概念,是指企业从消费者的角度对这种创意所作的详尽的描述。例如一块手表,从企业角度来看,主要是这样一些因素:齿轮、轴心、表壳、制造过程、管理方法(市场、人事方面的条件)及成本(财务情况)等。但对消费者而言,他们只考虑手表的外形、价格、准确性、能否保修、适合什么样的人使用等。因此,企业必须根据消费者上述方面的要求把产品创意发展为产品概念。

一种产品创意可以引出多种不同的产品概念,因此企业要对发展出来的多种产品概念进行评价,确定最佳产品概念。随后用文字、图画描述或者用实物将产品概念展示在一群目标消费者面前,以了解他们的反应,为优选产品概念提供依据。这也就是产品概念试验。

(四) 制定营销战略

形成产品概念之后,企业的有关人员需要拟订一个将新产品投放市场的初步的市场营销规划,并在后续阶段中不断加以完善。初步营销规划一般包括:

第一,描述目标市场的规模、结构、行为,新产品在目标市场上的定位以及销售额、市场占有率、利润目标等;

第二,略述新产品的计划价格、分销策略以及第一年的营销预算;

第三,描述销售量、市场份额和利润的长期目标,描述不同时期的营销组合策略。

(五) 商业分析

商业分析就是产品开发的效益分析,通过分析来确定新产品的开发价值。新产品开发归根结底是为了给企业带来好的经济效益,如果一件新产品的投资开发最终要亏本或无利可图,那么这件新产品是不值得去开发的。所以,这一阶段,企业有关人员要复查新产品将来的销售额、成本和利润的估计,看看它们是否符合企业的目标。如果符合,就可以进行新产品开发。

(六) 产品开发

如果产品概念通过了商业分析,研究与开发部门及工程技术部门就可以把这种产品概念转变成为产品,进入试制阶段。在这个阶段,企业要根据选定的产品概念试制出若干个样品。样品应符合下列标准:消费者认为它具体体现了产品概念所描述的关键属性;在正常情况下,它能安全地发挥其功能;它能够以预计的成本制造出来。

样品制造出来以后,还必须进行严格的检验。它包括性能试验和消费者试验。性能试验可在实验室进行,也可在现场条件下进行,目的是测试新产品的有效性、安全性、可靠性等是否达到规定的标准。消费者试验可以请消费者来实验室做试验,也可以提供样品给消费者试用,目的是对潜在顾客作调查,了解他们的意见、建议和偏好,以便为进一步决策提供依据。

新产品的开发试验主要应由企业的科研部门去进行,但是,企业的最高管理部门与营销部门要共同参与,把握开发试制的进程,提供各种有用的信息,使新产品的开发顺利完成。

(七) 市场试销

试销,实际上是在有限的市场范围内,对新产品的一次市场试验。通过试销可以了解在真实的市场环境条件下消费者对新产品的反应。尽管从新产品构思到新产品实体开发的每一个阶段企业开发部门都对新产品进行了相应的评估、判断和预测,但这种评价和预测在很大程度上带有新产品开发人员的主观色彩。最终投放到市场上的新产品能否得到目标市场消费者的认可,企业对此没有把握,通过市场试销将新产品投放到有代表性地区的小范围目标市场上进行测试,企业才能真正了解该新产品的市场前景。

在进行新产品试销时,必须认真地设计试销条件,使所选择的试销市场在广告、分销、竞争和产品使用等方面与目标市场的条件尽可能接近。通常可以先制定新产品正式投放市场所需的营销计划,然后按缩小的规模来设计试销计划。

(八) 商业化

经过市场试验后,企业已经占有了足够信息资料来决定是否将这种新产品投放市场。如果决定向市场推出,除了要对实现投产的生产技术条件、资源条件进行充分准备外,还必须对新产品投放市场的时间、地区、销售渠道、销售对象、销售策略的配合以及销售服务进行全面规划和准备。这些是实现新产品商业性投产的必要条件。

1. 推出的时间

推出的时间是指企业要决定在什么时候将新产品投放市场最适宜。例如,新产品是用来替代老产品的,就应等到老产品的存货被处理掉时,再将这种新产品投放市场,以免冲击老产品的销售,造成损失;如果某种新产品的市场需求有高度的季节性,就应在销售季节来临时才将这种新产品投放市场。

2．推出的地点

推出的地点是指企业要决定在什么地方推出新产品最适宜。一般是先在主要地区的市场推出,以便占有市场,取得立足点,然后再扩大到其他地区。因此,企业特别是中小企业须制定一个市场投放计划。在制订市场投放计划时,应当找出最有吸引力的市场先投放。

3．向谁推出

向谁推出是指企业要把它的分销和促销目标面向最有希望的购买者群体。这样做的目的是要利用这一群体来带动一般顾客,以最快的速度、最少的费用,扩大新产品的市场占有率。对于新上市的消费品来讲,最有希望的购买者群体一般具有以下特征:他们是早期采用者;他们是大量使用者;他们是观念倡导者或舆论领袖,并能为该产品作正面宣传;接近这一市场的费用低廉。

4．如何推出

如何推出是指企业要制定开始投放市场的市场营销战略。这里,首先要对各项市场营销活动分配预算,然后规定各种活动的先后顺序,从而有计划地开展市场营销管理。

本章小结

产品策略是市场营销组合策略的首要因素,也是整个营销组合的基础。产品策略在很大程度上决定着市场营销的成败。企业间的市场竞争集中体现在产品上,消费者最终也是通过产品感受到企业的风格与实力,产生对企业是否满意的感受。

从市场营销学的角度来认识,产品是能够提供给市场,用于满足人们某种欲望和需要的任何东西,包括有形物品、服务、人员、组织、观念或它们的组合。产品整体概念根据消费需求的发展,将产品的含义分为核心产品、形式产品和附加产品三个层次。这样的划分有利于企业根据不同层次上的需求差异进行产品创新,获取竞争优势。

任何一个产品在市场上都必须经历从无到有、由盛到衰直至被淘汰的生命历程,这就是产品的生命周期理论。产品在生命周期各个阶段的销售、成本、利润等都有所不同,企业必须及时判断其产品所处的生命周期阶段,根据各阶段不同的特点制定恰当的营销策略。

品牌是用以识别产品或企业的特定标志,品牌的内涵可从属性、利益、价值、文化、个性、使用者等六个方面去认识。企业可使用的品牌策略有品牌化策略、品牌使用者策略、品牌名称策略、品牌延伸策略、多品牌策略和品牌重新定位策略。

在现代市场营销中,包装的功能与作用越来越大,成为企业产品策略的重要组成部分,企业的包装策略主要有:类似包装、等级包装、配套包装、再使用包装、附赠品包装和更新包装。

新产品不断开发和涌现是企业活力之所在。开发新产品是企业有力的竞争武器,也是其不可推卸的使命。企业开发新产品的过程一般可分为寻求创意、甄别创意、产品概念的发展和试验、制定营销战略、商业分析、产品开发、市场试销和商业化。这八个阶段中的每一个阶段都要有科学的组织和策略,力争使所开发产品投入最少、销路最佳、前途最大。

案例分析:金龙鱼1:1:1玩转广场舞

2017年5月6日,在成都、西安等城市人人乐卖场,人们会看到16名年轻靓丽的专业男女舞蹈演员,突然从超市的各个角落冲出来,撕掉"伪装服",跳起动感十足的舞蹈。紧接着,画风突变,金龙鱼1:1:1的背景音乐响起,舞蹈演员们马上开始跳起广场舞,活力四射,将整个超市的气氛带向高潮。原来,这一系列活动,都是金龙鱼1:1:1携手人人乐商场举办的"平衡营养·健康起舞"广场舞大赛的一部分。

除了"快闪"之外,金龙鱼1:1:1成功通过广场舞比赛并在"母亲节"引爆,锁定了本次活动的重点目标人群——"广场舞大妈"们,让参与者们感受金龙鱼1:1:1倡导的"营养均衡、吃动平衡"的健康生活理念。这场"约舞"活动,不仅活动参与者众多,且自发地产生了病毒性扩散。凭借直击消费人群内心兴奋点的精彩内容,取得了意料之外的惊人效果。活动的广泛参与性,使产品成功打入了"大妈"圈层,闪舞活动和视频扩散又吸引年轻人的关注,不但精准锁定了了既有群体和潜在用户,更成功地传递了品牌理念。

市场是检验产品的唯一标准,再好的活动如果没有足够精彩的细节支撑,也是无源之木。事实上,金龙鱼1∶1∶1在本次活动的细节上,进行了极其巧妙和创新的设计,才令最初的营销策略得以顺利实现,并实现了大大超过最初设计的活动效果。之所以选择"广场舞"这一形式,金龙鱼1∶1∶1有其独到的见解和观点。从"广场舞"本身来说,拥有庞大的人群基础,而且在目标人群中,广场舞俨然已经是一种日常的生活方式,受众的触及频率更高、影响更容易做到实处。金龙鱼1∶1∶1一直以来倡导平衡营养、科学用油,为消费者提供了吃得平衡的解决方案,与广场舞运动所代表的健康运动新风尚相得益彰,实现了品牌基因与活动载体的紧密连接。在此之前,也有很多各类品牌商家曾经结合广场舞,进行营销聚众,但大多停留"蹭热度、搭车式"的信息传递阶段,其效果可想而知。

金龙鱼1∶1∶1则不同,着重输出"吃得平衡营养、动得健康快乐"的生活理念,能够真正引导消费者建立健康生活习惯。而且通过编排《金龙鱼1∶1∶1平衡营养广场舞》将科学用油知识融入到舞曲中,为活动贴上了独属于金龙鱼1∶1∶1的品牌标签;比赛中安排营养知识问答环节,让参赛选手和现场观众获得有价值的知识;活动现场更有营养均衡的菜肴提供给消费者试吃,真正将"科学用油、吃动平衡"的理念落到实处。事实证明,这一活动取得了巨大的成功。据了解,金龙鱼1∶1∶1与人人乐商场结合,在全国共组织了多达8个赛区的活动,共进行76场比赛、6场"快闪"活动,影响和覆盖了华中、华南、西北、西南的众多目标消费区域,将品牌精准辐射到目标圈层,有口碑、有扩散,是一次难得的经典产品推广案例。

作为经典的食用油品牌,金龙鱼1∶1∶1在过往的历史中,始终坚持产品和品质创新——从1991年中国第一瓶调和油诞生,到2002年倡导1∶1∶1脂肪酸均衡,再到2015年成为中国发明专利配方的调和油,金龙鱼1:1:1调和油26年来始终致力于突破过去的自己,提供更好的产品给消费者。有了这样优质的产品作为背景,金龙鱼1:1:1多年来在营销模式上也勇于尝试多种创新,如借势"奥运"营销,以"专利好油为冠军加油"为主题传播,不但成功塑造了品牌形象,也将金龙鱼1:1:1与健康、运动等重要元素进行了紧密捆绑;再比如金龙鱼1:1:1推出的"升级好油,升级年夜FUN"明星直播,沈腾、马丽爆笑直播首秀,打通电商"边看边买",创造了金龙鱼1:1:1 15分钟内售罄3万瓶产品的惊人记录等等。金龙鱼1:1:1多年来通过社会化媒体、电视节目合作等多种方式,不断创造着新的经典营销案例,本次"平衡营养·健康起舞"再次创造了线上线下联动的经典营销案例。

请思考:

1. 以金龙鱼1:1:1为例,解释说明产品整体概念。

2. 金龙鱼1:1:1采用哪些措施来突出产品特色?

3. 归纳金龙鱼1:1:1营销经验,你认为金龙鱼1:1:1还可以采取哪些方法来进一步发挥产品优势?

实践运用

一、实践目标

掌握产品的整体概念、产品品牌与包装策略等相关知识。

二、实践内容

盛天昭夫说过,"产品是市场的生命,质量是产品的生命"。背景提示:一些营销人员相信产品的性能最重要;而另一些营销人员则认为外观、感觉最重要,以及其他设计因素最重要,这些才是真正产生差异的地方。

三、实践组织

1. 辩题:对于产品而言,究竟是形式重要还是功能重要?以此作为辩论主题。

2. 正方:产品的功能是品牌成功的关键;反方:产品的设计是品牌成功的关键。

3. 自愿分组,分工收集资料,各推出 3—4 名辩手参与现场辩论。

4. 教师作为裁判,评出优胜组和最佳辩手。

第九章 价 格 策 略

从商品到货币是一次惊险的跳跃。这个跳跃如果不成功，摔坏的不是商品，但一定是商品的所有者。

——马克思

价格受成本下限和需求上限的双重制约，是市场营销组合中十分灵活但又无法精准控制的要素。价格策略关系着市场对产品的接受程度，影响市场需求规模，直接决定企业利润的多寡，涉及生产者、经营者、消费者等各方面的利益。市场需求的变化要求企业不能仅凭一成不变的价格"坐以待币"，应因人、因事、因地、因时而制宜，对已定价格予以适当调整、善价而沽，从而降低从商品到货币这一"跳跃"的惊险性。

第一节　影响定价的因素

　　影响定价的因素是多方面的,如定价目标、成本、其他市场营销组合因素、国家法律和政策、市场需求状况、市场竞争形势等。产品定价时必须首先对这些因素进行分析,认识它们与价格的关系,据此选择企业的定价方法和策略。

一、定价目标

　　企业为产品定价时,首先必须有明确的目标,定价目标是指企业通过制定及实施价格策略所希望达到的目的。定价目标是以企业营销目标为基础的,不同企业、不同产品、不同市场有不同的营销目标,因而定价目标也就有多种选择。

(一) 维持企业生存

　　当企业由于经营管理不善,或由于市场竞争激烈,顾客需求偏好突然变化等原因,造成产品销路不畅、大量积压,资金周转不灵,甚至濒临破产时,企业为了确保工厂继续开工和使存货出手,必须制定较低的价格,只要能收回变动成本或部分固定成本即可,以求迅速出清存货,收回资金。这种目标只能是企业面临困难时的短期目标,长期目标还是要获得发展,否则企业终将破产。

(二) 当期利润最大化

　　是企业追求目前利润的最大化,而不考虑长期效益。以此为目标定价时,企业估计需求和成本,并据此选择一种价格,使之能产生最大的当期利润、现金流量或投资报酬率。以当期利润最大化为目标来定价,必须具备一定条件,当产品声誉卓著,在目标市场上占有竞争优势地位时,可以采用。否则,还是要以长期目标为主。

(三) 市场占有率最大化

　　市场占有率是企业的经营状况和企业产品竞争力的直接反映,它的高低对企业的生存和发展具有重要意义。一个企业只有在产品市场逐渐扩大和销售额逐渐增加的情况下,才有可能生存和发展,因此,保持或提高市场占有率是一个十分重要的目标。许多企业制定尽可能低的价格来追求市场占有率领先地位。但在采用这一定价目标时也必须慎重考虑,量力而行。因为运用低价策略扩大市场占有率,必然会使需求量急剧增加。为此,企业必须有充足的商品供应,否则,由于供不应求而造成潜在的竞争者乘虚而入,这反而会损害企业的利益。

(四)扩大销售

有时企业会将定价目标主要着眼于使产品销售额达到最大增长量。采用这种定价目标的企业不宜将利润目标定得太高,而应通过市场能够接受的价格迅速打开市场。

(五)稳定价格目标

该目标是以保持价格相对稳定,避免正面价格竞争为目标的定价。当企业准备在一个行业中长期经营时,或某行业经常发生市场供求变化与价格波动,需要有一个稳定的价格来稳定市场时,往往由该行业中的大企业或占主导地位的企业率先制定一个较长期的稳定价格,其他企业的价格与之保持一定的比例,这样,对大企业是稳妥的,中小企业也避免遭受由于大企业的随意调价而带来的打击。

(六)产品质量最优化

企业也可以考虑在市场上产品质量领先这样的目标,并在生产和市场营销过程中始终贯彻产品质量最优化的指导思想。这就要求制定高价格来弥补高质量和研究开发的高成本。

二、市场需求

市场需求是影响定价的重要外部因素,它规定了产品价格的最高限度。企业制定的每一种价格都会产生不同的需求水平,因此对企业能否实现其营销目标会有不同的影响。在正常情况下,产品的需求量与产品价格成反比,即价格越高,需求越低,反之亦然。价格与对应的需求量之间的关系如图9-1所示。市场的扩大或缩小取决于单个商品的价格,并和这个价格的涨落成反比。

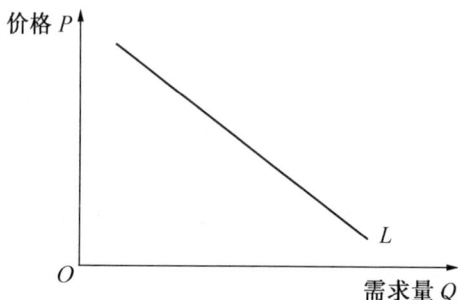

图 9-1　需求曲线

(一) 需求的价格弹性

在价格与需求的关系方面,营销者要了解需求的价格弹性,即产品价格变动对市场需求量的影响。在图 9-2 中有两条需求曲线,在(a)中,当价格从 P_1 增加到 P_2 时,需求量从 Q_1 降到 Q_2,减少量相对较少。在(b)中,价格增加的幅度与(a)相等,需求量从 Q_1 变动到 Q_2,减少的数量相对较多。假如价格发生变动时,需求量几乎不变,我们就说需求无弹性;相反,需求量变化很大时,我们就说需求富有弹性。

基本概念　需求价格弹性

需求价格弹性也称为价格弹性系数,是需求量变化的百分率同价格变化百分率之比,反映需求量变化相对价格变化的灵敏度大小。其计算公式为:

$$E = \frac{(Q_2 - Q_1)/Q_1}{(P_2 - P_1)P_1}$$

式中:E——需求弹性系数,价格变化与需求量变化的方向通常相反,E 一般取绝对值;

　　　P——价格;

　　　Q——需求量。

当 $E > 1$ 时,即价格变动率小于需求量变动率,此产品富于需求弹

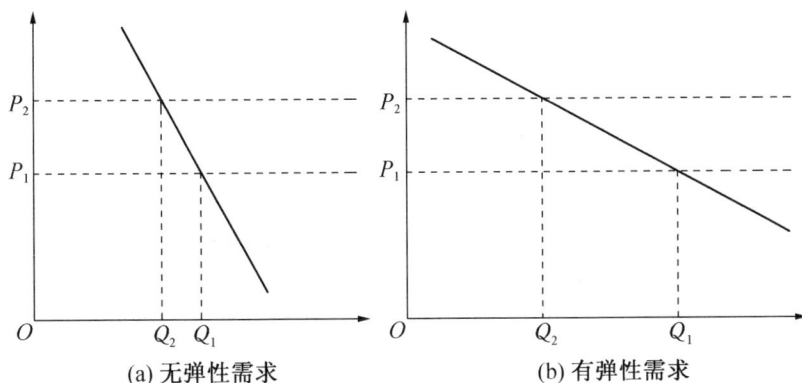

(a) 无弹性需求   (b) 有弹性需求

图9-2 需求的价格弹性

性,或称为弹性大。

当$E=1$时,即价格变动率同需求量的变动率一致,此产品具有一般需求弹性。

当$E<1$时,即价格的变动率大于需求量的变动率,此产品缺乏需求弹性或者非弹性需求。

那么是什么使得一种商品的需求有弹性,而另一种商品的需求缺乏弹性呢? 主要有四个因素:替代品的数目和相近程度;产品与生活关系的密切程度;产品的质量;产品本身的独特性和知名度。

(二) 需求弹性对定价的影响

商品需求弹性的不同对企业的定价有不同的影响。要注意以下几方面。

1. 不同产品的需求弹性不同,企业的定价应不同

当商品富有需求弹性时,即$E>1$时,商品小幅度降价,销售量就会显著增加,企业的总收入也会增加;相反,商品小幅度提价,销售量就会明显下降,企业的总收入也会减少。价格变动方向同总收入变动方向成反比。对于这类商品,企业采取低价销售有利。

当商品具有一般需求弹性时,即$E=1$时,价格变动幅度与销售量变动幅度大小一致,方向相反,总收入不变。对于这类商品,企业不宜采用价格手段进行竞争。

当商品缺乏需求弹性时,即 $E < 1$ 时,即使商品价格下降很多,销售量也只有较少的增加,企业总收入减少;相反,价格提高很多,销售量也只有较小的减少。价格的变动趋势同总收入的变动趋势方向相同。对于这类商品采用较高的定价对企业有利。

2. 同一产品在不同时期内或不同的价格区域需求弹性有所不同

当某一种商品的需求弹性测出后,还要分析此商品在不同的销售时期和处于不同的价格区域上的情况。许多商品弹性不是始终如一的,企业要具体测定各区段的需求弹性,以找出理想的定价点。

三、产品成本

产品成本是由产品的生产过程和流通过程中耗费的物质资料和支付的劳动报酬所构成的。它是价格构成中一项最基本、最主要的因素。成本是产品定价的最低限度,产品价格必须能够补偿产品生产、分销和促销的所有支出,并补偿企业为产品承担风险所支付的代价。一般而言,企业定价中使用比较多的成本类别有以下五种。

（一）总成本

总成本是指企业生产一定数量的某种产品所发生的成本总额,是总固定成本和总可变成本之和。

（二）总固定成本

总固定成本也称为间接成本总额,指一定时期内产品固定投入的总和,如厂房费用、机器折旧费、一般管理费用、生产者工资等。在一定的生产规模内,产品固定投入的总量是不变的,只要建立了生产单位,不管企业是否生产、生产多少,总固定成本都是必须支付的。

（三）总变动成本

总变动成本也称为直接成本总额,指一定时期内产品可变投入成本的总和,如原材料、辅助材料、燃料和动力、计件工资支出等。总变动成本一般随产量增减而按比例增减,产量越大,总变动成本也越大。

（四）单位成本

单位成本是指单个产品的生产费用总和,是总成本除以产量所得之商。同样,单位成本也可分为单位变动成本和单位固定成本。单位变动成本是发生在一个产品上的直接成本,与产量变化的关系不大,而单位固定成本作为间接分摊的成本,在一定时期内,其与产量是成反比的。产量越大,单位产品中所包括的固定成本就越小;反之,则越大。

(五)边际成本

边际成本是指增加一个单位产量所支付的追加成本,是增加单位产品的总成本增量。边际成本常和边际收入配合使用。边际收入指企业多售出单位产品得到的追加收入,是销售总收入的增量。边际收入减去边际成本后的余额称为边际贡献。边际贡献为正值时,表示增收大于增支,增产对于企业增加利润或减少亏损是有贡献的;反之则应减产。

四、市场竞争

对于竞争激烈的产品,价格是一种重要的竞争手段,企业必须了解竞争者所提供的产品的质量和价格,考虑比竞争对手更为有利的定价策略,这样才能获胜。一般有以下四种情况。

(一)完全竞争

完全竞争是指市场上有许多企业从事商品的买与卖,各个企业买卖的数量相差不大,且只占市场商品总量的一部分;他们买卖的商品是相同的;新的售卖企业可随时进入市场;买卖双方的市场信息灵通;生产要素在各行业间可以自由流动,市场上所有卖方企业出售商品的条件也都相同。在完全竞争的条件下,买卖双方都只是"价格的接受者",而不是"价格的决定者",价格完全由供求关系决定,各自的行为只受价格因素的支配,因此在这种情况下,企业无需在定价上花过多的精力。

(二)纯粹垄断

纯粹垄断是指在一个行业中某种产品或服务由一个卖主独家经营和控制。纯粹垄断可分为政府垄断和私人垄断。政府垄断即政府独家经营的业务。私人垄断又可分为私人管制垄断和私人非管制垄断,在私人管制垄断条件下,政府对某些私人垄断企业的定价要加以调节和控制;而在私人非管制垄断条件下,政府允许私营企业随意定价。

(三) 垄断竞争

这是一种介于完全竞争和纯粹垄断之间的市场条件。它既有垄断倾向,同时又有竞争成分,因而垄断竞争是一种不完全竞争。在不完全竞争的市场上,众多卖方企业在产品质量、外观、花色、式样、包装、厂牌等方面存在着差异。因此,各个卖主对其产品有相当的垄断性,能够控制其产品的价格。也正是依仗产品的差异优势,这些企业由价格的消极"接受者",变为强有力的价格"决定者"。

(四) 寡头竞争

这是竞争和垄断的混合物,也是一种不完全竞争。它是指一个行业中少数几家企业生产和销售的产品占此市场销售量的绝大部分,价格实际上由他们共同控制。各个寡头之间相互依存、影响,一个寡头企业调整价格都会引起其他寡头企业的连锁反应,因此,寡头企业之间互相密切注意着对方战略的变化和价格的调整。

五、政策法规

由于价格涉及供应商、销售商和广大消费者的利益,同时也会对宏观经济发展产生重要影响,因此有时政府部门会对一些产品的价格实行政策干预,例如,美国通过制定"不公平贸易行为法案"对价格规定了一个最低限度,特别是对批发和零售价格水平,美国超过半数以上的州都规定,批发商和零售商对商品定价必须在成本及运费基础上加一个最低限度的百分比。在这种情况下,政策法规就成为企业定价的依据之一。

小案例:高铁称 15 元套餐难卖,乘客称难买

比起火车,高铁更加舒适;比起飞机,高铁性价比更高。自高铁开通以来,就成了很多人出行的首选交通工具。高铁上的套餐,也成了大家津津乐道的话题。比起火车餐,高铁餐稍贵一点,还有 15 元、25 元、30 元、45 元等不同价位的套餐。对大多数乘客来说,15 元的套餐是最

划算的,也最难买到,存在"高铁盒饭藏着卖"问题。但铁路局对此解释是,之所以不推荐15元盒饭是由于15元的盒饭乘客不喜欢导致。事实上,我国铁路部门有明确规定,在高铁运行的过程中列车要确保有15元的盒饭与2元矿泉水的不间断供应;如果确实遇到断供情况,列车需要在下一站进行及时的补充。目前,我国部分高铁将列车餐饮服务进行外包,出现列车员隐瞒15元盒饭的概率并非没有可能,但部分列车服务员隐瞒15元盒饭的做法确实属违规行为。

请思考:

有人认为,高铁套餐供应量及其价格制定完全是企业自主行为,政府不应加以限制,这种观点对吗?政策法规对价格策略有哪些指导意义?

第二节 企业定价的基本方法

在企业的定价过程中,定价方法的选择是最终价格形成的重要步骤,按一定的定价方法确定的初始价格,是制定价格策略的基础。常用的定价方法有三类,即成本导向定价法、需求导向定价法和竞争导向定价法。每一大类中又有许多具体方法,企业应根据不同的定价目标、成本、需求及不同的竞争环境,择优选用,有时需要同时比较几种具体的定价方法来制定价格。定价方法的选择适当与否,直接关系到定价目标能否实现以及定价策略的成败。

小资料:钻石与水悖论

众所周知,钻石对于人们维持生存没有任何价值,但其市场价格非常高;相反,水是人们生存的必需品,但其市场价格相对钻石而言却非常低。这种强烈的反差被称为钻石与水悖论,该悖论首次由约翰·劳提出(后为亚当·斯密试图说明价值决定因素时所引用)。钻石与水悖论在彰显价格决定机制复杂性的同时,也彰显了企业定价需要的智慧与技巧。

一、成本导向定价法

以营销产品的成本为主要依据制定价格的方法统称为成本导向定价法,这是最简单、应用相当广泛的一种定价方法。由于产品的成本形态不同以及在成本基础上核算利润的方法不同,成本导向定价具体有几种形式。

(一) 成本加成定价法

这是最简单的定价方法,即按产品单位成本加上一定比例的毛利定出销售价。这是成本导向定价法的基本形式,其计算公式为:

$$P = c \times (1+r)$$

式中:P——商品的单价;

c——商品的单位总成本;

r——商品的加成率。

例如,某手表厂生产某牌石英表,单位成本为 90 元/只,加成率为 50%,则每只手表的价格为:

$$P = c \times (1+r)$$
$$= 90 \times (1+50\%)$$
$$= 135(元 / 只)$$

成本加成定价法的优点是:计算简便,可简化定价工作;稳定性大,企业不必随时因需求的变动而频繁调整价格;避免竞争;对买卖双方而言公平合理。但成本加成定价法由于只从卖方、从成本的角度考虑价格,忽视了市场需求和竞争,从而适应性不是很强。

成本加成定价法适用于产品与单位成本相对稳定,市场竞争不是很激烈的产品。制造商、中间商以及其他行业如建筑业、交通运输业、农牧业等部门都常使用这种定价方法。当然,产品不同、行业不同和市场供求状况不同,产品成本的加成率也不一样,一般中间商的加成率高于制造商。

(二)目标利润定价法

为了避免产品的积压,现代企业大都遵循"以销定产"的原则,即按照预计销量来生产,所以目标利润定价法是根据企业总成本和预期销售量,确定一个目标利润率,并以此作为定价标准。通用汽车公司使用目标利润定价法,把汽车价格定在使它的投资能取得 15%—20% 的利润水平。这种定价方法也被公用事业单位所使用,这些单位定价时要受到对于他们的投资只能获得一个公允报酬的限制。其计算公式为:

$$单位商品价格 = \frac{总成本 \times (1+目标利润率)}{预计销量}$$

(三)盈亏平衡定价法

基本概念 **盈亏平衡点**

> 盈亏平衡点(break even point,BEP)又称保本点、盈亏临界点,通常是指满足企业全部销售收入等于全部成本时的销售量或销售额。

这种方法是运用损益平衡原理实行的一种保本定价方法。首先计算盈亏平衡点,其公式是:

$$盈亏平衡点销售量 = \frac{固定成本}{单价 - 单位变动成本}$$

$$盈亏平衡点销售额 = \frac{固定成本}{1 - 单位变动成本率}$$

如果企业把价格定在保本定价点上,则只能收回成本,不能盈利;若高于保本定价便可获利,获利水平取决于高于保本点的距离;如低于保本定价点,企业无疑是亏损的。因此也可以将盈亏平衡定价法理解为,它规定了在产量一定的情况下,什么价格是保证企业不亏本的下限。

二、需求导向定价法

需求导向定价法是指根据市场需求状况和消费者对产品的感觉差异来确定价格的定价方法。现在越来越多的企业意识到有效定价的基础,不是卖方的成本,而是顾客对需求的认识和对产品价值的理解。这些企业通过运用营销组合中的非价格变量在购买者心目中建立起产品价值概念,并以此为基础确定企业的价格、利润和成本。需求导向定价法符合现代市场营销中以消费者需求为中心的营销理念,它主要包括以下三种。

(一) 认知价值定价法

认知价值,是指买主对产品或劳务的价值的理解、感受或评价。认知价值定价法是根据消费者对企业提供的产品价值的主观评判来制定价格的一种定价方法。该方法认为最有效的定价依据不是卖方的产品成本或打算赚多少钱,而是买方对产品价值的认知。实施认知价值定价法的关键在于准确确定顾客对产品价值的认知水平。如果估计过高,则商品定价就太高,市场不能接受;如果太低,商品定价就低,企业无利可图。因此,为了准确把握顾客的认知价值,深入细致的市场调研是必须的。

消费者的认知价值可以是消费者自发形成的,也可以是通过外因作用而形成的。企业要使某项投资获得预期利润,必须有一个预期价格和预期销售量,若消费者的认知价值和实际需求量低于预期价格和预期销售量,企业就不能获得预期盈利。值得注意的是,作为一个企业,并不只是被动地接受消费者对其产品的评价和判断,往往可以运用各种营销手段来提升消费者对产品的认知,如提高质量、完善性能、增加服务等等,从而提高消费者对企业产品的认知价值。

认知价值定价法具体有直接评议法、相对评分法和诊断法三种形式。

小案例：统一30元方便面从购物网站下架

2016年3月,统一在各大电商网站相继推出了定价29.9元的豪华版——满汉宴方便面,但仅上市一个月,这款"满汉宴"方便面在不少电商平台已悄然下架。分析称,消费者对30元的方便面不买账,"满汉宴"滞销是下架的原因。通过消费者对29.9元方便面的反应来看,大多数人对天价方便面并不买账,普遍认为"卖的再贵也是一碗方便面,根本不值这个价格。"抛开这款方便面的真实成本不谈,即便在一线城市,30元也足够在连锁中式日式快餐厅点一份牛肉饭、鸡肉饭之类的优质快餐,何苦花30元吃一顿速食面呢? 在研究推出"满汉宴"方便面伊始,统一对该产品的市场定位是工作忙碌的高端人士,不过高端商务人士也表示,"这款方便面并没有跳出普通方便面的体验和口味。"

请思考:

从供给与需求两个角度分析统一30元方便面下架原因。

(二) 逆向定价法

这种方法不是以实际成本为主要依据,而是以市场需求为定价的出发点。它是指依据消费者能够接受的最终销售价格,考虑中间商的成本及正常利润后,逆向推算出中间商的批发价和生产企业的出厂价格。可以通过以下公式计算价格:

出厂价格＝市场可销零售价格×(1－批零差率)×(1－进销差率)

显然这一方法仍然是建立在最终消费者对商品认知价值的基础上的。它的特点是:价格能反映市场需求情况;有利于加强与中间商的良好关系,保证中间商的正常利润,使产品迅速向市场渗透;可根据市场供求情况及时调整,定价比较简单、灵活。一般在以下两种情况下企业可采用这种定价方法。

一是为了满足在价格方面与现有类似产品竞争的需要,而设计出在价格方面能够参与竞争的产品;

二是对新产品的推出,先通过市场调查确定出购买者可接受的价格,然后逆向推算出产品的出厂价格。

(三) 习惯定价法

这是按照市场长期以来形成的习惯性价格定价的方法。习惯定价法也是一种先确定价格再考虑成本的定价方法。社会的物价越稳定,习惯定价的应用范围越广泛。习惯性定价是消费者长期以来广泛接受的价格,他们认为只有这个价格才是最合理的,所以企业在开发新品种时,只要产品的基本功能和用途没有改变,消费者往往只愿意按以往的价格购买产品。因此,当某种产品存在习惯性价格时,企业不要轻易改变价格,因为减价会引起消费者怀疑产品的质量,涨价则会影响产品的市场销路。

三、竞争导向定价法

企业在制订价格决策时,主要以同类竞争对手的定价为依据,而不是过多地考虑成本及市场需求因素,这就是通常所说的竞争导向定价法。竞争导向定价法具体的形式有以下两种。

(一) 随行就市定价法

这是以行业的平均价格水平,或竞争对手的价格为基础制定价格的方法。在有许多同行相互竞争的情况下,每个企业都经营着类似的产品,价格高于别人,就可能失去大量销售额,从而造成利润的降低;价格低于别人,又可能迫使竞争者随之降低价格,从而失去价格优势。因此,在现实的营销活动中,由于"平均价格水平"在人们观念中常被认为是合理价格,易被消费者接受,而且也能保证企业获得与竞争对手相对一致的利润,因此许多企业倾向与竞争者价格保持一致。尤其是在少数实力雄厚的企业控制市场的情况下,对于大多数中小企业而言,由于其市场竞争能力有限,更不愿与生产经营同类产品的大企业发生面对面的价格竞争,而靠价格尾随,根据大企业的产销价来确定自己的实际价格。

随行就市定价法,是相当常见的定价方法。在测算成本有困难,或竞争者不确定时,企业感到随行就市定价法指出了一个有效的解决办法。就这种价格所产生的一种公平的报酬和不扰乱行业间的协调这点而论,随行就市定价法被认为反映了行业的集体智慧。

(二) 密封投标定价法

当多家供应商竞争企业的同一个采购项目时,企业经常采用招标的方式来选择供应商。供应商对标的物的报价是决定竞标成功与否的关键。尽管各供应商在报价时会考虑产品的成本因素,但是预测竞争者的报价却是非常重要的,特别是在竞争者之间的实力不存在很大差别的情况下,价格报得过高自然会得到更多的利润,但是却减少了中标的可能性,反之,则可能由于急于中标而失去可能得到的利润。很多企业在投标前往往会拟定几套方案,计算出各方案的利润,并根据对竞争者的了解预测出各方案可能中标的概率,然后计算各方案的期望利润(期望利润根据估计的中标率和利润计算得到),选择期望值最大的投标方案。

企业报价、企业利润与中标概率、期望利润之间关系如表9-1所示。假设企业报价为9 500元时,中标概率为0.81,但只能产生100元的利润,因此这个投标的期望利润是81元。如果企业报价为11 000元,它的利润是1 600元,但它得到这个合同的机会可能降低(假设降低至0.01),此时企业期望利润为16元。因此,企业应选择能获取最大期望利润的报价。根据表9-1示例情形,最好的报价为10 000元,因为这个报价可以得到最大的期望利润(216元)。

表9-1 不同报价对于期望利润影响

企业报价	公司利润	中标概率	期望利润
9 500	100	0.81	81
10 000	600	0.36	216
10 500	1 100	0.09	99
11 000	1 600	0.01	16

在市场营销活动中,投标竞争是一种营销竞争常用的方式,投标竞争的过程往往就是价格竞争的过程,竞争的结果产生实际的成交价格。

第三节　价格策略

　　制定价格不仅是一门科学,而且需有一套策略和技巧。定价方法着重于确定产品的基本价格,定价技巧则着重于根据市场的具体情况,从定价目标出发,运用价格手段,使其适应市场的不同情况,实现企业的营销目标。

一、新产品定价策略

　　企业新产品能否在市场上站住脚,并给企业带来预期效益,定价因素起着十分重要的作用,因此必须研究新产品的价格策略。

(一)撇脂定价策略

　　这是一种高价格策略,即在新产品上市时,尽可能地定高价,以希望在短期内获得丰厚的利润,迅速收回投资。这种价格策略因与从牛奶中撇取油脂相似而得名。

小案例:苹果的撇脂定价策略

　　苹果可谓是运用这一策略的好手。苹果刚推出 iPhone 时,最初价格高达 599 美元,只有真正想要最尖端新产品并且能承担这一高价的消费者才会购买。6 月后,苹果将价格降低到 8GB 版本 399 美元,16GB 版本 499 美元以吸引新买家。不到一年价格又分别降低到 199 美元和 299 美元。

　　请思考:
　　分析苹果公司撇脂定价策略的适用条件。

　　实行撇脂定价策略必须有一定的条件。第一,新产品比市场上现有产品有显著的优点,无类似替代品;第二,具有独特的技术,不易仿制,竞争对手难以进入市场;第三,购买者对价格不敏感,需求相对无弹性;第四,高价能给人以高质量的印象,能刺激顾客购买而不致引起顾客反感;第五,是短期需求的产品以及对未来需求难以预测的产品。

撇脂定价策略的优点是:第一,有利于生产者尽快收回投资并获得较高利润,以迅速扩大生产,满足市场需要;第二,具有较大的降价空间,如果预先估计有错误,高价影响了销售量时,可以降价销售;第三,以高价来提高产品形象,使顾客产生高价、优质、名牌的印象。但高价策略同时也存在不少缺点:第一,当新产品的声誉还未建立起来时,实行高价投放不利于占领和稳定市场;第二,高价导致的高利润会吸引竞争者加入,刺激替代品、仿制品的出现。

(二) 渗透定价策略

这是一种低价格策略,即在新产品刚进入市场时,以较低的价格吸引消费者,以扩大市场占有率。这种策略就像倒入泥土的水一样,从缝隙里很快渗透到底,由此而得名。

实行渗透定价策略同样需有一定的条件。第一,市场规模较大,存在着强大的竞争潜力;第二,企业生产能力大,能够随着产量和销量的增加而降低成本,提高利润;第三,购买者对价格敏感,需求弹性较大,降低价格就能较大地增加销售量。

渗透定价策略的优点是:第一,有利于新产品尽快被市场接受,提高市场占有率;第二,低价可阻止竞争者加入,减缓了市场竞争的激烈程度。但低价策略也存在不少缺点:第一,一旦市场占有率扩展缓慢,收回成本速度也慢;第二,有时低价还容易使消费者怀疑商品的质量保证。

(三) 满意定价策略

这是一种折中价格策略,是介于撇脂定价和渗透定价两者之间的一种定价策略,所制定的价格既可使企业获得相当利润,又使顾客感到合理。总之,是企业满意,顾客也满意。有的企业在竞争中处于优势地位,有条件采用撇脂定价法以获得尽可能大的利润,但为了使各方满意,从长计议,还是采用满意定价策略,制定一个各方面均可接受的"温和价格",故也称为"君子定价"策略。

满意定价策略的最大优点是"稳",通过对前面两种策略的调和和折中来避免前两者的明显缺点,但同时也在很大程度上将前面两种策略的优点抹杀了。所以,采用此策略时最应注意的问题是避免商品没有特色而打不开销路。

二、相关产品定价策略

相关产品,是指在最终用途和消费购买行为等方面具有某种相互关联性的产品。制造或经营两种以上商品的企业可以利用此特点综合考虑企业产品的定价。

(一) 互补产品价格策略

互补产品指两种(或以上)功能互相依赖、需要配套使用的产品。互补产品价格策略是企业利用价格对消费连带品市场需求的调节、诱导功能,全面扩展销售量所采取的定价方式和技巧。

具有互补关系的产品很多,如剃须刀与刀架,照相机与胶卷等等,定价的具体做法是,把价值高而购买频率低的主件价格定得低些,而对与之配套使用的价值低而购买频率高的易耗品价格适当定高些。如剃须刀架价格定低些,而刀片的价格定高些。因为相对刀片来说,刀架占消费者支出的比重大,人们对其价格的敏感程度相对高,企业为了达到组合利润目标,其价格甚至低到保本点。企业用此策略能够造成产品价廉的印象,扩大商品的市场销售量。

(二) 替代产品价格策略

替代产品是指功能和用途基本相同,消费过程中可以互相替代的产品。替代产品价格策略是企业为达到既定的营销目标,有意识安排本企业替代产品之间的关系而采取的定价措施。

具有替代关系的产品,降低一种产品的价格,不仅会使该产品的销售量增加,而且会同时降低替代产品的销售量。因此,企业可运用此规律来实行组合价格策略。例如把市场"热销"的产品价格有意提高,将"趋冷"的替代品的价格适当降低,从总体上把握企业的盈利水平。

三、折扣定价策略

折扣价格策略是一种在交易过程中,把一部分利润转让给购买者,以此来争取更多顾客的价格策略。常见的有五种。

(一) 数量折扣

数量折扣的目的是鼓励消费者大量购买,它可以分为累计数量折扣和非累计数量折扣两种。累计数量折扣允许顾客在一定时期内,如果购买累计总量达到了一定的标准,就可以按总量得到一定的折扣。其目的在于鼓励单个顾客重复购买,建立企业与顾客之间的关系,保持顾客对企业产品及品牌的忠诚。非累计数量折扣仅适用于一次性购物。只有顾客一次性购买的产品数量达到一定的标准,才能取得企业提供的折扣。非累计数量折扣是企业经常用的折扣方法,因为它不仅可以增加企业产品的销售量,而且可以将一些仓储功能转移给买方,从而减少仓储及运输成本。

(二) 现金折扣

现金折扣是对现款交易或按期付款的顾客给予价格折扣。其目的在于鼓励购买者尽早支付货款,以加速资金流转,减少财务风险。如美国许多企业规定提前 10 天付款者,给予 2％的折扣;提前 20 天付款者,给予 3％折扣。

(三) 功能折扣

功能折扣也被称为贸易折扣,是指企业根据各类中间商在市场营销中所担负的不同职能,给予不同的价格折扣。功能折扣的目的是对中间商在执行营销功能时所耗费的成本费用及所承担的风险进行补偿,以使中间商在经营中获得足够的利润。企业会根据中间商在销售渠道中的不同地位来设置不同的功能折扣标准,合理的功能折扣标准能使企业与中间商之间建立长期良好的合作关系。

(四) 季节折扣

有些商品的生产是连续的,但其消费却有明显的季节性。为了调节供需矛盾,这些商品的生产企业经常会采用季节折扣的方式,对在消费淡季购买商品的顾客给予一定的价格优惠。这样,一方面可以加速企业资金的流转,另一方面可以使企业的生产和销售在一年中保持相对稳定。例如羽绒服生产企业为夏季购买其产品的客户提供较大折扣。

(五) 折让

折让是根据价目表给顾客以价格折扣的另一种类型。例如顾客购买新货时交回旧货便给予一定折扣或降价。

四、差别定价策略

基本概念　差别定价

> 　　差别定价又称区分需求定价、歧视定价。这一方法并非以成本差别为基础,而是根据交易对象、交易时间、地点等方面差异,定出两种或多种不同价格,以适应顾客的不同需要,从而扩大销售,增加收益。

差别定价的主要形式有以下 5 种。

1. 按不同顾客定价

这种定价即同一种产品或劳务以不同价格售给不同的顾客群。其中,有的是由于不同的消费者对同一商品的需求弹性不同;有的则是由于新老客户、购买用途、购买习惯的不同,而在价格上加以区别。如公园门票对某些社会成员给予优惠。

小案例:iPhone 的国别定价

2014 年 10 月,iPhone6 和 iPhone6 Plus 正式在中国发售,有关 iPhone 手机在不同国家和地区的差别定价法再次成为消费者讨论的问题。记者以 16G 版本统计了 10 个国家和地区(美国、法国、中国香港、加拿大、德国、新加坡、英国、澳大利亚、日本、中国内地),发现价格最高的是法国,折合人民币 5 619 元,紧随其后的是德国和英国,分别折合人民币5 553元和5 326元,价格最低的依旧是美国(3 982元)和日本(3 917元,日本报价低很大程度上源于近两年日元的大幅贬值)。而中国的定价为5 288元,处于中间。针对不同国家消费者,成功区分客户,不同的有效需求弹性制定不同价格,苹果可谓将这一技巧在全球范围内发挥到极致。

请思考:

iPhone国别定价背后的其他影响因素有哪些?

2. 按产品不同形式定价

产品的型号不同定价也不同,但是价格与每种型号的成本不成比例,只与顾客对不同型号的需要强度有关。比如不同款式的手表可以定不同的价格,而价格的增加并不反映额外的生产成本,主要反映额外的心理需要,这种定价适用于吸引求新求异购买动机的顾客。

3. 按产品不同部位定价

按产品不同部位定价即对处于不同位置的产品或劳务定不同的价格,即使它们的成本并无差别。如影剧院、音乐厅、体育馆等,因位置的不同票价也有差别。

4. 按不同销售时间定价

同一产品在不同季节、不同日子、甚至不同钟点制定不同价格。例如,夏季是皮夹克的销售淡季,可给予购买者以一定折扣;又如,某些鲜活商品"早晚市价不同"等。

5. 按不同形象定价

对同一产品给予不同包装和商标,通过促销活动塑造不同产品形象,从而制定不同价格。

为了使差别定价法奏效,必须具备以下条件:第一,该市场必须是可以细分的,且这些细分市场的需求强度不同;第二,该细分市场内支付低价的顾客无法将这个产品又高价转售给需付更高价格的细分市场;第三,对某些顾客实行高价时,竞争者不会以低价进行竞争;第四,细分市场和管理市场的成本不应超过从价格差别中获得的额外收入;第五,这种行为不应使顾客产生不满和敌对情绪;第六,这种价格差别的形式应是合法的。

五、心理定价策略

这一策略是指利用消费者在购买决策时的一些心理特点,通过制定迎合消费者心理需求的价格来促成消费者的购买行为。常用的心理定价策略有以下三种。

(一) 整数定价和尾数定价

整数定价是指商品的定价往往不保留零头,以整数的形式表现出来。尾数定价恰恰相反,它是指给商品定价时,故意保留一个零头。

在很多消费者的心目中,以整数特别是以零结尾的价格代表一个更高的价格档次。例如,价格为 1 000 元的产品,属于千元以上的商品,而定价为 998.95 元的产品,则属于千元以下的商品,尽管两者之间差价不到 2 元,但是有很多消费者在心里仍然会认为这两种商品属于两个不同的档次。所以对于一些需求价格弹性较弱的商品,企业经常使用整数定价,以让顾客感觉到购买的是更高档次的商品;而对于需求价格弹性较强的日用品,企业则往往在定价时保持一个零头,这样不仅会给顾客造成一个"低价"的错觉,而且还会让顾客认为企业对商品定价非常认真、精确,无形中对商品及价格产生一种信任感。尽管顾客略加思考就能发现所谓的整数定价和尾数定价只是商家的一个数字游戏,但是在企业的经营实践中,很多企业确实通过使用这一简单的定价技巧而增加了一定量的销售。

(二) 声望定价

声望定价是指利用产品高价格来树立产品及其品牌在消费者心目中的形象。因为在大众的目光中,高价总是与高质量联系在一起的,很多消费者在以高价购买了某一产品后,不但愿意相信产品具有高的质量,而且还会使他们的某些特殊欲望得到满足。例如,低价香水会被认为是劣质产品,而高价香水不但会被看成是质量高,还会是使用者身份的象征。

声望定价必须在企业的其他营销战略及策略的帮助下才能取得成

功,与产品高价相适应的应该是产品实实在在的高质量及良好的服务保证而不仅是消费者心目中的高质量。另外,企业还需要一些其他营销手段,例如严格控制产品的产量,实行限量销售等。

(三) 招徕定价

企业常常利用消费者求廉的心理,故意降低几种商品的价格,以吸引顾客在购买"便宜货"的同时,购买其他正常价格的产品,这就是通常所说的招徕定价。使用招徕定价的企业一般应有较多的商品品种,因为只有保证顾客有足够的选择余地才能确保招徕定价的成功。所以这种方法在现代超级市场中得到了广泛运用。

第四节　价格调整

企业制定产品价格并不是一劳永逸的,由于市场环境及企业内部因素在不断地变化,所以企业必须对已制定的价格策略进行不断的调整。企业对价格进行调整可分为两种情形:一是调高价格;二是降低价格。

一、调整价格的原因

(一) 提高价格的原因

虽然价格上涨会引起消费者、中间商和企业推销人员的不满,但是一次成功的提价活动却会导致企业利润大大增加,所以企业只要有机会,可以适当采用提价策略。导致企业提价的原因主要有三种。

1. 生产经营成本上升

在价格一定的情况下,成本上升将直接导致利润的下降。因此,在整个社会发生通货膨胀或生产产品的原材料成本大幅度上升的情况下,调高价格是保持利润水平的重要手段。

2. 产品供不应求

在供给一定的情况下,需求的增加会给企业带来压力。当某些产品出现供不应求的现象时,企业就必须调高价格,这不但能平衡供需,还能使企业获得高额利润,为企业以后的发展创造一定的条件。

3. 创造优质优价的名牌效应

为了企业的产品或服务与市场上同类产品或服务拉开差距,作为一种价格策略,可以利用提价营造名牌形象。充分利用顾客"一分价钱一分货"的心理,使其产生高价优质的心理定势,创造优质效应,从而提高企业及产品的知名度和美誉度。

(二)降低价格的原因

降低价格是企业在经营过程中经常采用的营销手段。导致企业降价的原因可能来自宏观环境的变化,也可能来自行业及企业内部条件的变化,往往在下述情况下采用。

1. 存货积压占用了大量资金

企业可能会因为对市场的预测不准确或是产品销售旺季已过等原因出现了一定量的存货积压。为了解决企业对资金的迫切需求,尽快回笼资金,企业经常会将积压的存货降价处理。

2. 市场需求不振

在宏观经济不景气或行业性需求不旺时,价格下调是许多企业借以渡过难关的重要手段。比如企业需要筹集资金进行某项新产品开发时,可以通过对一些需求价格弹性大的产品予以大幅度降价,从而增加销售额以满足企业回笼资金的目的。

3. 应对竞争者的价格挑战

很多企业降低产品价格并不是出于自愿,往往是因为竞争对手率先降价而不得不跟进以保持现有的市场份额。例如在中国的彩电市场上,当"长虹"率先将彩电价格下降 30%,"康佳""TCL""海信"等其他企业为了保护市场份额不得不也采取了降价措施,从而引发了中国彩电市场的价格大战。

小案例:格兰仕的降价策略

在微波炉市场上,格兰仕素有"价格屠夫"之称,价格战可谓是其在激烈市场竞争中取得成功的关键武器。价格战必须以成本优势为基础,格兰仕做到了。格兰仕降价的特点之一是十分明确地以消灭散兵游勇为目标。规模每上一个台阶,价格就大幅下调。当自己的规模达到 125 万台,就把出厂价定在规模为 80 万台的企业的成本价以下。此时格兰仕还有利润,而规模低于 80 万台的企业,多生产一台就多亏一台。除非对手能形成显著的品质技术差异,在某一较细小的利基市场获得微薄赢利,但同样的技术来源又连年亏损的对手又怎么搞得出差异来? 当规模达到 300 万台时,格兰仕又把出厂价调到规模为 200 万台的企业的成本线以下,使对手缺乏追赶上其规模的机会,在家电行业创造了市场占有率达到 61.43% 的创举。格兰仕这样做就是要构成行业壁垒,要摧毁竞争对手的信心,让这个产业有市场但没有任何投资价值。格兰仕大打价格战,但反对没有基础的盲目降价,因此尽管利润极薄,但凭借着价格刚性指标,格兰仕始终处在经营安全防线之内。格兰仕以"价格武器"清理门户,令不少竞争者望而却步,从而牢牢占据霸主地位,坐享国内近 70%、全球 35% 的市场份额。

请思考:

格兰仕的降价策略凭借哪些"资本"?

4. 生产经营成本下降

企业在经营过程中很可能由于某些生产及管理技术的革新而降低了成本,获得了成本优势。为了利用这一优势扩大销售及市场份额,企业会主动地降低价格。降价引起的销售额增加会进一步地导致成本的降低,从而使企业进入一个良性的循环。

5. 宏观政治、法律、经济环境的影响

宏观环境的变化也会导致企业的降价行为。有时政府为了保护消费者利益,控制某个行业的利润,会通过政策和法令限制这个行业的利润率,从而导致该行业中产品价格的下调。此外,宏观经济环境的变化也会直接导致企业产品降价。在市场疲软、经济萧条时期,由于币值上升,价格总水平下调,企业的产品价格也会随之降低,以适应消费者的购买力水平。

二、价格调整中的市场反应

企业的任何价格变动必然会引起有关各方的反应,对于这些反应,企业必须予以充分重视,认真分析判断,并采取相应对策。

(一) 消费者对价格调整的反应

消费者对价格变动的反应包括对降价和提价的反应。消费者可能对降价做出积极的反应,即增加购买;也可能做出消极的反应,如认为产品有缺陷,卖不出去,将为新产品取代;或认为该企业资金短缺,要转产,价格还会继续下降等等。

消费者可能对提价做出不利反应,减少或停止购买;也可能做出有利反应,如认为产品是热门货、是名牌、价格还会上升等。消费者对不同产品价格变动的反应也不同,对高价值和经常购买的产品价格最敏感,对不常购买的小商品价格则不注意。此外,消费者往往对产品价格不关心反而关心获得、操作和维修产品的总成本,销售商如果能说服消费者,使之相信总成本较低,便可能在价格高于竞争者的条件下扩大销售。

(二) 竞争者对价格调整的反应

企业面对的竞争者往往不止一家,各自不同的竞争地位,会导致不同的反应。比如,如果竞争对手认为其实力强于本企业,并认定本企业的价格调整的目的是争夺市场份额,那么它必然会立即做出针锋相对的反应;反之则不反应,或采取间接的反应方式。一般而言,面对企业的降价行为,竞争对手的反应可能会有以下情况:

第一,如果降价会损失大量利润,竞争者可能不会跟随降价;

第二,如果竞争者必须降低其生产成本才能参与竞争的话,则可能要经过一段时间才会降价;

第三,如果竞争者降价导致其同类产品中不同档次产品间发生利益冲突的话,就不一定会跟随降价;

第四,如果竞争者的反应强烈,其一定会跟随降价,甚至有更大的降价幅度。

由于环境是复杂的,竞争者的反应又会对企业的价格调整产生重大的影响,因此企业在调价时必须充分估计每一个竞争者的可能反应。

(三) 企业对竞争者价格调整的对策

在市场经济条件下,企业不仅可以用自己价格调整来参与市场竞争,同时也会面临着竞争者价格调整的挑战。如何对价格竞争做出正确、及时的反应,是企业价格策略中的重要内容。

企业在做出反应时,应该考虑以下问题:第一,竞争者调价的目的是什么?第二,竞争者调价是长期的还是短期的?第三,竞争者调价将对本企业的市场占有率、销售量、利润、声誉等方面有何影响?第四,同行业的其他企业对竞争者调价行动将会有何反应?第五,企业有几种反应方案?

在回答以上问题的基础上,企业还必须结合所经营的产品特性确定对策。一般来说,在同质产品市场上,如果竞争者降价,企业必须随之降价,否则必然会失去大部分的顾客;如果竞争者提价,本企业既可以跟进,也可以暂且观望。因为如果同行业中的大部分厂商都维持原价,率先涨价的竞争者很可能会受到损失。

在异质产品市场上,由于各企业的产品在质量、品牌、服务、包装等方面有明显不同,所以面对竞争者的调价策略,企业有更大的选择余地。

本章小结

价格是商品价值的货币表现。所有企业无一例外都面临着价格决策问题。价格的制定和变化不仅直接影响消费者的购买行为,也直接影响着企业产品的销售和利润,因此,尽管在现代市场营销进程中,非价格因素的作用在增长,但价格策略仍是市场营销组合中重要的基本因素。

价格形成及运动是经济活动中最复杂的现象之一,除了价值这个形成价格的基础因素外,现实中的产品价格还受到多种因素的影响和制约,主要有:定价目标、市场需求状况、产品成本、竞争状况等。企业对这些因素的关注程度不同,选择的定价方法就会不同。以成本为导向的定价方法有成本加成定价法、目标利润定价法和盈亏平衡定价法;以需求为导向的定价方法有认知价值定价法、逆向定价法和习惯定价法;以竞争为导向的定价法有随行就市定价法和密封投标定价法。

企业确定了产品的基础价格后,往往还会在不同时期、不同情况下实行灵活多变的定价策略。企业常用的定价策略主要有:新产品定价策略、相关产品定价策略、折扣定价策略、差别定价策略、心理定价策略等。

企业在制定了价格策略后,常常又面临修改价格的局面。但不管是提高价格还是降低价格,企业要预测消费者和竞争者对价格变动的反应都是很困难的。另外,企业还要应对竞争者发动的价格变化,根据产品是否同质作出相应的反应。

案例分析：蔻驰，恐美人之迟暮

维克多·路易丝站在自己位于曼哈顿地狱厨房区的办公室里,眺望窗外。这是他出任蔻驰公司(Coach)CEO 的第二年,他的前任李维斯·弗兰克福担任这一职位达 28 年之久。在弗兰克福的带领下,蔻驰的发展毫无差错。事实上,在过去的几十年间,该品牌的皮包成为全美国乃至全世界女性梦寐以求的奢侈品,使这个拥有 73 年历史的公司收入飞速增长,从 10 亿美元提高到 50 亿美元以上。最为突出的是,公司10 亿美元的盈利——20％的净利润——业绩骄人。蔻驰的销售业绩使它成为全美国皮包卖家的领头羊。该品牌的溢价和利润使公司成为华尔街的宠儿。

可是,路易丝接任 CEO 一职时,蔻驰的好运似乎开始逆转。虽然公司将产品扩展到了男士和全球市场,而且效果很好,但是它在美国的销售收入却连续 4 个季度下滑(美国市场占其业务总额的 70％)。北美市场销售额与前一年相比,大幅下降了 21％。曾经引领时尚潮流的蔻驰,在短短两年内市场份额迅速下降,并转移至更年轻也更敏捷的竞争者手中。投资者对此高度敏感,这导致蔻驰的股价在两年间下跌了近50%。蔻驰在辉煌数年之后,遭遇了困境。问题出在哪里?

分析人士指出,蔻驰溢价太高或是其陷入困境的主因。"蔻驰试图取消其与奥特莱斯折扣店直接联系的优惠券促销,奥特莱斯店是公司最大的收入来源,而这也吸引消费者寻求更加省钱的购买。"一位奢侈品零售专家说,"因为持续的经济衰退,乐意和能够为像蔻驰这样的奢侈品品牌支付溢价的顾客越来越少。"但是,价格本身并不能解释为什么在蔻驰销售额下降的同时,其竞争者的却上升了。此外,值得注意的是,2013年蔻驰北美市场销售额下降的同时,其高端皮包(定价在400美元以上)的销售额实际是增长的。

一些分析者质疑蔻驰品牌过高的流行程度对其独占性形象的影响,因为奢侈品品牌的形象和顾客渴望度通常建立在只有少数人才能买得起这一事实之上。可是,蔻驰已经变得如此容易获得,任何想要拥有蔻驰产品的人都可以想办法买到。是蔻驰的奥特莱斯店促进了这种可获得性,这些公司自有的商店专门以很低的价格销售过季产品、次级或低质的产品线。大量消费者被低价吸引而来,蔻驰奥特莱斯店的收入现在占其总收入的60%。对有些单品而言,比例甚至更高。加之迅猛发展的二级市场,如eBay和其他网站,蔻驰再不复当年的独占性。

路易丝出任CEO之前已经在蔻驰工作了8年,他亲历了蔻驰的全球扩张。尽管弗兰克福已经退位,但仍然担任公司董事会主席一职。在这些经验丰富的时尚界高管的带领下,蔻驰制定了重振雄风的计划。首先,公司任用了新的创意总监,路易丝说新总监能"为品牌带来我们从未有过的时尚元素"。时尚界和投资界对蔻驰新产品设计翘首以待。除了改变创意和设计,为了重新赢得顾客,蔻驰将自己定位于生活方式品牌,进一步扩展到鞋子、衣服和配件等领域。此外,公司打算增加价格在400美元及以上的皮包产量,这一举措能提高蔻驰皮包的平均价格。当前蔻驰处于紧要关头,上述种种努力能使蔻驰重现昔日辉煌吗?

请思考:

1. 阐述价格如何影响消费者对蔻驰品牌的认知。

2. 蔻驰现在提出的计划能否成功地减少其市场份额的损失？

3. 请你为蔻驰摆脱困境提出若干建议。

实践运用

一、实践目标

理解产品定价方法以及产品价格调整策略。

二、实践内容

调研商家价格制定与调整行为，撰写定价策略或价格调整分析报告。

三、实践组织

1. 以小组为单位，调查三家以上的商家，记录某一品牌及竞争对手的品牌的价格，分析这些品牌在各商场定价的目标和策略，说明企业定价的策略差异。

2. 个人收集商家价格调整行为，并分析这些行为的产生原因，给出进一步的价格调整的建议。

第十章　渠道策略

　　所谓伊人，在水一方。溯洄从之，道阻且长。溯游从之，宛在水中央。

——《诗经》

　　营销环境中，大多数生产者并不是将其产品直接出售给消费者，而是需要经过不同的营销渠道。在由"生产者→渠道→消费者"构成的营销格局中，渠道选择对于生产者至关重要：渠道选择直接影响着企业价格、推销、广告等其他营销组合效果，由此最终决定了企业能否"多快好省"地将产品转移到消费者手中，赢得"伊人芳心"。渠道为王、终端制胜，在"互联网＋"强力助推背景下，渠道的设计、选择、评价与修正等决策向企业提出更高的要求。

第一节 分销渠道的本质与功能

认识分销渠道的本质及功能是企业成功地进行分销渠道决策的前提。

一、分销渠道的本质

大多数生产企业很少直接向消费者销售,而是通过不同的营销渠道或分销渠道将产品推向市场转移给消费者。

基本概念　营销渠道和分销渠道

菲利普·科特勒在《市场营销原理》中指出,营销渠道(marketing channel)是指那些配合起来生产、分配和消费某一生产者的某些货物或劳务的所有企业和个人。它包括某种商品的供、产、销过程中的所有组织和个人,如供应商、生产者、中间商、辅助商以及最终消费者或用户。

分销渠道(distribution channel)是指在产品或服务从生产者向消费者转移的过程中取得这种产品或服务所有权或帮助所有权转移的所有商业组织和个人。因此,分销渠道主要包括生产者、中间商、消费者或用户,不包括供应商、辅助商。

鉴于这两个概念实际中经常被混用,本教材对两者亦不做严格意义上的区分。

营销渠道的选择直接影响企业其他营销组合决策,最终决定了其能否"多快好省"地将产品转移到消费者手中。具体来说,企业的定价决策取决于企业是通过折扣店、高品质的专卖店还是通过网上商城直接出售给消费者;企业的人员推销和传播沟通决策取决于渠道伙伴需要多大的培训、激励以及支持;企业是否开发或者收购一种新产品,一定程度上取决于这种产品与渠道伙伴的能力是否匹配。

不少成功企业正是通过创造性地构建营销渠道而赢得持久的竞争优势。例如,富于创新、令人惊异的分销系统造就了联邦快递在物流领域的领先地位;戴尔公司由于直接向客户而非通过零售商店销售个人电脑,从而实现了计算机产业的一次营销革命;亚马逊通过互联网渠道在图书和其他很多种类产品的销售上处于领先地位;苹果公司依靠在iTunes 上销售音乐的 iPod 产品成为行业佼佼者。在产品多样化、竞争白热化的营销环境中,"渠道为王,终端致胜"之说并不夸张,渠道选择与构建对企业获取和保持竞争优势至关重要。

二、分销渠道的功能

分销渠道的基本功能是把产品从生产者那里转移到消费者手里。它弥合了产品、服务和其使用者之间的缺口。具体来说,分销渠道的功能主要包括:

第一,研究,即收集制订计划和进行交换时所必需的信息;

第二,促销,即设计和传播有关产品的信息,鼓励消费者购买;

第三,接洽,即为生产商寻找、物色潜在买主,并和买主进行沟通;

第四,配合,即按照买主的要求调整供应的产品,包括分等、分类和包装等活动;

第五,谈判,即代表买方或者卖方参加有关价格和其他交易条件的谈判,以促成最终协议的签订,实现产品所有权的转移;

第六,实体分销,即储藏和运输产品;

第七,融资,即收集和分散资金,以负担分销工作所需的部分费用或全部费用;

第八,风险承担,即承担与从事渠道工作有关的全部风险。

第二节 渠 道 策 略

渠道对于企业来说十分重要,但由于它同时具有非常强大的惯性,不能轻易地被改变,因此,企业非常有必要在建立渠道之初就尽量地做到尽善尽美。企业在建立渠道时,一般需要考虑渠道的长度、宽度和各种渠道的联合策略等。

一、渠道的长度策略

产品在从生产者流向最后消费者或用户的过程中,每经过一个对产品拥有所有权或负有销售责任的机构,就称为一个"级数"。由于生产者和最终消费者都参与了将产品及其所有权带到消费地点的工作,因此,他们同样构成渠道的组成部分。如图 10 - 1 所示。

基本概念   **渠道长度**

渠道长度是指产品在流通中经过的级数的多少,通常以中间机构的级数来表示渠道的长度。

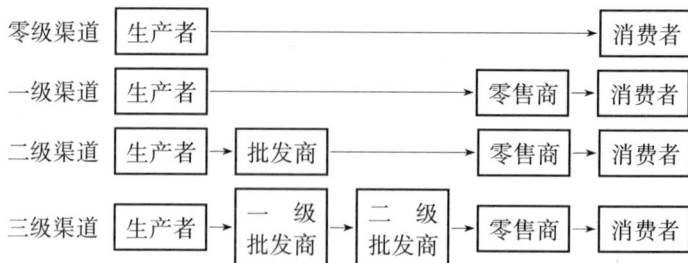

零级渠道	生产者				消费者
一级渠道	生产者			零售商	消费者
二级渠道	生产者	批发商		零售商	消费者
三级渠道	生产者	一级批发商	二级批发商	零售商	消费者

(a) 消费者市场的渠道级数类型

零级渠道　生产者 ——————————————→ 产业用户

一级渠道　生产者 ——————→ 代理商 → 产业用户

二级渠道　生产者 → 代理商 → 产业批发商 → 产业用户

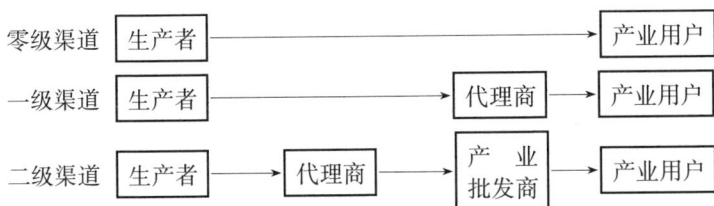

(b) 产业市场的渠道级数类型

图 10 - 1　渠道级数类型

(一) 零级渠道

零级渠道又称直接渠道,是指没有中间商参与,产品由生产者直接销售给消费者的渠道类型。直接渠道是产品分销渠道的主要类型。一般大型设备以及技术复杂、需要提供专门服务的产品,企业都采用直接渠道分销,如飞机的出售是不可能由中间商介绍的。在消费品市场,直接渠道也有扩大趋势。像鲜活商品,有着长期传统的直销习惯;新技术在流通领域中的广泛应用,也使邮购、电话及电视销售和因特网销售方式逐步展开,促进了消费品直销方式的发展。

小资料: 脱媒

脱媒(disintermediation)是指产品和服务的生产者日渐绕过中间商而直接面对最终消费者,或者是强势的新型渠道中间商的出现取代了原有的中间商。科学技术的变化、网络平台和直接营销的巨大发展,对于营销渠道的性质和渠道设计都有非常深远的影响,其中一个趋势就是脱媒,一些知名企业如戴尔、新加坡航空等企业,在分渠道中逐步取消零售商而直接向最终客户销售。

(二) 一级渠道

一级渠道包括一级中间商。在消费品市场,这个中间商通常是零售商,而在工业品市场,它可以是一个代理商或经销商。

（三）二级渠道

二级渠道包括两级中间商。消费品二级渠道的典型模式是经由批发和零售两级转手分销。在工业品市场,这两级中间商多是由代理商及批发经销商组成。

（四）三级渠道

三级渠道是包括三级中间商的渠道类型。一些消费面宽的日用品,如肉类食品及包装方便面,需要大量零售机构分销,其中许多小型零售商通常不是大型批发商的服务对象。对此,有必要在批发商和零售商之间增加一级专业性经销商,为小型零售商服务。

根据分销渠道的层级结构,可以得到直接渠道、间接渠道;短渠道、长渠道的概念。直接渠道是指没有中间商参与,产品由生产者直接销售给消费者的渠道类型。间接渠道是指有一级或多级中间商参与,产品经由一个或多个商业环节销售给消费者的渠道类型。上述零级渠道即为直接渠道;一二三级渠道统称为间接渠道。为了分析和决策的方便,有些学者将间接渠道中的一级渠道定义为短渠道,而将二三级渠道称为长渠道。显然,短渠道较适合在小地区范围销售产品,长渠道则能适应在较大范围和更多的细分市场销售产品。

小资料：全渠道发展成为行业趋势

全渠道是指企业为了满足消费者任何时候、任何地点、任何方式购买的需求,采取实体渠道、电子商务渠道和移动电子商务渠道整合的方式销售商品或服务,提供给顾客无差别的购买体验。在"互联网＋"背景下,线上线下全渠道平台发展成为行业趋势,企业应重视发展线上渠道,借助互联网建设互联网平台,实现创新发展。

二、渠道的宽度策略

基本概念　　渠道宽度

渠道宽度是指企业营销渠道中每一层级使用相同类型中间商的多少。

若制造商通过尽可能多的同类中间商(批发商或零售商)经销其产品,则这种产品的分销渠道称为宽渠道,反之称为窄渠道。分销渠道的宽窄是相对而言的,受产品性质、市场特征和企业分销策略等因素的影响,企业在制定渠道宽度策略时面临三种选择:

(一) 密集分销

密集分销是制造商通过尽可能多的批发商、零售商经销其产品所形成的渠道。密集分销通常能扩大市场覆盖面,或使某产品快速进入新市场,使众多消费者和用户随时随地买到这些产品,但不足是中间商的经营积极性较低,责任心差。消费品中的便利品和工业品中的标准件、通用小工具等,通常使用密集分销。

(二) 选择分销

选择分销是制造商按一定条件选择若干个同类中间商经销产品所形成的渠道。选择分销渠道通常由实力较强的中间商组成,能较有效地维护制造商品牌信誉,建立稳定的市场和竞争优势。这类渠道多为消费品中的选购品、工业品中的零配件、一些机器设备等。

(三) 独家分销

独家分销是制造商在某一地区市场仅选择一家批发商或零售商经销其产品所形成的渠道,这是最窄的一种分销渠道形式。生产和经营名牌、高档消费品和技术性强、价格较高的工业用品的企业多采用这一形式。独家分销有利于控制市场,加强产品形象,但市场覆盖较窄,而且有一定风险。

小案例：宾利汽车的独家分销

宾利汽车的经销商不仅数量少,距离也很远。即使在规模很大的城市里也通常只有一家经销商。通过授予专营性分销权,宾利公司不仅获得了强有力的经销商销售支持,而且也对经销商的定价、促销、信贷和服务拥有了更大的控制。专营性分销同时提升了产品的品牌形象并且保证了高赢利。

请思考:

独家分销适合哪些产品? 请再举若干实例。

三、渠道联合策略

按渠道成员相互联系的紧密程度不同,分销渠道还可以分为传统渠道系统和整合渠道系统两大类型。

(一) 传统渠道系统

传统渠道系统是指由独立的生产商、批发商、零售商和消费者组成的分销渠道。传统渠道系统成员之间的关系是松散的。由于这种渠道的每一个成员均是独立的,它们往往各自为政,各行其是,都为追求其自身利益的最大化而激烈竞争,甚至不惜牺牲整个渠道系统的利益。在传统渠道系统中,几乎没有一个成员能完全控制其他成员。由于以上这些缺点,传统渠道系统正面临严峻挑战。

(二) 整合渠道系统

整合渠道系统是指在传统渠道系统中,渠道成员通过不同程度的一体化整合形成的分销渠道。整合渠道系统主要包括以下三种。

1. 垂直渠道系统

垂直渠道系统是由制造商、批发商和零售商纵向整合组成的统一系统。每个成员把自己视为渠道系统中的一分子,关注整个垂直系统的成功。目前垂直渠道系统主要有三种形式,见图 10 - 2。

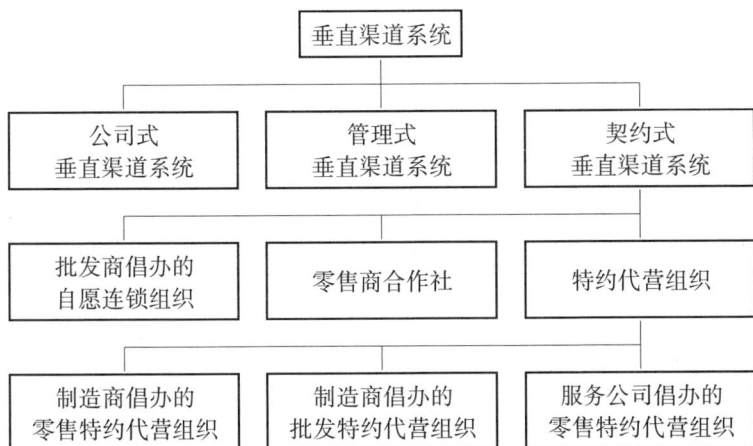

图 10 - 2 　垂直渠道系统

（1）公司式垂直渠道系统。即由一家企业拥有和管理若干工厂、批发机构和零售机构，控制渠道的若干层次，甚至整个分销渠道，综合经营生产、批发和零售业务。公司式垂直渠道系统又分为两类：一类是由大工业企业拥有和管理的，采取工商一体化经营方式；另一类是由大型零售企业拥有和管理的，采取商工一体化方式。

（2）管理式垂直渠道系统。即通过渠道中某个有实力的成员来协调整个产销通路的渠道系统。如名牌产品制造商为了实现其战略计划，往往在销售促进、库存供应、定价、商品陈列、购销业务等问题上与零售商协商一致，或予以帮助和指导，与零售商建立协作关系。

小案例：沃尔玛对其供应商的影响

沃尔玛拥有全美国日用品销售总额 1/4 占比、规模最大的日用品销售商，在与其消费品供应商之间的拉锯战中常常占据先机。以高乐氏公司为例，尽管该公司拥有很强的消费者品牌偏好，使之讨价还价的实力比较强，但是，对沃尔玛的销售占高乐氏销售总额的 26%，使沃尔玛掌握了绝对的主动权。卡尔一美纳食品公司及其"艾格兰德最优"品牌的情况更甚,近1/3的销售依赖沃尔玛。

请思考:

结合案例分析管理式垂直渠道系统可能存在的利与弊。

••

(3) 契约式垂直渠道系统。即不同层次的独立制造商和中间商,以合同为基础建立的联合渠道系统,以求获得比其独立行动时所能得到的更大的经济和销售效果。契约式垂直渠道系统近年来获得了很大的发展。主要有三种形式:

第一,批发商倡办的自愿连锁组织。批发商组织独立的零售商成立自愿连锁组织,帮助他们和大型连锁组织抗衡。批发商制定一个方案,根据这一方案,独立零售商的销售活动标准化,并获得经济采购的好处。

第二,零售商合作社。零售商可以带头组织一个新的企业实体来开展批发业务和可能的生产活动。成员通过零售商合作组织集中采购,联合进行广告宣传,利润按成员的购买量进行分配。非成员零售商也可以通过合作组织采购,但是不能分享利润。

第三,特约代营组织。指由生产与市场营销系统中的各个机构与其中某一机构组成的联合体。特约代营是近年来发展最快和最令人感兴趣的零售形式。尽管基本思想还是老的,但是有些特约代营的形式却是崭新的。其方式可分为三种:制造商倡办的零售特约代营组织;制造商倡办的批发特约代营组织;服务公司倡办的零售特约代营组织。

2. 水平渠道系统

这是由两家或两家以上的企业横向联合,共同开拓新的营销机会的分销渠道系统。这些企业或因资本、生产技术、营销资源不足,无力单独开发市场机会;或因惧怕承担风险;或因与其他公司联合可实现最佳协同效益,因而组成共生联合的渠道系统。这种联合,可以是暂时的,也可以组成一家新公司,使之永久化。

小案例：王老吉联手西山居，深化互联网+

2016年8月，作为凉茶始祖，王老吉与西山居合作，大手笔投入游戏IP营销，启动"一罐一码"王老吉武侠罐项目，引发行业各界人士的关注。西山居是中国第一家游戏公司，其所缔造的《剑侠情缘》系列，用十年诠释了"无剑侠不武侠"，横跨单机、端游、手游三个时代，《剑侠情缘》手游上线后，48小时就拿下iOS双榜第一的成绩，目前用户达到1.2亿人，其中80、90、00后占比为40%，年轻消费者正成为消费市场的主导力量。王老吉与西山居合作大玩产品定制化，推出的王老吉"武侠罐"正是基于消费群体的同质化和快消品行业升级发展驱动，通过定制王老吉"武侠罐"为年轻消费者特别是游戏人群，提供了个性和理念张扬的机会，走出了品牌差异化、渠道差异化经营之路，也为双方共同的用户提供了更丰富的增值服务。

请思考：

王老吉与西山居合作的基础与可行性分别有哪些？

3. 多渠道系统

这是指生产企业通过多条渠道将相同的产品送到不同的市场或相同的市场。如美国通用电气公司不但通过独立的零售商(百货公司、折扣商店、邮购商店)，而且还直接向建筑承包商销售大型家电产品。多渠道系统为制造商提供了三方面利益：扩大产品的市场覆盖面；降低渠道成本；更好地适应顾客要求。但该系统也容易造成渠道之间的冲突，给渠道控制和管理工作带来更大难度。

第三节　渠道设计和管理

渠道的设计对生产企业或部分商业企业来说都是最复杂，也最具策略性的问题。无论是对渠道的功能的认识,还是对批发、零售等渠道的分析,最终都是为了正确地对企业的分销渠道加以抉择,选择出适当的分销渠道机构,并进行有效的渠道管理,以达到企业的营销目标。

一、渠道的设计

渠道设计是指建立以前从未存在过的分销渠道或对已经存在的渠道进行变更的营销活动。设计渠道一般包括分析服务产出水平、确定渠道目标、确定渠道结构方案和评估主要渠道方案四个方面。

(一) 分析服务产出水平

渠道的服务产出水平是指渠道策略对顾客购买商品和服务问题的解决程度。这是设计渠道的第一步,其目的是了解在企业所选择的目标市场中消费者购买什么商品、在什么地方购买、为什么购买、什么时候购买和如何购买。营销人员必须了解为目标顾客设计的服务产出水平。影响渠道服务产出水平的有五项。

1. 购买批量

购买批量是指顾客每次购买商品的数量。对于日常生活用品而言,小工商户喜欢到仓储商店批量地购物,而普通百姓偏爱到大型超级市场买东西。因此,购买批量的差异,要求厂家为他们设计不同的分销渠道。分销渠道销售商品数量起点越低,表明它所提供的服务产出水平越高。

2. 等候时间

等候时间是指顾客在订货或现场决定购买后,一直到拿到货物的平均等待时间。在现代社会,人们的生活节奏加快,更喜欢那些快速交货的分销渠道。分销渠道交货越迅速,表明其服务产出水平越高。

3. 便利程度

便利程度是指分销渠道为顾客购买商品提供的方便程度。一般地说,顾客更愿意就近完成购买行为,但是不同的商品,人们所能承受的出行距离是不同的。显然,顾客购物出行距离长短与渠道网点的密度相关。密度越大,顾客购物的出行距离越短,反之则长。所以市场分散程度较高,可以减少消费者在运输和寻找预购商品时花费的时间和费用,提高服务产出水平。

4. 选择范围

选择范围是指分销渠道提供给顾客的商品花色品种数量。一般地说,顾客喜欢能够提供较多的品种花色的分销渠道,因为这样更容易买到称心如意的产品。例如,非单一品牌崇拜者愿意到集中多个品牌的服装专业店或百货商店购买服装,而不愿意去专卖店购买服装。分销渠道提供的商品花色品种越多,表明其服务产出水平越高。

5. 售后服务

售后服务是指分销渠道为顾客提供的各种附加服务,包括信贷、送货、安装、维修等内容。消费者对不同的商品有不同的售后服务要求,分销渠道的不同也会使售后服务水平不同。

营销渠道的设计者必须了解目标顾客的服务产出需要,才能较好地设计出适合的渠道。当然,这并不是说,提高了服务产出水平就一定能吸引顾客。因为,高的服务产出水平,也就意味着渠道成本的增加和为了保持一定利润而制定的相对较高的价格。折扣商店的成功表明了在商品能降低价格时,消费者将愿意接受较低的服务产出水平。

(二) 确定渠道目标

渠道目标应表述为目标服务产出水平。无论是创建渠道,还是对原有渠道进行变更,设计者都必须将企业的渠道设计目标明确地列示出来。这是因为企业设置的渠道目标很可能因为环境的变化而发生变化,只有明确列示出来,才能保证设计的渠道不偏离企业的目标。

渠道目标因产品特性不同而不同。体积庞大的产品要求采用运输距离最短、在产品从生产者向消费者移动的过程中搬运次数最少的渠道。非标准化产品则由企业销售代表直接销售,因为中间商缺乏必要的知识。单位价值高的产品一般由企业推销员销售,很少通过中间商。

渠道策略作为企业营销组合策略的一部分,还必须注意渠道目标与其他营销组合策略目标之间的协调,以避免产生不必要的矛盾。

(三) 确定渠道结构方案

有效的渠道设计应该以确定企业所要达到的市场为起点,没有任何一种渠道可以适应所有的企业、所有的产品,尽管是性质相近,甚至是同一种产品,有时也不得不采用迥然不同的分销渠道。渠道设计的中心环节是确定达到目标市场的最佳途径,而分销渠道的设计与选择要受到诸多因素的影响。

1. 影响渠道结构的主要因素

影响渠道结构的因素很多,我们只讨论基本的影响因素。

(1) 市场因素。渠道设计深受市场特性的影响,主要包括:

第一,市场规模。也就是市场潜在的顾客数目。市场规模直接决定着渠道的长度和宽度。一般而言,潜在的顾客多,市场大,需要中间商为之服务,渠道的长度和宽度相对也会更大些;反之,则可由企业直接供应。

第二,市场聚集度。市场聚集度是指消费者的集中程度。如果目标顾客集中,企业有条件采用短而窄的渠道销售。反之,目标消费者分布分散,涉及的空间范围广,企业采取短渠道的方式会花费大量的人力、物力,使分销成本增大,因而适合采取较长和较宽的渠道。

第三,购买数量。主要是指消费者一次购买产品的数量,常称为"批量"。消费者购买量越大,单位分销成本越低,因此有条件将批量性产品直接出售,即使间接出售,也不必利用太多的中间商。

(2) 产品因素。产品因素是影响渠道结构的十分重要的因素,主要包括:

第一,产品价值。单位产品价值高低直接影响着产品价格高低。一般说来,产品价值越高,单位价格越高,比较适合选用短而窄的分销渠道,以抑制商品价格上升,否则会使商品单价太高,无人问津,渠道受阻;反之,则可选用长而宽的渠道。

第二,产品易腐性。易腐败、保质期短的产品应尽量缩短分销渠道,迅速把产品出售给消费者。如鲜活产品一般都采用较短的渠道;反之可长一些。

第三,产品体积重量。体积过大或过重的产品,如建筑机械、大型农机具、各种体积大、重量重的机器设备等,分销成本昂贵,运输、储存都很不便,可选择较短、较窄的分销渠道;反之,则可选择长而宽的渠道。

第四,产品时尚性。凡产品的式样或款式变化比较快的,一般宜采取少环节的短渠道。如家具、时装、玩具等产品,应尽量缩短分销渠道结构,减少中间环节,以避免由于时尚变化引起产品过时,造成积压。短渠道也有利于信息的反馈,使生产者及时了解消费者需求的变化,适时地调整产品结构。

第五,产品标准化程度。一般而言,渠道的长度与宽度是与产品的标准化程度成正比的。产品的标准化程度越高,渠道的长度也越长,宽度也越大;反之则采用短而窄的渠道。

第六,产品技术度。凡技术性较强而又需提供售前、售中、售后服务的产品,企业应该选择短而窄的渠道,尽量直接卖给消费者,以便于企业销售人员当面介绍产品和专门技术人员提供各种必要的服务。即便需要中间商的介入,环节也要尽量地少。

第七,产品生命周期。对处于不同生命周期阶段的产品,渠道也应有所不同。对处在导入期的新产品,生产企业为了尽快打开销路,通常采用强有力的推销手段去占领市场。为此,企业可组织自己的推销队伍,通过试销门市部、专营店等各种零售方式与消费者直接见面,选择短而窄的渠道可能性大;而老产品则常常通过中间商来维持较为稳定的销量。

(3)企业因素。企业在选择分销渠道时,还要考虑企业自身的状况。

第一,企业规模。企业的总体规模决定了其市场范围、客户规模和与中间商合作的能力。企业规模大,就可以自由地选择分销渠道;反之,则选择余地不大。

第二,企业的市场营销能力。企业的市场营销能力弱,可通过间接渠道或长渠道,利用中间商的营销能力销售产品;反之,企业的营销能力较强则可选用直接渠道或短渠道。

第三,企业的声誉与市场地位。生产者、经营者和消费者都在选择对方。声誉就是一个重要的条件。对生产企业或经营企业来说,声誉越高,设计的余地就越大,选择的实力就越强;相反的,声誉不高或没有地位的企业,设计的余地就比较小。

第四,渠道经验。企业过去的渠道经验也会影响渠道选择。以前曾通过某些中间商销售产品的企业会逐渐积累经验并形成渠道偏好,它们往往将这些选择渠道的经验作为下一次渠道选择的依据。

2. 设计渠道结构方案

明确了企业的渠道目标和影响因素后,企业就可以设计几种渠道方案以备选择。一个渠道选择方案包括三方面的要素,即渠道的长度策略、渠道的宽度策略和商业中介机构的类型。

(1)渠道的长度策略。由前一节可知,分销渠道长度是指渠道级数的数目多少。在设计渠道方案时,首先需要确定有多长,然后再确定具体形式。由于渠道长度不同,其优劣势存在着很大的差异,比如从零级渠道看,明显的优势是灵活性高、周转迅速、有较大的定价主动权。但这种渠道容易使顾客产生逆反心理,因为推销员主动上门有时会给人强行推销之感。而多层渠道由于借助中间商销售商品,使得交易次数大大减少,提高了全社会的分销效率。但企业对渠道的控制力也会随着级数的增加而减弱。由此可见,企业具体选择哪种形式进行分销,需要进行全面综合的分析。

(2)渠道的宽度策略。渠道的设计者除了要对渠道总的级数的数目做出决定,还必须对每个渠道级上使用多少个中间商做出决定,这就是渠道的宽度策略。根据我们在前一节给大家介绍的,渠道的设计者有三种基本的策略可供选择:密集分销、选择分销和独家分销。

(3)中介机构的类型。渠道设计第三个需要解决的问题是:渠道设计者如何对渠道内的中间机构进行具体的选择。企业应该弄清楚能够承担其渠道工作的中介机构的类型。比如,生产测试设备的企业可以在企业直接推销、制造代理商和工业分销商中间选择它的渠道。企业也可以寻找更新的营销渠道。

(四)评估主要渠道方案

评估主要渠道方案的任务,是解决在那些看起来都可行的渠道结构方案中,选择出最能满足企业长期营销目标的渠道结构方案。因此,必须运用一定的标准对渠道进行全面评价。其中常用的有经济性、可控制性和适应性三方面的标准。

1. 经济性标准

企业的最终目的在于获取最佳经济效益,因此,经济效益方面主要考虑的是每一条渠道的销售额与成本的关系。一方面要考虑自销和利用中间商哪种方式销售量大,另一方面要比较两者的成本。一般说来,利用销售代理商的成本较企业自销的成本低,但是当销售额增长超过一定水平时,用代理商所费的成本则愈来愈高,如图 10 - 3 所示。

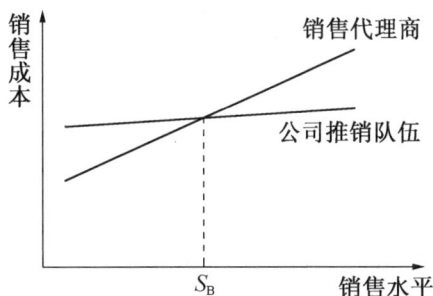

图 10 - 3 销售代理商与自销比较

图上的 S_B 点代表两条渠道成本相同时的销售额,当销售水平低于 S_B 时,使用代理商合算,销售水平高于 S_B 时则企业自销有利。因为代理商通常是收取较大固定比例的佣金,而企业自己的销售人员是固定工资加部分佣金。因此,当销售额不大时,企业利用销售代理商较合算。但当销售额达到一定水平后,则宜于设立自己的分销机构自销。

2. 控制程度

企业对渠道的控制力方面,自销当然比利用销售代理商更有利。因为销售代理商是独立的商业机构,主要关心的是能为它带来最高收益的顾客,因而有可能不按照企业的要求来销售产品,所以,当企业决定使用中间商分销产品时,必须谨慎选择那些能够按照企业的要求提供支持的中间商。

3. 适应性

市场需求和由此产生的各方面的变化,要求企业有一定的适应能力。渠道适应性就是考虑生产者是否具有适应环境变化的能力及应变力如何。每个渠道方案都会因某些固定期间的承诺而失去弹性。而且企业一旦选定某一中间商,便很难更换,这样会使渠道失去灵活性。所以企业在择定渠道结构时,要全面考察,用发展的观点分析,尤其是涉及长期承诺的渠道方案,只有在经济效益和控制力方面都十分优越的条件下,才可予以考虑。

二、渠道的管理

企业对渠道进行管理的目的在于对渠道进行适当的控制,提高分销渠道的有效性,实现分销的目标和企业的整体目标。

(一) 选择渠道成员

企业在招募中间商时,常处于以下两种情况:一是企业轻易地找到特定的中间商并使之加入渠道系统;二是企业费尽心思才能找到期望的中间商。不论企业是容易还是难找到中间商,都要评价中间商的特性。主要包括中间商与目标市场接近度;财务状况;产品组合状况;市场覆盖率;推销产品的能力及储藏、运输能力等。

(二) 激励渠道成员

企业不仅要选择中间商,而且要经常激励中间商使之尽职。企业在处理与中间商的关系时应根据不同情况选择合作、合伙或分销规划的激励方式。

1. 合作

企业可采取"胡萝卜加大棒"的方法得到中间商的合作。积极的方法是采取各种正面鼓励措施,如让利、特殊优惠、各种奖金、合作广告津贴、商品陈列津贴、推销竞赛、免费旅游等。还可以建立风险推销基金,对中间商经销商品可能遭受的损失给予补偿。利用各种媒体开展广告和各种促销宣传,加快商品流通,减轻中间商的压力。消极的方法是减少让利、推迟交货或终止合作等。无论是积极的方法,还是消极的方法,都存在着缺陷。如果没有真正了解中间商的需要、困难、长处和不足,激励效果就会不明显、不持久。

2. 合伙

合伙即与中间商建立长期合伙关系。企业首先明确自己要从中间商那里得到什么,如市场覆盖面、销售量、市场开发、财务要求、技术建议、顾客服务和市场信息等,还要明确中间商的愿望与要求有哪些,就上述方面与中间商取得一致认识,并按照中间商的执行情况给付报酬。比如企业给中间商的销售佣金为 25%,但不是一次支付,而是按照下列规定支付:如能保持适当的存货水平付 5%,如能完成销售定额再支付 5%,如能向消费者提供有效的服务再支付 5%,如能正确地提供市场信息再支付 5%,如能适当地管理应收账款再支付 5%。

3. 分销规划

企业与中间商进一步建立和发展更密切的关系就是分销规划。分销规划即建立一套有计划的、实行专业化管理的垂直渠道系统,把企业和分销商两者的需要结合起来。企业在市场营销部门内部建立一个"分销商关系规划处",其任务是探求分销商的各种需要,制定推销方案,帮助每个分销商实现最佳经营水平。

小案例:三星的渠道激励

三星的 P3 与其渠道伙伴建立起密切的合作关系,渠道成员为自己的客户报供 IT 解决方案时会使用三星及其他厂商的产品。通过这一项目,三星提供了独家预售、销售及售后工具和支持 17 255 家北美渠道伙伴,并将渠道伙伴分为银、金和白金三个层级。比如,白金合作伙伴,即每年售出 50 万台及以上三星电子产品的店家,会得到搜索网上产品和定价数据库及下载营销材料的权利。他们可以享受到专为合作伙伴提供的三星培训计划、特殊的研讨会以及会议。一个 P3 的团队帮助合作伙伴找到最好的销售理念并帮助其达到基本销售量。随后,三星地区销售代表与每位合作伙伴密切会谈,提供内部信息和技术支持。最后 P3 会以折扣或优惠、红利、销售嘉奖的方式奖励表现好的合作伙伴。

请思考:

归纳三星渠道激励的主要方法及其可借鉴之处。

(三) 评估渠道成员

企业除了选择和激励渠道成员外还必须定期评估它们的绩效。通常是指评估销售配额的完成情况,平均存货水平,向顾客交货的时间,对损坏或遗失商品的处理,与企业促销和培训的合作情况。

测量中间商的绩效,主要有两种方法可供使用:一是将每一个中间商的销售绩效与上期的绩效进行比较,并以整个群体的升降百分比作为评价标准,对低于该群体平均水平的中间商,必须加强评估与激励措施;二是将各中间商的绩效与该地区基于销售潜量分析所设立的配额相比较,在销售期过后,根据中间商的实际销售额与其潜在销售额的比率,将各中间商按先后名次进行排列。

(四) 调整渠道

企业在设计了适当的分销渠道之后,还需要根据情况的变化及时调整分销渠道。分销渠道的调整,是企业根据分销渠道适应性、灵活性的要求在利润的驱动下和渠道处于不均衡状态或企业很有把握预测调整分销渠道会带来更大利润时,对中间商或者整个分销系统进行的调整。分销渠道调整内容一般有渠道成员的增减、渠道长短的调整、渠道宽窄的调整、中间商类型的调整、增加或减少某些市场营销渠道、更换或修正整个营销渠道等。

小资料：渠道冲突

> 理想状态下,由于个体成员的成功依赖于整个渠道的成功,所有的渠道成员应该通力合作接受自己的角色、协调各自的活动,相互协作以实现渠道的整体目标。尽管渠道成员彼此依赖,但它们经常根据自身的短期利益单独行事,目标、角色和回报的不一致容易产生渠道冲突(channel conflict)。
>
> 渠道冲突可分为水平冲突和垂直冲突两类,前者发生在处于同一渠道层级的企业之间;后者发生在同一渠道内处于不同层级的企业之间。现实中,相对水平冲突,垂直冲突更为常见。例如,联合航空试图通过直接向客户销售的办法刺激在中国香港的销

售。它给予客户大量的里程奖励和价格折扣,却没有和当地的航空代理机构很好地协调,结果代理机构纷纷拒绝代售联合航空公司的机票以示抗议。面对着销售额的骤降,联合航空不得不转回原有的代理分销渠道系统。渠道内有些冲突是有好处的,没有竞争,渠道会变得过于消极和缺乏创造力。但是,严重的或者持久的冲突就会破坏渠道的有效性,并对渠道关系产生持久的损害。渠道冲突要求企业须对渠道进行有效激励和管理。

第四节　中间商的类型

批发商和零售商是分销渠道中的重要机构,研究批发商和零售商,将有助于企业进行有效的渠道决策。

一、零售商

(一) 零售商的特点

零售商是指以零售活动为其主营业务的机构或个人。零售商是相对于生产者和批发商而言的。有零售行为的单位或个人并不都是零售商。零售商首先是经营者(中间商)的一种类型,该经营者的基本业务范围必须是零售。因此,对一些批零兼营的商业机构来说,只有销售量主要来自零售活动的商业单位,才能称之为零售商。

零售作为一种流通职能,就是将商品和服务提供给最终消费者,满足消费者的需要。通过零售交易活动,使商品最终脱离流通领域进入消费领域,完成商品流通全过程,实现社会生产的目标。零售对于繁荣市场,搞活流通,实现商品价值,为消费服务,保证社会再生产能顺利进行,都具有重要意义。

零售商业的特点主要表现在以下三方面。

1. 交易次数频繁,交易批量小

因为零售商业的服务对象主要是个人消费者,销售的商品种类多,商品周转率高,因此,零售商必须有充分的备货、精美适用的包装及准确的价格明示。

2. 对店铺选址及店铺设计有较高的依赖度

由于个人消费者的购买行为有一定的随意性,容易产生冲动或情感购买行为,而且,又多为"来店购买"。因此,零售商必须充分考虑店铺选址、营业时间、商品陈列、店堂布置、橱窗广告等因素,以提高经营效率。

3. 经营场所分散,经营受商圈的限制

所谓商圈是指一个店铺能够有效吸引顾客来店的空间范围。由于个人消费者是分散的,因此,零售店铺的分布也是分散的。一般来说,每个零售店铺都存在一个或大或小的零售商圈,零售商必须按商圈的大小来设置零售店铺。

(二) 零售商的主要类型

零售机构多种多样,新形式不断涌现,我们把它们分为两种类型,即商店零售商和非商店零售商。

1. 商店零售商

(1) 专业商店。专业商店经营的产品线较为狭窄,但产品的花色品种较为齐全。例如服装店、体育用品商店、家具店、花店和书店均属于专业商店。这类商店经营的商品大类比较单一、专业性较强,但具体的商品品种、花色、规格比较齐全。

(2) 百货商店。百货商店一般销售几条产品线的产品,尤其是服装、家具和家庭用品等,通常每一条产品线都作为一个独立部门,有各自的管理人员负责商品的进货业务、控制库存、安排销售计划等工作。近年来,由于百货商店之间竞争激烈,以及来自其他的零售商,如折扣商店、专业连锁商店、仓储商店的激烈竞争,百货商店面临巨大的挑战。

(3) 超级市场。超级市场是一种开架销售、自我服务、低成本、低毛利的经营机构,主要经营各种食品、洗涤剂和家庭日常用品等。为了迎接竞争,超级市场的发展趋势是:规模越来越大;经营品种日益增多,突出表现在非食品类产品的增多;营业设施不断改善;增加顾客服务项目;大量经营自有品牌,以便减少自己对制造商品牌的依赖性和增加毛利率。

（4）便利店。便利店是设在居民区附近的小型商店，营业时间长，每周营业七天，一般经营周转率高的方便商品。消费者主要利用它们做"填充"式采购，因此其营业价格要高一些。但是，它们满足了消费者一个重要的需要，人们愿意为这些方便产品付高价。

（5）折扣商店。其经营特点是在自助式、设备少的基础上经营，以低价销售商品，店址一般设在租金低的地区，提供最基本的零售服务。折扣店一般以中下层消费者为对象。折扣店所经营商品均是合格品，而且突出销售有一定知名度商标的商品，以说明价格低廉并不是商品质量低下。以往折扣店主要经营普通商品，近年来，西方国家的折扣店均向经营专用品方向发展。例如折扣书店、折扣体育用品商店等。

（6）仓储商店。仓储式商店是指以经营生活资料为主、储销一体、批量销售、实行会员制的商店。这种商店内部装饰简陋，服务有限。主要出售顾客需要选择的大型、笨重的家用设备，如家具、电灶、冰箱、电视机。每种商品都有价格标签，由顾客自己在选好的商品包装上划价。顾客选中商品，即可付清货款，并在仓库取货，自行运走。仓储式商店将商品的销售和储存场所合二而一，减少了经营成本，降低了流通费用。因此，仓储式商店出售的商品与其他商场比，价格普遍低10%—30%。

（7）连锁店。20世纪零售业最重要的发展是连锁店。连锁店包括两个或者更多的共同所有和共同管理的商店，它们销售类似产品线的产品，实行集中采购和销售，还可能具有相似的建筑风格。连锁店有各种零售经营形式：超级市场、折扣商店、专用品商店和百货公司等。连锁店能够扩大销售量、降低毛利。因此，它们比独立商店享有更多的价格优势。

2. 非商店零售商

虽然大多数货物和服务是由商店销售的，但是非商店零售却比商店零售发展得更快。下面介绍非商店零售商的四种形式：直复市场营销、上门推销、自动售货和购物服务。

（1）直复市场营销。直复市场营销是一种为了在任何地方产生可度量的反应和达成交易而使用一种或多种广告媒体互相作用的市场营销系统。直复市场营销者利用广告介绍产品,顾客可写信或打电话订货。订购的货物一般通过邮寄交货,用信用卡付款。直复市场营销者可在一定广告费用开支允许的情况下,选择可获得最大订货量的传播媒体,使用这种媒体是为了扩大销售量,而不是像普通广告那样刺激顾客的偏好和树立品牌形象。

(2)上门推销。主要有挨门挨户推销、逐个办公室推销和举办家庭销售会等形式。上门推销的销售成本高昂,而且还需支付雇用、训练、管理和激励销售人员的费用。

(3)自动售货。自动售货机是零售的另一种方式,已经用于多种商品,包括带有很大方便价值的冲动型商品(香烟、软饮料、报纸等)和其他产品(袜子、化妆品、唱片集等)。自动售货机向顾客提供了 24 小时销售和自我服务。但相对而言,经营费用较高,所以其价格也略高。

(4)购物服务。购物服务是指一种为特定委托人,如学校、医院、协会和政府机构服务的无店铺零售方式。该购物服务组织的成员有权向一组选定的零售商购买,这些零售商同意给予购物服务组织的成员一定的折扣。零售商会付给购物服务组织一些小额费用,酬谢其提供的购物服务。

小案例:渠道繁荣的大雪崩

在商场和超市里,原本一场促销活动会有数倍的回报,然而从 2013 年开始,特陈(特殊陈列)、促销越来越像是一个阴谋,几千元的费用下去,毛利润还不够。如果不做,固定成本摆在那里,市场占有率这一硬指标也摆在那里,销量不好,产品就会日趋边缘化,直至最后消失。厂商、经销商们不得不依赖商场和超市,而反过来,如果不盘剥供应商,商场和超市也活不下去,市场活生生把商场和超市从一个靠经营获利的机构,变成了一个平台机构。

在流通渠道里,存在着同样的问题。厂家不可能自己把产品送入消费者手中,各级分销商承担了分销职能,自然也就拿走了其中的一部分利益。而终端精细化同样需要成本,各种各样的活动,需要大量投入,终端只能向上逐级找人负担,最后,由这个长链条上所有人承担代价,谁都不赚钱,成为供应链上的难兄难弟。

这样的问题根源在于价格战,不打价格战不行么?不是不可以,但前提是需要有其他方面的资源,比如品牌资源、产品的差异化、同质化产品的极致化体验。如果都没有,你不打价格战立即会亡,别人打了迟早也会死,于是,一些企业集体面临着"做,找死;不做,等死"的僵局。

在传统渠道竞争已经白热化的时候,我们自然会把目光放在电商领域。良品铺子、三只松鼠、百草味、周黑鸭……一个个互联网奇迹,似乎为我们指明了下一步的方向。然而,当好想你收购百草味,导致百草味财务曝光后,人们发现,互联网食品光鲜的外表下是血淋淋的财务数据。从销售数据上看,百草味最主要的成本是平台推广费用、平台佣金及快递费。又何止是百草味,三只松鼠、良品铺子等为代表的休闲食品电商有共同的特征:聚焦坚果等热门品类进行低价厮杀,以高昂的代价购买流量推广,换取动辄破亿元的销售"大跃进",背后却是惨淡的利润空间,甚至沦落到"为平台打工"的境遇。

不可否认,2010年以后虽然市场已经初步实现了扁平化,一些不重视产品和品牌的企业却依然有一定的生存空间。原因在于经济的高速增长带来大量的市场增量,而城市化进程的高速发展,又为这些企业提供了结构性机会。一旦经济高增长结束,这些"风口上的猪"就会摔下来,经济增速放缓带走的不仅仅是增量,还有存量。

是缺少创新吗?事实上,厂家不是没有提供创新和体验,而是没有将这些用在品牌品质的溢价上,而是用在了渠道竞争上。不管盈利不盈利,先把流量做起来,变现的事交给资本市场,这是做媒体的思路,不是做产品的思路。对于整个资本链条而言,总有一个倒霉的接盘侠,但是谁也不相信自己是这个击鼓传花游戏里最后的一棒。

请思考:

传统渠道在"互联网+"背景下面临哪些机遇和挑战?

二、批发商

(一) 批发商的特点

批发商是指向生产企业购进产品,然后转售给零售商、产业用户或各种非营利组织,不直接服务于个人消费者的商业机构,位于商品流通的中间环节。制造商可以越过它们,将产品直接售给零售商或最终消费者。但是,如果批发商能更有效地执行推销和促销任务,使制造商能以较小的成本开支接近许多小顾客;能保持一定的库存,从而减少供应商和顾客的仓储成本和风险;能向买方快速送货;准许赊销或提早订货、按时付款;能向其供应商和顾客提供有关竞争者的情报,并能经常帮助零售商改进其经营活动等,制造商就愿意与他们合作。

作为一种独特的营销中间商,批发商具有以下特点。

1. 批发商处于流通领域的中间环节

批发商处于商品流通的起点或中间阶段,交易对象一般是生产企业和零售商。一方面他们从生产者那里购入商品;另一方面,又向零售商批销商品。批发商业务活动结束后,商品仍然处于流通领域中,并不直接服务于最终消费者。

2. 批发商的批发业务规模比较大

一般按批发价格经营大宗商品,其覆盖的市场区域也比较大,接触的零售网点比较多。

3. 批发商不太注意促销、氛围和店址

由于批发商并不直接服务于最终消费者,所以他们不太注意促销、氛围和店址。

(二) 批发商的类型

批发商主要有三种类型,即商人批发商、经纪人和代理商、制造商销售办事处。

1. 商人批发商

商人批发商是指自己进货,取得商品所有权后再批发出售的商业企业,也就是人们常说的独立批发商。商人批发商是批发商的最主要类型,按照其职能和提供的服务是否完全来分类,可分为完全服务批发商和有限服务批发商。

(1) 完全服务批发商。这类批发商执行批发商的全部职能,他们提供的服务主要有:保持存货、雇用固定的销售人员、提供信贷、送货和协助管理等。

(2) 有限服务批发商。这类批发商为了减少成本费用,降低批发价格,只执行一部分服务。它们又可分为六种类型。

① 现购自运批发商。它不赊销,也不送货,顾客要自备货车去批发商的仓库选购货物,当时付清货款,自己把货物运回来。现购自运批发商经营食品杂货,其顾客主要是小食品杂货商、饭馆等。

② 承销批发商。他们拿到顾客的订货单,就向制造商、厂商等生产者进货,并通知生产者将货物直运给顾客。所以,承销批发商不需要有仓库和商品库存。

③ 卡车批发商。他们从生产者那里把货物装上卡车后,立即运送给各零售商店、饭馆、旅馆的顾客。卡车批发商经营的商品多是易腐和半易腐商品,故而他们一接到顾客的要货通知就立即送货上门。

④ 托售批发商。他们在超级市场和其他食品杂货商店设置自己的货架,展销其经营的商品,商品卖出后,零售商才付给货款。

⑤ 邮购批发商。指那些全部批发业务均采取邮购方式的批发商。他们经营食品杂货、小五金等商品,其顾客是边远地区的小零售商等。

⑥ 农场主合作社。它为农场主共同所有,负责将农产品组织到当地市场上销售。合作社的利润在年终时分配给各农场主。他们经常努力改进产品质量并宣传推广合作社的厂牌。

2. 经纪人和代理商

经纪人和代理商是从事购买或销售或两者兼备的洽商工作,但不取得商品所有权的商业单位。其主要职能在于促成商品的交易,借此赚取佣金作为报酬。经纪人和代理商主要分为以下五种。

(1) 商品经纪人。这类经纪人的主要作用是为买卖双方牵线搭桥,协助他们进行谈判,向雇用他们的一方收取费用。他们并不持有存货,也不参与融资或风险。

(2) 制造商代理商。制造商代理商也称制造商代表,他们代表两个或若干个互补的产品线的制造商,分别和每个制造商签订有关定价政策、销售区域、订单处理程序、送货服务和各种保证以及佣金比例等方面的正式书面合同。他们了解每个制造商的产品线,并利用其广泛关系来销售制造商的产品。

(3) 销售代理商。销售代理商是在签订合同的基础上,为委托人销售某些特定商品或全部商品的代理商,他们对价格、条款及其他交易条件可全权处理。每一个制造商只能使用一个销售代理商,而且制造商将其全部销售工作委托给某一个销售代理商以后,不得再委托其他代理商代销产品。

(4) 采购代理商。采购代理商一般与顾客有长期关系,代他们进行采购,往往负责为其收货、验货、储运,并将货物运交买主。他们消息灵通,可向客户提供有用的市场信息,而且还能以最低价格买到好的货物。

(5) 佣金商。佣金商又称佣金行,是指对商品的实体具有控制力并参与商品销售协商的代理商。大多数佣金商从事农产品的代销业务。

3. 制造商及零售商的分店和销售办事处

批发的第三种形式是由买方或卖方自行经营批发业务,而不通过独立的批发商进行。这种批发业务可分为两种类型:

(1) 销售分店和销售办事处。生产者设立自己的销售分店和销售办事处,以改进其存货控制、销售和促销业务。在木材和自动设备零件等行业中,销售分店持有自己的存货,在织物制品和针线杂货业中,销售分店不持有存货。

(2) 采购办事处。许多零售商在大城市设立采购办事处。这些办事处的作用与经纪人或代理商相似,但却是买方组织的一个组成部分。

本章小结

渠道策略是探讨企业如何使其产品又快又省地送到消费者手中的问题。在市场经济的运作中,绝大多数企业并不是将其产品直接销售给最终用户,在企业与用户之间有大量的中间商,它们各自执行着不同的功能。通畅的渠道不但能扩大产品的销售量和提高企业竞争力,还会降低各种费用,使企业获得更多的利润。

企业在构建分销渠道时,必须做出几种渠道策略的选择,即选择渠道的长短、宽窄以及渠道系统。通过这些策略,企业可以搭建出自己所需的分销渠道的框架。

在进行企业营销渠道设计时,企业可以遵循以下四个步骤:分析服务产出水平;确定渠道目标;确定渠道结构方案;评估主要渠道结构方案。在进行渠道设计时,企业要结合考虑市场因素、产品因素、企业因素等对渠道的影响,以使设计尽可能地完善,能够适应多种市场态势。

企业有了适用的渠道体系之后,还必须注意对渠道成员的选择、激励和评估,并根据市场新动态,及时改变渠道结构和分销方式。只有这样,企业才能有效地控制好渠道为己所用。

中间商在分销渠道中起着重要的作用,它能有效地推动商品进入目标市场。批发商和零售商是主要的中间商类型。需要说明的是中间商的类型划分并不是绝对的,有些中间商是混合型的。

案例分析:娃哈哈渠道控制力的秘密

娃哈哈可谓是我国本土饮料群体中盛开的一朵奇葩,其神奇之处在对于县乡市场的超强控制力。目前,娃哈哈在全国几乎所有县都有一批商,几乎没有空白市场。在国内,尚没有其他饮料品牌能够像娃哈哈这样覆盖如此多的县乡市场,并渗透到广大农村的各个角落。

然而,娃哈哈并不满足,从 2012 年开始,娃哈哈开启了强势变革的序幕,主要内容是:进行一二批商的网络调整,杜绝一批商批零兼营,终端完全放给二批商去做,一批商只负责管理二批商。并且,娃哈哈要求一批商必须尽快完成二批商网络的建设,并把名单报到企业。娃哈哈为此还专门配备了一支营销队伍,以保证二批商网络建设的质量、数量和速度。

在调整之前,娃哈哈的渠道利益链是这样的:娃哈哈直接控制县城的一批商,二批商将每次要进的产品品种、数量报给一批商,再将相应货款打给一批商,由一批商汇总之后报给总部,总部再直接把产品发到各个二批商指定的仓库。二批商直供各乡镇里的小卖部或者是给乡镇里的小三批商,再由小三批商批发到各村子里。这轮调整之后,这样的利益链仍将维持。也就是娃哈哈厂家管理一批商,一批商管理二批商,二批商配送终端。唯一不同的是二批商网络由以前的为一批商掌控变成全部由厂家掌控。

厂家直控二批商,那么一批商还保留吗?如果保留一批商,他的位置在哪里?从目前乃至相当长的时间来看,娃哈哈还离不开一批商的运作。一批商对于当地市场有非常深的了解,在当地有着方方面面的资源,这些都是娃哈哈所欠缺的。即使自己安排办事处,还是有很多事情无法解决。这时就需要一批商从中进行帮忙和解决。一批商在娃哈哈的渠道中担负着重要的作用。而这些作用和责任,目前的二批商还没有实力去承担。因此可以肯定,一批商在近几年内还将在娃哈哈的销售体系中占有非常重要的位置,并且拿着高额的价差利润。

要想让一批商不再抵触,一个很好的办法就是拿钱买。怎样拿钱买?二批商仍受一批商管辖,当地的销售政策都由一批商制定,二批商把钱打到一批商那里,进货也要报给一批商,由一批商调控,这就解决了话语权的问题。让一批商觉得自己仍有控制二批商的权利和能力。同时,二批商所有的销量都算是一批商的销量,一批商不仅拿着相当高的价差利润,年终还有不薄的返利。这样,一批商挣的钱没有减少,如果二批商的销量增加了,一批商还会挣得更多。而且,由于省了一批商在中间的中转费用,一批商的费用率降低了,节约了成本,也意味着挣的钱更多了。粗略算下来,一批商在娃哈哈一个品牌上可以赚到十几、二十万,如果再代理一些其他的品牌,一年下来收入也不少,在县城里也是中高收入了。

当然,相应的一批商的职能也面临着转换,即由以前的销售者变成管理者。应该制定什么样的策略,哪些品类最适销,应该扶持什么,减少什么,怎么投放广告,投放什么形式的,在哪些电视台或是平面媒体投,等等。企业还会有一个团队配合经销商操作市场,但主要是一批商的责任。

请思考:

1. 调整前娃哈哈原渠道体系可能存在哪些弊端? 娃哈哈推进二批网络建设的目的是什么?

2. 归纳娃哈哈渠道控制的成功经验。

3. 你认为娃哈哈渠道体系还可以做出哪些进一步改进?

实践运用

一、实践目标

比较不同企业分销渠道管理的特点。

二、实践内容

选取两家生产同类产品的企业,如格力空调与美的空调、苹果手机与三星手机等,对它们的分销渠道及其管理特点做以比较分析,撰写分销渠道调查报告。

三、实践组织

以小组为单位撰写分销渠道调查报告,每组学生不超过5名;小组选派一名代表在班级汇报,其他小组提出建议。

第十一章　促销策略

推销的要点不是推销商品，而是推销自己。

——乔·吉拉德

"即使花盛开，蝶儿未必来"。营销环境中，生产者和消费者对产品拥有的信息具有不对称性，仅凭借优质的产品、合理的价格和适当的渠道，并不必然会引起消费者的强烈关注。企业须采取广告、人员推销、营业推广和公共关系等一系列尽可能的促销手段，将产品的外观、功能、特色、使用方法等信息传递给目标顾客，以吸引他们注意，激发他们需求欲望，从而购买企业产品。由此，促销活动构成企业营销活动的重要组成部分，促销决策亦构成企业营销决策的重要内容。

第一节　促销及促销组合决策

现代市场营销理论特别强调企业与其现实的与潜在的消费者之间的沟通。每个企业都不可避免地身兼两种角色：信息沟通者和促销者。

一、促销的本质

市场交换活动是由买方和卖方共同实现的，这种商品交换活动的顺利进行，要求买卖双方相互沟通信息。卖方如果不了解买方的需求，就不可能生产和经营适销对路的产品；买方如果不了解卖方的供应信息，就不会采取购买行动。

基本概念　促销

促销（promotion）是指企业通过人员推销或非人员推销的方式，将产品或劳务的信息传送给目标顾客，从而引起兴趣，促进购买，实现产品销售的一系列活动。

从概念中可以看出，促销包含以下几层含义：

第一，促销的本质是传播和沟通信息。企业提供产品或劳务等信息给消费者，引起消费者注意，并使其有可能产生购买欲望。

第二，促销的目的是引发、刺激消费者产生购买行为。在消费者可支配收入既定的条件下，消费者是否产生购买行为主要取决于消费者的购买欲望，而消费者购买欲望又与外界的刺激、诱导密不可分。企业通过各种传播方式把产品或劳务等有关信息传递给消费者，以激发其购买欲望，使其产生购买行为。

第三，促销的方式有人员促销和非人员促销两类。人员促销是通过推销员或销售员用口头直接向顾客宣传介绍商品，达到销售目的的活动；非人员促销是通过一定的媒体传播商品的有关信息，以实现商品销售目的的活动，它包括广告、公共关系、营销推广和直复营销等。

无论是人员推销还是非人员推销，所有的促销活动都有以下一些基本功能。

（一）告知功能

促销活动能把企业的产品、服务、价格、信誉、交易方式和交易条件等有关信息告诉给广大消费者，从而引起消费者注意，激发其购买欲望，为实现销售和扩大销售做好准备。一般来说，消费者比较喜欢购买他们所了解的产品，他们对某一企业的有关信息知道得越多，选择该企业产品的可能性也就越大。

（二）说服功能

促销活动往往致力于通过提供证明、展示效果、解释疑虑和表示承诺等方法来说服消费者，加强他们对本企业产品或服务的信心，以促使其迅速采取购买行为。一般来说，消费者在购买决策犹疑不定的时候，很希望能有新的信息来帮助他做出决策。促销活动在这方面的信息沟通往往能恰到好处地促使消费者做出对本企业有利的购买决策。

（三）影响功能

促销活动通过对社会广泛经常的信息传播，往往能使消费者的印象不断加深，从而通过从众心理的作用，对目标市场的消费者产生舆论导向。尤其是新产品，上市之初消费者对它的性能、用途、作用、特点并不了解，通过促销沟通，使消费者建立起对新产品的认识，形成对新产品的好感。

二、信息传播的过程

促销的本质是传播和沟通信息，其主要手段就是通过各种形式进行信息传播活动。所以，要在激烈的市场竞争中，确保企业的竞争优势，就必须掌握信息传播的客观规律，努力提高促销活动中的信息传播效果，以强化促销的各种基本功能。

无论是哪种形式的促销活动，其信息传播的模式可用图 11－1 表示。

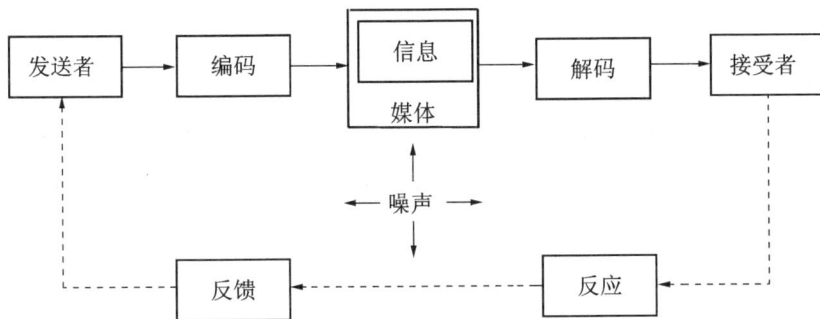

图 11 - 1 信息传播模式

该模式由 9 个主要的传播要素组成。这些要素及其定义如下。

发送者：又叫信息源，在营销活动中，信息发送者一般是进行促销活动的企业。

编码：将打算传递的事实或意图转换成可供传播的信号或符号。这信号可以是语言、文字、音像、图画等。

信息：即发送者传送给接受者并使之理解的理念、感情或看法。

媒体：指信息从发送者到接受者所经过的渠道或途径，即信息的载体，如报纸、广播、电视等。

解码：又称译码，指信息接受者对发送者所传信号进行解释的过程。

接受者：接收信息的一方，也称目标受众。在促销信息传递中则指目标市场上的现实和潜在的顾客。

反应：接受者在受该信息影响后采取的有关行动。如目标顾客看到广告以后，决定购买某种产品。

反馈：被返回给信息发送者的那部分信息接受者的反应。当然这反馈有些是信息接受者主动对发送者的反向沟通，如顾客向开展促销活动的企业提出对产品的意见和要求。

噪声：指在信息传播过程中发生的意外干扰和失真，以致接受者收到的信息与发送者发出的信息不一样。

在上述九个要素中，发送者和接受者代表传播的双方，信息和媒体代表主要的传播工具,编码、解码、反应和反馈代表主要的传播功能,噪声代表外界的干扰。这一模式强调了构成有效传播的主要因素。发送者如果要把他们想要发出的信息传递给特定的受众,他们就必须熟悉如何编码,并考虑目标受众通常会如何解码。信息必须通过可以达到目标受众的有效媒体才能传递信息。发送者还必须广开反馈渠道,只有这样,他们才能真正了解到接受者对信息的反应。

三、促销组合决策

企业的促销活动是由一系列具体活动所构成的,一般可归纳为四种手段,即人员推销、广告、营业推广和公共关系。所以,所谓促销组合是指企业根据促销的需要,对广告、营业推广、人员推销和公共关系四种促销方式进行的适当的选择和综合编配。

四种促销手段各有特点,适合于不同企业、不同产品、不同时机、不同场合的促销需要。为此企业要对促销组合做出有效的决策。

(一) 促销预算

企业在制订促销决策时,首先会遇到两个主要问题:一是应花费多少投资用来进行促销活动;二是这些投资应如何在众多的促销工具之间进行分配。

在促销方面花多少钱是企业面临的最难做出的市场营销决策之一。美国百货商店巨头约翰·沃纳梅克曾经说过:"我知道我有一半的广告费是浪费掉了,但不知道是哪一半。我花了 200 万美元做广告,但不知道这笔钱是只够一半还是多花了一倍。"在行业与行业之间、同行业的企业之间,促销费用常常差距很大。一般来说,科学的促销预算方法有以下几种。

1. 量力而行法

这种方法要求企业必须在估量本企业所能承担的花费之后安排促销预算。这种方法忽视了促销对销售量的影响,导致年度促销预算的不确定性,给制定长期市场营销计划带来困难。

2. 销售百分比法

这种方法要求企业以其销售额或者售价的一定百分比为标准来确

定其促销开支。这种方法消除了量力而行法的弊端,同时还可以计算促销成本、销售价格、单位利润等。但其不足之处在于它是把销售额看作促销的原因而不是结果,这样便不是以市场上的产品销售机会而是根据可供使用的资金的多寡来确定促销预算款项,不仅不利于市场营销计划的顺利开展,而且还会阻碍大胆促销的试验。

3. 竞争对等法

这种方法是企业在确定其促销预算时以竞争者的促销费用来安排自己的促销预算。这种方法的目的是维持其市场占有率,保持竞争均势,防止发生促销战。但这种做法的不足之处在于它把竞争对手的促销费用开支作为自己促销预算的标准。没有任何理由认为竞争对手要比企业本身更了解自己应该在促销上花多少钱。企业之间的声誉、资源、机会和目标差别很大,因此,既不能用其他企业的促销预算作为自己必须遵循的标准,也没有理由认为以竞争对等为基础的预算可以阻止促销战的发生。

4. 目标任务法

这种方法要求企业通过确立其特定的目标和任务来估算所需费用,从而决定促销预算。具体的步骤是:首先,明确促销目标;其次,决定为达到这种目标而必须执行的工作任务;再次,估算执行这种工作任务所需的各种费用,这些费用的总和就是计划促销预算。这种方法能真正为促销活动的开展提供足够的资金,同时也有助于合理地进行促销预算。但这种方法的不足之处是没有从成本的角度出发来考虑某一促销目标是否值得追求这个问题。

(二) 影响促销组合的因素

确定促销组合实质上就是企业在各促销工具之间合理分配促销预算的问题。一般来讲,企业在将促销预算分配到各种促销工具或在确定促销组合时,需考虑如下因素。

1. 产品类型

产品类型主要是指产品是消费品还是产业用品。从西方国家市场营销发展史看,消费品与产业用品的促销组合是有区别的。广告一直是消费品市场营销的主要促销工具,其次依序为营业推广、人员推销和公共关系;而人员推销则是产业用品市场营销的主要工具,总的说来,人员推销往往用于那些复杂程度高、单价价值大、风险程度高、市场上买主有限或购买批量的商品的促销。

2. "推"与"拉"的策略

企业是采用"推"的策略还是"拉"的策略来扩大销售,在很大程度上影响着促销组合。"推"的策略需要有销售队伍和贸易促进,通过分销渠道把产品推出去。即生产者积极地把产品推销给批发商,批发商又积极地把产品推销给零售商,而零售商又积极地把产品推销给顾客。"拉"的策略则需要在广告和消费者促销上支出大笔经费以促进消费需求。这一策略如果行之有效的话,消费者将向他们的零售商指名购买这一产品,零售商再向他们的批发商指名购买这一产品,而批发商再向他们的生产商指名采购这一产品。

3. 购买者的准备阶段

促销手段在购买者不同的准备阶段各有不同的成本效应。购买者的准备阶段包括认识、理解、信任、订货、再次订货等几个阶段。在准备阶段,广告、公共关系比起销售人员的突然拜访、营业推广所起的作用要大得多;而顾客的理解主要受广告和人员推销的影响,顾客的信任大都受人员推销的影响,广告和营业推广对他们的影响则相对较少;销售成交主要受人员推销和强大的促销的影响,并且在某种程度上广告的提醒也起了一定的作用。很明显,广告和公共关系在购买者决策过程的最初阶段是最具成本效应的,而人员推销和营业推广在最后的阶段则最具效力。

4. 产品生命周期阶段

在产品生命周期的不同阶段,促销的效果也有所不同。在产品生命周期的导入期和成熟期,促销是一个十分重要的市场营销组合因素。这是由于新产品初上市时消费者对其不认识、不了解,必须通过促销活动来吸引广大消费者的注意力。

在导入期,广告与公共关系的配合使用能促进消费者认识、了解企业产品。

在成长期,社交渠道沟通方式开始产生明显效果,如口头传播。因此,所有的促销手段的成本效应都降低了。

在成熟期,竞争对手日益增多,为了与竞争对手相抗衡,保持住已有的市场占有率,企业必须增加促销费用。这一阶段可能发现了现有产品的新用途,或推出了改良产品,在这种情况下,加强促销能促使顾客了解产品,诱发购买兴趣。运用赠品等促销工具比单纯的广告活动更为有效,因为这时的顾客只需提示式广告即可。

在衰退期,企业应把促销规模降到最低限度,以保证足够的利润收入。在这一阶段,营业推广的成本效益应继续保持较强的势头,广告和公共关系的成本效应则降低了,而人员推销的成本效益最低。

由上可知,在整个产品生命周期中,企业所应采取的促销组合依各个阶段的不同而有所不同。总的来看,在导入期和成熟期,促销活动十分重要,而在成长期和衰退期,则可降低促销费用支出,缩小促销规模,以保证足够的利润收入。

第二节 广 告 策 略

广告是企业促销组合中十分重要的组成部分,是运用得最为广泛和最为有效的促销手段。随着市场经济的发展,广告的重要作用将愈加突出。

一、广告的构成要素

基本概念　广告

广告(advertisement)是指广告主支付一定的费用,采取非人员推销形式,通过各种媒体把商品信息传送给广大目标顾客,广而告之,促进商品销售。

由上述概念可以看出,完整意义的广告包含以下四个要素。

(1) 广告主。是指广告信息的发布主体,包括各类企业组织或个人,对广告的发布拥有委托权和决策权。

(2) 广告媒体。是指传播广告信息的中介物。网络、电视、报纸、广播以及杂志等都是常见的广告媒体。不同媒体对广告信息传播方式与传播能力不尽相同,对目标市场的吸引力和影响力也不相同。

(3) 广告信息。包括企业产品或服务信息。例如产品的成分、性能、质量、用途、价格、产地等有关信息。

(4) 广告费用。与社会公益广告不同,广告主通过媒体发布信息,目的是扩大产品销售,则要为此支付费用。广告费用由企业规模、媒体性质和效果、代言人知名度与美誉度等不同因素决定。

二、广告的策划

广告促销作为企业促销组合的一部分,其面临的首要任务是针对目标市场顾客的特点确定广告目标,然后制定相应的广告预算,再根据广告预算的大小制定广告策略,最后还应对广告效果进行评价。

(一) 确定广告目标

所谓广告目标是企业借助广告活动,在规划期内所期望达到的最终效果。广告目标对广告总体活动具有指导意义,也是制定广告战略和进行广告策划的首要步骤及准则。

广告目标的确定,首先取决于其经营目标和市场状况,然后再根据广告活动的目的来选择和确定。一般而言,企业的广告目标有以下几类。

1. 通知广告

通知广告是用于一种新产品刚导入市场时,将产品主要信息告诉目标顾客,使之知晓并产生兴趣,促成初始需求。如说明产品名称、效用、价格、使用方法及企业提供的各项附加服务等。

2. 劝说广告

产品的成长期运用劝说广告较多,这个时期需求的特点是选择性需求,即顾客对某一种产品有需求,但还没有形成品牌偏好,可在不同的品牌中进行选择。此时企业的主要广告目标应是劝导顾客购买自己的产品,突出产品特色,介绍本产品优越于其他产品之处,促使顾客形成品牌偏好。

3. 提示广告

提示广告适用于产品成熟期,广告目标是提示顾客购买,保持顾客对产品的记忆。例如,可口可乐是众所周知的产品,早已处于成熟期,它的广告目标就不再是介绍和劝说人们购买,而是提示人们购买。

(二)决定广告预算

因为广告是企业促销组合的组成部分之一,所以,对于广告预算的决定,必须结合企业的促销组合策略和企业促销预算的多少来进行。如果企业促销效果函数已经确定,那么,根据最佳促销组合策略的确定方法,广告预算的大小就可以由此求出。但是,在实际中,对广告在整个促销活动中所起作用的大小很难进行单独衡量,另外,企业也并不知道它所花的哪一部分广告费用真正在起作用。因此,对于广告预算的决定,目前使用较多的还是前述的促销预算的确定方法。但是,具体确定广告预算时,还必须考虑:顾客基础规模与市场占有率;竞争与干扰;广告频率;产品的生命周期阶段;产品的替代性等因素。

(三)制定广告策略

广告策略的制定主要包括广告信息、广告媒体两方面的决策。

1. 广告信息

广告是传送产品和服务信息的手段,那么必然面临传送什么信息和怎样传送信息的问题。这就涉及广告信息的选择和设计。

(1)广告信息的选择。广告信息的选择主要是涉及企业想告诉目标受众哪些事情。因为对于一种产品和服务来讲,能够吸引消费者的因素是很多的,所以在进行广告宣传之前,必须对所要传播的信息进行认真地选择,从各种能反映产品和服务优势的要素中,挑选出一二种对消费者最有吸引力,对竞争对手最有竞争力的要素,将其作为进行传播的主要内容。

(2)广告信息的设计。广告信息的设计是营销人员根据企业所要传递的商品、服务信息,结合企业营销的内外部环境,运用广告艺术手段来塑造形象、传递信息的创作活动。广告设计的基本内容包括主题设计、文稿设计、图画设计和技术设计四个部分。

广告的主题必须明确,应当以广告的诉求为取向。因为,只有明确的诉求才能达到说服受众的目的。广告的文稿是表现广告主题和内容的文字材料,它是传递广告信息的主要部分,一般由广告标题、口号和正文组成。广告的图画是广告艺术化的突出反映,它以线条、色彩等组成图案对广告主题进行表达。技术的设计是由广告设计向广告制作的过渡,是将广告设计中的所有元素进行最佳组合,使广告效果尽可能地理想化。

广告设计除遵循真实、合法、简明等基本要求外,在追求创新性、艺术性等更高质量要求时,企业要充分考虑所运用的元素是否触犯了一些国家的主流价值观、民族风俗或禁忌,是否存在种族、地域、性别或其他方面的歧视等。

小案例：百合网"逼婚"广告弄巧成拙被抵制

春节被逼问婚事想必是广大单身一族最无法承受之痛,于是有些婚恋网站趁着这个良好的时机重磅推广自己的婚恋交友平台网站。但百合网的一则广告却弄巧成拙,被网友大骂"道德伦理绑架犯"。

这部广告片主打亲情牌,讲述了一个美女与她外婆之间的故事。广告中,女主角回忆起,从大学时代开始,每次见到外婆,外婆都会殷切的问她:"结婚了吗?"岁月流逝,外婆慢慢变老,躺在病榻之上,最关心的问题仍然是外孙女的终身大事。这让她歉疚,因此她发誓,为了外婆,一定要结婚,而不再慢慢挑了。最终,在外婆的病床头,女主角穿着婚纱、挽着丈夫,含泪告诉外婆,"我结婚啦"。广告最后,以一句"因为爱,不等待"点题。

广告播出后引起了网友极大反感,甚至有网友发起"万人抵制百合网"活动,要求百合网删除该广告。网友认为,百合网广告制作过于惊悚,用陈旧的伦理道德绑架用户,已达到禁止片级别,严重伤害了"剩男剩女"的心灵。

请思考：

近年来婚介网发展如火如荼，你认为婚恋网广告应该突出哪些元素，回避哪些元素？

2. 广告媒体

所谓广告媒体，就是企业与广告宣传对象之间起连接作用的媒介物。如果没有广告媒体，广告所要给予消费者的信息是无法传出的，也就不可能使消费者认识和了解商品，更不可能导致购买商品的行动。因此，选择并决定采用何种广告媒体把商品信息传向市场，就显得非常重要。

（1）广告媒体的类型。广告媒体的种类很多，常用的媒体有：印刷媒体、电子媒体、户外媒体、直复媒体、售点媒体、交通媒体、包装媒体等等。在各类媒体中，报纸、杂志、广播、电视是公认的四大广告媒体，它们的共同特点是传播面广，表现力强，持续性好，影响力大，所以往往成为企业最常用的广告媒体。

（2）广告媒体的选择。不同的广告媒体有不同的特性，这决定了企业从事广告活动必须对广告媒体进行正确的选择，否则将影响广告效果。正确地选择广告媒体一般要考虑产品的性质、消费者接触媒体的习惯、媒体的传播范围和媒体的费用等问题，尽可能选择使用效果好、费用低的广告媒体。

小资料：植入式广告形式多样

植入式广告是近年来随着电影、电视、游戏等娱乐形式的发展而兴起的一种广告模式，商家在影视剧情、游戏中刻意嵌入其产品或服务，以达到潜移默化的宣传效果。植入性广告形式多种多样，可以是 HBO《明星伙伴》剧集中桌上的星巴克咖啡，《美国偶像》评委所喝的可口可乐。同样也可能将产品编入节目的主题之中，例如，剧集《办公室》总常光顾 Chili 餐厅等。

(四) 评价广告效果

就本质而言,广告活动是一种经济活动,它是以大量的广告费用为代价的,因此任何企业都不能漠视广告的效果。广告效果的测定,可以从广告引起的销售效果和广告的传播效果两个方面来进行。

1. 广告销售效果

广告销售效果以广告对商品促销情况的好坏来直接判定,以广告费用的支出和销售额的增加这两个指标为主要测量单位。由于广告的目的在于推销商品,因此销售效果是衡量广告效果大小的主要依据。广告销售效果通常用广告效果率来衡量:

$$广告效果率 = \frac{销售额增加率}{广告费用增加率} \times 100\%$$

此时要注意排除本企业广告以外的其他因素作用,应该尽量记录有关其他因素的变动情况,在分析广告效果时予以修正。

2. 广告传播效果

广告传播效果不是以销售情况好坏作为直接评定广告效果的依据,而是以广告的收视收听率、产品的知名度、记忆度、理解度等广告本身的效果为依据。当然,广告本身的效果最终也要反映在产品销售上,但它不以销售额多少作为衡量指标,而是以广告所能产生的心理性因素为依据。具体包括:注意度测定、记忆度测定、理解度测定、购买动机形成测定等内容。

小案例:恒源祥广告让观众抓狂难忘

2009 年春节期间,一则电视广告让广大观众抓狂,这就是恒源祥公司的广告。广告画面由北京奥运会会徽和恒源祥商标组成并且一直静止不动,一个男声说:"恒—源—祥,北京奥运会赞助商。"一个童声紧跟着喊道:"鼠!鼠!鼠!"与此同时画面上跳出几只小老鼠。紧接着,老鼠跑走,"恒—源—祥,北京奥运会赞助商。牛!牛!牛!"画面上又跑出几只牛。如此反复,12 个生肖被挨个点名,整个广告历时 1 分钟。

这则广告在中国 6 个频道播出,包括具有影响力的上海东方卫视和更具娱乐性的湖南卫视。总体来说,尽管这则广告在全中国收到的负面回应多于正面回应,但恒源祥的品牌知名度因此提升了 3 倍,并且媒体覆盖率比 2008 年提高了 81%。

恒源祥广告的成功引发了人们的讨论。在这些赞成或者反对的声音中,Rand han 的评论值得注意:首先,在中国的一线城市这则广告并不流行。结果这则广告也造成了对品牌的负面影响。其次,恒源祥将自己的产品定位于低收入和低教育人群,而这部分群体对广告的美感漠不关心。再次,为了获得媒体的关注和向消费者进行信息轰炸,恒源祥做了些粗暴的举动。但不可否认,这则广告使恒源祥在观众脑海里留下了不可磨灭的印记,这个印记有助于推动他们去购买恒源祥的产品。

请思考:

为恒源祥设计一则你认为既可让消费者"难忘"又不至于"抓狂"、时长约 1 分钟的电视广告。

第三节 营业推广

营业推广又称销售促进,是企业在某一段时期内采用特殊的手段对消费者实行强烈的刺激,以促进企业销售迅速增长的一种策略。营业推广因其特别能引起目标顾客的注意和刺激目标顾客迅速采取行为而在短期内能获得极好的效果。

营业推广同其他促销策略的显著区别在于:它以强烈的呈现和特殊的优惠为特征,给消费者以不同寻常的刺激,从而激发起他们的购买欲望。营业推广不能作为一种经常的促销手段来加以使用,但在某一个特定时期内,对于促进销售的迅速增长则是十分有效的。

一般来说,企业的营业推广决策包括确定目标、选择工具、制定方案、预试方案、实施和控制方案,以及评价结果等内容。

一、确定营业推广目标

企业利用营业推广手段时,首先应根据企业的营销目标来确定营业推广的目标,营业推广的目标依目标市场的不同有所差异。针对消费者的营业推广,目标包括鼓励消费者更多地使用产品和促使其大量购买,争取未使用者试用,吸引竞争者品牌的使用者等。针对零售商的营业推广,目标包括吸引零售商经营新的产品项目和维持较高水平的存货,鼓励他们购买落令商品,储存相关产品项目,抵消各种竞争性的促销影响,建立零售商的品牌忠诚度,获得新的零售商的合作与支持等。

二、选择营业推广的工具

有许多不同的营业推广工具可以用来实现不同的目标,在选择营业推广工具时,必须充分考虑市场类型、营业推广目标、竞争情况以及每一种营业推广工具的成本效益等各种因素。

(一) 对消费者的营业推广工具

企业为吸引消费者试用、迅速购买和大量购买,可以运用下列营业推广工具。

1. 样品

样品是指免费提供给消费者或供其试用的产品。样品可以挨家挨户地送上门,邮寄发送,在商店内提供,附在其他产品上赠送或作为广告品。赠送样品是最有效也是最昂贵的介绍新产品的方式。

2. 优惠券

优惠券是一个证明,证明持有者在购买某商品时可凭它按规定少付若干金额。优惠券可以邮寄、放进其他产品包装内或附在其他产品上,也可刊登在杂志和报纸广告上。优惠券可以有效地刺激成熟期产品的销售,诱导对新产品的早期使用。

3. 特价包

特价包是向消费者提供低于正常价格的商品的一种方法。其做法是在商品包装上或标签上加以附带标明。它们可以采取减价包的形式,即将商品单独包装起来减价出售;或者可以采取组合包装的形式,即将两件相关的商品并在一起减价销售。特价包对于刺激短期销售比优惠券更有效。

4. 赠品

赠品是以较低的代价或免费向消费者提供某一物品,以刺激其购买某一特定产品的一种方法。一种是附包装赠品,即将赠品附在产品内,或附在包装上面;另一种是免费邮寄赠品,即消费者交还诸如盒盖之类的购物证据就可获得一份邮寄赠品。

5. 奖品

奖品是指当消费者购买某物品后,向他们提供赢得现金、旅游或物品的各种获奖机会。有竞赛、抽奖和游戏等方式,这些方式有趣,顾客乐于参与,因而,往往比优惠券或几件小礼品更引人注意。

(二) 对中间商的营业推广工具

企业为取得批发商和零售商的合作,可以运用以下营业推广工具。

1. 价格折扣

价格折扣又称发票折扣或价目单折扣。指制造商在某段指定的时期内,对于中间商的每次购货都给予低于价目单定价的直接折扣。这样可鼓励中间商去购买一般情况下不愿购买的数量或新产品。中间商可将购货补贴用作直接利润、零售价减价。

2. 折让

制造商提供折让,以此作为零售商同意以某种方式突出宣传制造商产品的报偿。有广告折让和陈列折让等形式,前者用以补偿为制造商产品做广告的零售商,后者用以补偿对产品进行特别陈列的零售商。

3. 免费商品

制造商还可提供免费产品给购买某种质量特色的或购买达到一定数量的中间商,即额外赠送几箱产品。

小案例：八道免费营销午餐赚更大利润

过去,商家们都在绞尽脑汁去思考怎样获取更大的销量和利润,如不断推出新产品,举办各种促销活动等,这个过程中商家消耗了大量的营销费用,但收益并不理想。现在,整个社会已经被"免费"所萦绕,免费营销比以往的营销手段更强烈地吸引着消费者,各类免费产品、免费服务以及免费体验蜂拥而至,以下为常见的八道营销午餐:

(1)副产品免费带动主产品销售。如苹果公司在推出 iPod 时就用副产品免费提供音乐下载来促销 iPod,结果使 iPod 全球热卖。

(2)零首付形式的"免费"。如笔记本电脑、汽车、高档手机等。

(3)由免费衍生收费。如游乐园对儿童免门票,吸引来的自然是带着儿童的父母。

(4)免费产生消费。如瑞典利乐公司免费为缺少资金的初创企业提供包装机等。

(5)互利免费。比如洗衣机生产者可以在说明书中推荐使用某品牌的洗衣粉或洗涤液,而洗衣粉生产企业则在洗衣粉包装上推荐特定品牌洗衣机或其他产品。

(6)免费转嫁。如通用汽车下属的一家 4S 店曾经组织过一次消夏赏车晚会,组织者找到一家啤酒厂,一家汽车装饰店,一家地产公司进行合作,举行喝啤酒大赛与汽车知识问答比赛。

(7)用免费吸引人气。如百事可乐公司则与电玩制作公司合作,推出了一款《百事超人》的游戏,作为购买饮料的附赠品或奖品免费送给顾客。

(8)通过免费获得综合收益。如 Google 采用了一种为使用者免费提供电话查号的服务,让美国的用户不再需要花钱去查号,只要在 Google 上就可以免费快捷地查到号码,用户数量多到惊人。

请思考:

免费营销模式会"一免就灵"吗? 评价免费营销模式的利与弊。

三、制定营业推广方案

一个完整的营业推广方案一般包括五个方面。

（一）成本费用

营业推广方案必须作出企业成本与效益的最优选择,确定销售额与成本的相对比例。

（二）参加者的条件

决定参加者的条件是指决定营业推广的优惠提供给每一个人还是提供给购买数量大的顾客,即确定受众范围的大小,从而排除不可能成为本企业产品的消费者。当然,应当看到,如果条件过于严格,往往导致只有大部分品牌忠诚者或喜好优待的消费者才会参与。

（三）媒体的选择

媒体的选择是指如何贯彻执行营业推广的方案。一般来说,可以通过广告媒体、包装、邮寄、店内散发等途径来实现。其中,放在包装内是最常见的一种途径,而邮寄的范围很广,但费用很高。

（四）营业推广时间的长短和时机

营业推广的时间太短,可能消费者无法重购,无法得到其好处;营业推广时间太长,则消费者可能认为是长期降价,甚至对产品质量产生怀疑。阿瑟·斯特恩依据自己的调查发现,最佳的频率为每季度有三周的优惠活动,最佳时间长度为产品平均购买周期的长度。除了决定时间的长度之外,还要考虑营业推广的时机,即何时采用为宜。

（五）营业推广的总预算

营业推广的总预算一般采用两种方式确定。一是自下而上的方式,即根据全年的营业推广活动的内容、促销工具及其相应的成本费用来决定总预算。二是按习惯比例来确定各项促销预算占总促销预算的比例。

四、测试营业推广方案

虽然营业推广方案是在经验基础上制定的,但仍应经过预试以确认所选用的工具是否适当,实施的途径效果如何。对面向消费者市场的营业推广可轻而易举地进行测试,可以邀请一些消费者对几种可能的优惠方法作出评价,也可以在一定的范围内进行试用性测试。

五、控制营业推广方案

实施计划一般包括前置时间和销售延续时间。前置时间是指实施方案的准备时间,它包括最初的计划工作、设计工作、材料的邮寄与发送;准备相关广告和销售现场材料;现场销售人员的通知;给个别的分销商制定配额;预期存货的生产、存放到分销中心以备在特定的日期发放等。销售的延续时间是指从开始实施营业推广方案起到大约95%的采用这种营业推广方案的商品已经在消费者手里为止所经历的时间。

六、评价营业推广结果

企业可以运用多种不同的方法对营业推广的结果进行评价,评价的程序也因市场类型的不同而有所差异。最普通的方法是比较营业推广前后的销售结果,通过比较销售绩效来测定其有效性。如果其他的条件不变,销售增加的程度可以说明营业推广的绩效。

第四节　人员推销策略

人员推销是世界上最古老的职业之一,英国小说家罗伯特·路易斯·史蒂文森(Robert Louis Stevenson)曾说过,"每个人都靠推销某种东西来生活。"人员推销的过程既是一个向市场提供商品的供应过程;又是一个激发顾客的需求、引起顾客的购买欲望的需求引导过程,还是一个了解顾客需求、为顾客提供服务以满足顾客需求的过程。

基本概念　　**人员推销**

　　人员推销是指推销人员直接同目标市场的消费者建立联系，介绍商品，促进商品销售的活动。从事推销的工作人员有不同称谓，如推销员、销售代表、客户经理、销售顾问等。

一、人员推销的形式和基本策略

（一）人员推销的形式

1. 上门推销

　　上门推销是一种最常见的、积极主动的人员推销形式之一。它通常是由推销人员携带产品的样品、说明书和订单等走访顾客推销产品。这种形式可以针对客户的需要提供有效的服务，方便顾客，因而被广泛接受和认可。

小案例：王永庆卖米

　　台塑集团的创始人王永庆在 15 岁时向家里借了 200 块钱，自己在嘉义开了一家小小的米店。开店伊始，营业上就碰到了困难。原来，城里的居民都有自己熟识的米店。王永庆的米店一天到晚冷冷清清，没有人上门。王永庆只好挨家上门推销，好不容易才说动一些住户同意试用他的米。为了打开销路，王永庆努力为他的新主顾做好服务工作。他主动送米上门，还注意收集客户用米的情况：家里有几口人，每天大约要吃多少米，帮顾客清洗米缸时记住米缸容积大小……估计哪家买的米快要吃完了，他就主动把米送到那户人家。他的米店开门早，关门晚，比其他米店每天要多营业 4 个小时以上，随时买随时送。有时顾客半夜里敲门，他也总是热情地把米送到顾客家中。经过王永庆的艰苦努力，他的米店的营业额大大超过了同行店家，生意越来越兴旺。

请思考:

现在看来,王永庆卖米的做法有哪些可取之处,哪些做法需要与时俱进?

---

2. 柜台推销

柜台推销又称门市推销,是指企业在适当地点设置固定的门市,由营业员接待进入门市的顾客,向其推销产品。门市的营业员是广义的推销人员。它与上门推销正好相反,是等客上门式的推销方式。由于门市里的产品种类齐全,能满足顾客多方面的购买要求,为顾客提供较多的购买品,并且还可以保证商品安全无损,因此,这一方式顾客乐于接受。

3. 会议推销

会议推销是指企业利用各种会议向与会人员宣传和介绍产品,开展推销活动。例如在订货会、交易会、展览会、物资交流会等会议上推销产品。这种推销形式接触面广,推销集中,可以同时向多个推销对象推销产品,成交额较大,推销效果好。

(二) 人员推销的基本方式

在人员推销活动中,一般采用以下三种基本策略。

1. 试探性策略

试探性策略也称为"刺激-反应"策略,即在不了解顾客的情况下,推销人员运用刺激性手段引发顾客产生购买行为的策略。推销人员事先设计好能引起顾客兴趣、刺激顾客购买欲望的推销语言,通过渗透性交谈进行刺激,在交谈中观察顾客的反应,然后根据其反应采取相应的对策,并通过得体的语言,再对顾客进行刺激,进一步观察顾客的反应,以了解顾客的真实需要,诱发购买动机,引导产生购买行为。

2. 针对性策略

针对性策略是指推销人员在基本了解顾客某些情况的前提下,有针对性地对顾客进行宣传、介绍,以引起顾客的兴趣和好感,从而达到成交的目的。因推销人员常常在事先已根据顾客的有关情况设计好推销语言,故针对性策略也称为"配方-成交"策略。

3. 诱导性策略

诱导性策略也可称为"诱发-满足"策略,是指推销人员运用能激起顾客某种需求的说服方法,诱发、引导顾客产生购买行为。这种策略是一种创造性推销策略,它对推销人员要求较高,要求推销人员能因势利导,诱发、唤起顾客的需求,并能不失时机地宣传介绍和推荐所推销的产品,以满足顾客对产品的需求。

小案例:乔·吉拉德推销的秘诀

乔·吉拉德是美国著名推销员,因售出 13 000 多辆汽车创造了商品销售最高纪录而被载入吉尼斯大全。销售是需要智慧和策略的事业,在每位推销员的背后,都有自己独特的成功诀窍,那么,乔的推销业绩如此辉煌,他的秘诀是什么呢?

(1) 250 定律:不得罪一个顾客。乔认为,在每位顾客的背后都大概站着 250 个人,这是与他关系比较亲近的人:同事、邻居、亲戚、朋友。在任何情况下,都不要得罪哪怕是一个顾客,"你只要赶走一个顾客,就等于赶走了潜在的 250 个顾客"。

(2) 名片满天飞:向每一个人推销。每一个人都使用名片,但乔的做法与众不同:他到处递送名片,在餐馆就餐付账时,他要把名片夹在账单中;在运动场上,他把名片大把抛向空中。这种做法帮他做成了一笔笔生意。乔认为,推销的要点不是推销商品,而是推销自己。

(3) 建立顾客档案:更多地了解顾客。乔认为,你要记下有关顾客和潜在顾客的所有资料,他们的孩子、嗜好、学历、职务、成就、旅行过的地方、年龄、文化背景及其他任何与他们有关的事情,这些都是有用的推销情报。所有这些资料都可以帮助你接近顾客。

(4) 猎犬计划:让顾客帮助你寻找顾客。乔的一句名言就是:"买过我汽车的顾客都会帮我推销"。在生意成交之后,乔总是把一叠名片和猎犬计划的说明书交给顾客。说明书告诉顾客,如果他介绍别人来买车,成交之后,每辆车他会得到 25 美元的酬劳。

（5）推销产品的味道：让产品吸引顾客。每一种产品都有自己的味道，乔·吉拉德特别善于推销产品的味道。与"请勿触摸"的做法不同，乔在和顾客接触时总是想方设法让顾客先"闻一闻"新车的味道。他让顾客坐进驾驶室，握住方向盘，自己触摸操作一番。

（6）诚实：最佳的推销策略。推销过程中固然需要诚实，绝对诚实却是愚蠢的。推销容许"善意的谎言"，乔对此认识深刻。例如，顾客问推销员他的旧车可以折合多少钱，有的推销员粗鲁地说："这种破车。"乔绝不会这样，他会告诉顾客，一辆车能开上12万公里，他的驾驶技术的确高人一等。这些话使顾客开心，赢得了顾客的好感。

（7）每月一卡：真正的销售始于售后。"我相信推销活动真正的开始在成交之后，而不是之前。"乔在和自己的顾客成交之后，并不是把他们置于脑后，而是继续关心他们。乔每月要给他的1万多名顾客寄去一张贺卡。正因为乔没有忘记自己的顾客，顾客才不会忘记乔·吉拉德。

请思考：
乔·吉拉德推销秘诀的精髓是什么？

二、推销队伍的设计

企业的人员推销活动需要一支组织合理、素质较高的销售人员队伍来完成，因此，企业必须重视推销人员队伍的建设。

（一）推销队伍的结构

在销售队伍的组织方面，每个企业可以根据自身情况来确定。一般说来，销售队伍的组织有以下几种形式。

1. 区域式结构

区域式结构是企业按照地理区域配备推销人员的推销机构设置。这种结构的优点是：责任明确，易于管理，有利于加强与当地经销商和顾客的联系；差旅费开支较少。销售区域的大小可以按同等销售潜力来划分，也可以按相等的工作量设计来划分，区域的范围则需要考虑行政划分、自然条件、交通等因素。

2．产品式结构

如果企业向顾客提供多种产品，可以按产品来安排销售队伍，尤其是当产品技术复杂、产品间毫无关联或产品线很多时，这种形式显得特别适用。

3．市场式结构

市场式结构是按行业或顾客类别来组织销售队伍。这种市场专门化结构的优点是推销员对市场很熟悉，但是差旅费开支很大。

4．复合式结构

许多企业把几种方式混合使用，可以按地区—产品、地区—客户等方式进行。这样可以取长补短，充分利用上面几种结构的优势。通常当大企业拥有多种产品且销售区域相当广阔时适宜采取这种结构。

（二）推销队伍的规模

在确定了推销队伍的结构之后，需要考虑推销队伍的规模。推销队伍的规模直接影响着销售量与销售成本的变动。企业设计推销队伍规模的方法通常有以下几种。

1．销售百分比法

这种方法是企业利用历史资料计算销售成本百分比以及销售人员的平均成本，参照对未来销售额的预测，确定推销人员的规模。

2．分解法

分解法是指分解推销人员的平均产出水平，与销售预测值比较从而判断人员规模的方法。

3．工作量法

工作量法与前两种方法比较，更为实际科学。这种方法可分为五个步骤：

第一，按年销售量的大小将顾客分类；

第二，确定每类顾客所需的访问次数（即对每个顾客每年的推销访问次数），它反映了与竞争对手相比要达到的访问密度有多大；

第三，每类顾客的数量乘以各自所需的访问次数就是整个地区的访问工作量；

第四，确定一个销售人员每年可进行的平均访问次数；

第五,将总的年访问次数除以每个销售人员的平均年访问数,即得所需销售人员数。

小资料: 工作量法示例

假设公司有 1 000 个 A 类顾客和 2 000 个 B 类顾客。A 类顾客每年需要拜访 36 次,B 类顾客每年只需要拜访 12 次。在这种情况下,销售人员的工作量,即每年必须拜访的次数为 60 000 次(＝1 000×36＋2 000×12)。再假设平均每个销售人员每年能完成 1 000 次销售拜访,则该公司需要拥有 60 名(＝60 000÷1 000)专职的销售人员。

(三) 推销人员的选聘

招聘和挑选到具有良好素质的推销人员是降低人员推销成本、提高人员推销效率的基础。因此,企业的销售工作要想获得成功,就必须认真挑选销售人员。挑选的标准是:

1. 感同力

感同力即善于从顾客角度考虑问题,并使顾客接受自己的能力。一般而言,企业应根据其推销工作的特点来确定选拔标准。

2. 自信力

自信力是让顾客感到自己的购买决策是正确的这种能力。

3. 挑战力

挑战力即具有视各种异议、拒绝或障碍为挑战并勇于面对的心理。

4. 自我驱动力

自我驱动力即具有完成销售任务的强烈愿望。这是任何一个意欲达到成功的推销人员所必须具备的。

三、人员推销的管理

(一) 推销人员的培训

企业在挑选和招聘到推销人员之后,不应未经培训就将新推销员分派到实际工作岗位,因为推销人员不经过系统的训练很难获得与顾客的沟通。所以,企业必须对推销人员进行训练。推销员的培训内容一般包括:本企业的历史、现状、发展目标、人员、机构,产品的生产过程、各项特征、销售状况,顾客状况,竞争状况,企业的销售政策和制度,推销技术,推销员的任务与职责等。

(二) 推销人员的激励

企业要实现自己的销售目标,与推销人员的精神状态有着密切的联系,也就是推销人员有无实现目标的高昂士气。激励是鼓起高昂士气的有效手段。企业通过有效的科学的激励方法,引导、激发推销员蕴藏的巨大潜力,使他们的能力、积极性和创造性得以充分发挥,获得最佳的工作绩效。激励的原则是:公平合理,这对提高推销人员工作绩效有直接作用;作为管理制度要长期保持,但对于个人应是短期的,以利于推销人员继续努力;要有确定的目标,并易为推销人员了解;目标应具有驱动意义。

在对推销人员进行激励时,不能只用金钱等物质奖励方法,还要结合精神奖励方法。具体的方法有以下四种。

1. 目标激励法

目标能激励推销人员上进,使他们工作有方向。可建立的目标有:销售数量指标,一年内访问顾客次数,每月访问新顾客的次数,订货单位平均批量增加额,将旅途时间减少到一定百分比等。为使目标成为有效的激励工具,目标必须同报酬紧密联系,推销人员达到目标就一定兑现。目标激励的好处在于企业的目标变成了推销员自觉的行动,使他们看到自己的价值与责任,工作也增添了乐趣。

2. 强化激励法

强化有两种:正强化和负强化。正强化是对推销人员的进步发展给予肯定和奖赏;负强化是对推销人员不正确行为的否定和惩罚。两者相互配合和交替使用能促使推销人员保持高昂的士气。

3. 反馈激励法

反馈激励法是把一定阶段推销各项指标的完成情况、考核成绩,及时反馈给推销人员,以此增强他们的工作信心和成就感,激励他们的进取心。

4. 竞赛

这是一种常用的激励推销人员的工具。根据工作实际采取多种竞赛形式,能充分发挥推销人员的潜力,促进销售任务的完成。

(三) 推销人员的报酬

建立合理的报酬制度,对于调动推销人员的积极性、主动性,提高推销工作效率和扩大市场占有率,有着重要作用。反之,如果报酬制度不合理,就是有了最优秀的推销人员,也不能很好地发挥作用。一般来讲,推销员的报酬应与完成推销量的多少以及工作能力和推销经验直接挂起钩来。具体有三种形式。

1. 薪金制

薪金制即给予推销人员固定收入的报酬。这种制度比较简单,也有很多优点:销售管理者能对推销人员进行最大限度的控制,推销人员也有安全感,不必在没有推销业务时忧虑其个人收入。正在受训的推销人员,以及那些专门从事指导购买者使用产品和开辟新销售区域的推销人员,都愿意接受薪金制。但是,薪金制缺少对推销人员的激励的动力,较难刺激他们开展创造性推销活动,容易形成"大锅饭"的局面。

2. 佣金制

佣金制即企业按销售额或利润额的大小给予推销人员固定的或根据情况可调整比率的报酬。佣金制与薪金制不同,它有较强的刺激性,能鼓励推销人员尽最大的努力工作,并使销售费用与现期收益紧密相连。但企业对推销人员的控制程度较低,销售人员往往会抱怨企业安排的非销售性工作。实行佣金制的企业支付给推销人员的佣金是一个变量,推销的产品越多,佣金也就越多。这样,推销人员往往只注意眼前销售数量的增长,而忽视这种情况对企业长远利益的影响。

3. 薪金加奖励制

薪金加奖励制即支付薪金的同时,利用奖金来刺激推销人员更好地工作。这种形式实际上是薪金制和佣金制的结合。一般说来,它具有薪金制和佣金制的优点,既可实行对推销人员的控制,又能起到刺激作用,但执行起来比较复杂。薪金加奖励制是一种被广泛采用的报酬形式。

第五节 公 共 关 系

企业的公共关系与其他的促销手段不同,它并不是直接地进行产品的促销,而是通过宣传树立起企业的良好形象,在消费者心目中建立起信誉,间接地促进产品的销售。

一、公共关系的特点

基本概念 **公共关系**

> 公共关系(public relation)是指某一社会组织为正确处理、改善与社会公众的关系,促进社会公众对组织的认识、理解与支持,达到树立良好社会形象、促进商品销售目标的一系列促销活动。

公共关系能够较低成本很好地吸引消费者,对消费者认知产生强烈影响,使之成为品牌故事的一部分并主动传播它,其效果并不逊于成本较高的商业性广告。公共关系作为企业促销组合的一个重要组成部分,具有自己的特点。

(一)注重长期效应

公共关系要达到的目标是树立企业良好的社会形象,创造良好的社会关系环境。实现这一目标并不强调即刻见效,而是一个长期的过程。企业通过各种公共关系的运用,能树立良好的产品形象和企业形象,从而能长时间地促进销售和占领市场。

(二)注重双向沟通

公共关系是企业与社会公众的一种双向的信息交流活动。企业通过公共关系活动,实现企业内外信息的沟通与企业内外人际关系、内外环境的和谐统一,建立起相互理解与信任的关系,从而为企业的发展获得良好的环境。

(三) 注重间接促销

公共关系传播信息,并不是直接介绍和推销商品,而是通过积极参与各种社会活动,宣传企业营销宗旨,联络感情,扩大知名度,从而加深社会各界对企业的了解和信任,达到间接促进销售的目的。

二、公共关系策略

企业的公共关系策略分三个层次:一是公共关系宣传,即通过各种传播手段向社会公众进行宣传,以扩大影响、提高企业的知名度;二是公共关系活动,即通过举办各种类型的公关专题活动来赢得公众的好感,提高企业的美誉度;三是公共关系意识,即企业员工在日常的生产经营活动中所具有的树立和维护企业整体形象的思想意识。

企业营销活动中的公共关系通常采用以下一些手段。

(一) 新闻宣传

企业可通过新闻报道、人物专访、报告文学、记事、特写等形式,利用各种新闻媒介对企业进行宣传。新闻宣传无须付费,而且具有客观性,能取得比广告更好的宣传效果。然而,新闻宣传的机会往往来之不易,机会的获得需要企业有关人员具备信息灵通、反应灵敏、思维活跃等素质和条件,以便善于发现事件的报道价值,及时抓住每一个可能的新闻宣传机会。企业也可以通过召开新闻发布会、记者招待会等途径,随时将企业新产品、新动向通过新闻界及时传达给社会大众。此外,还可以"制造新闻",吸引新闻媒介关注,以求社会轰动效应。公共关系的新闻宣传活动还包括对不良舆论的处理。

(二) 广告宣传

企业的公共关系活动也包括利用广告进行宣传,这就是公共关系广告。公共关系广告与商业性广告的区别在于:它是以宣传介绍企业的整体形象为内容,而不仅仅是宣传介绍企业的产品或劳务;它是以提高企业的知名度和美誉度为目的,而不仅仅是为了扩大销售;它是追求一种长远的、战略性的宣传效应,而不是像一般商业广告那样要求取得直接的、可度量的传播效果。

（三）企业自我宣传

这是企业运用所有自己能够控制的传播媒介进行宣传的形式。例如，企业通过各种印刷品举办展览会，用实物、图片、录像等向公众介绍企业的发展历程，展示企业的经营成果，以此扩大企业的影响；精心设计或选择一些有象征意义、有收藏价值的公关纪念品，加深公众对企业的记忆；有条件的企业还可创办和发行一些企业刊物，持续不断地对企业形象进行宣传。

（四）社会交往

企业应通过与社会各方面的广泛交往来扩大企业的影响，改善企业的经营环境。企业的社会交往活动不应当是纯业务性的，而应当突出情感性，以联络感情、增进友谊为目的。如对各有关方面的礼节性、策略性的访问；逢年过节发礼仪电函、送节日贺卡；进行经常性的情况通报和资料交换；举办联谊性的舞会、酒会、聚餐会、招待会等；甚至可以组建或参与一些社团组织，如联谊会、俱乐部、研究团体等，与社会各有关方面发展长期和稳定的关系。

小案例：苹果 iPad 新品上市不靠广告靠"关系"

大多数大型产品发售推广都会在产品上市前开展大量的广告运动，苹果颠覆了这种做法，没有发布任何广告，一点也没有。相反它只是通过公共关系进行推广。它事先通过将 iPad 分发给早期评论者；在线上线下媒体刊登吸引人的趣闻报道；让粉丝们在网上对数千种新 iPad 的应用程序先睹为快等方式制造许多口碑谈资。到了真正上市的时刻，它借用情景喜剧《摩登家庭》中的角色造势，席卷了发售日当天所有的电视脱口秀节目，对公众的热情推波助澜。仅仅通过公共关系，iPad 的发售就引发了消费者极大的兴奋和媒体超高的热情。发售日那天，消费者在苹果零售店外排起了长长的队伍。时髦的小玩意仅在发售首日就售出了 30 万台，随后的两个月内再售出 200 万台，有些市场甚至出现了供不应求的情况。一年之后，苹果 iPad2 上市又重复了同样的成功,在开始发售的第一个周末销量就接近 100 万台。

请思考:

苹果 iPad 新品上市利用了哪些"关系"?

公共关系对于促进销售的效应不像其他促销手段那样容易立见成效,但是一旦产生效应,其作用将是持久的和深远的,对于企业营销环境的根本改善,能发挥特殊的效应,是企业促销策略组合中不可忽视的重要策略。

本章小结

促销是企业市场营销组合四要素中必不可少的一个方面。促销一般包括:广告、人员推销、营业推广和公共关系。市场营销者必须知道如何使用这四种促销方式,把有关产品的信息传递给目标顾客。

作为促销手段的信息传播活动一般包括发送者、编码、信息、媒体、解码、接受者、反应、反馈、噪声九个要素。促销作为一种有目的的信息传播活动,必须重视通过信息传播对接受者行为加以控制和引导。

企业的促销策略往往是在对各种促销手段加以认真组合的基础上产生的。促销手段的组合应考虑产品类型、"推"和"拉"的策略、购买者准备阶段、产品生命周期等因素,还应合理分配促销费用。

广告是企业促销组合中十分重要的组成部分,是运用得最为广泛和最为有效的促销手段。企业的广告促销方案一般包括确定广告目标;决定广告预算;制定广告策略;评价广告效果四个步骤。

营业推广是一种追求短期促销效果的行为,常见的营业推广的工具有:赠送样品、优惠券、特价包、赠品、价格折扣、免费产品、促销资金等。营业推广有时也用于对中间商的促销。企业在组织实施营业推广促销活动中,应着重做好以下工作:确定目标;选择工具;制定详细方案;预试方案;控制方案和评估效果。

人员推销是一个双向沟通的互动过程。企业人员推销的决策包括推销队伍的建设和推销队伍的管理两项。

公共关系是企业利用各种传播手段,沟通内外部关系,塑造自身良好形象,为企业的生存和发展创造良好环境的经营管理艺术。是企业促销策略组合中的一项重要措施。企业营销活动中的公共关系通常采用以下手段:新闻宣传、公共关系广告、企业自我宣传、社会交往等。

案例分析:宝洁路演战略开发我国农村市场

我国的农村人口占总人口的 2/3 以上,但是对全国社会零售消费品总额的贡献仅有 1/3。一些厂家敏锐地洞察出其中蕴含的市场机会,宝洁就是其中之一。为了支撑公司巨大的扩张规划,宝洁很快开始花费更多的时间和努力将产品销售到未开发的农村地区。

闯入我国农村市场比将产品销售给城市里的客户更为复杂。一方面,我国的消费者仅仅照字面意思理解广告,因此大多数广告是以城市消费者为受众来设计的,农村地区的消费者几乎被忽略。另一方面,大多数农村消费者仍然习惯从小型的夫妻店购买商品,而在这些店内几乎是不可能开展促销活动的。

通过对偏远乡村的调查,宝洁惊讶地发现,只有少数乡村的消费者认识宝洁 logo 的产品,而对于宝洁的目标细分市场家庭主妇而言,其品牌意识则是出人意料的低。这些乡村也是宝洁远未覆盖的地区。面对这种状况,宝洁的管理层认为"眼见为实"才是最好的解决办法,即让消费者真正看到、触摸到并且购买产品。宝洁主动到这些消费者所在的地区去,而不是通过广告和其他营销沟通工具来拉动消费者。宝洁开始实施"宝洁路演"战略,意在开发这些高潜能的农村市场。因此,宝洁的路演战略是以农村居民为目标受众来设计的,使视觉效果最大化建立品牌的意识,劝导消费者试用并增加销售额。

宝洁的路演围绕着较远地区,甚至到达了偏远的乡村。项目团队会首先拜访目标乡村,测定市场的潜力,寻找路演最适合的地点,获得当地政府的赞同和支持。每一次路演在准备和执行上都十分自信,尤其需要努力吸引庞大的观看人群,推进品牌和销售。一些具体的做法

包括:

(1)吸引人群。一辆配有电视机、音响设备、鼓、标语旗和彩票的炫目装饰的卡车被用来吸引人群。在乡村地区吸引人群并不是一件非常困难的事情。由于乡村的地域偏僻并且生活方式简单,乡村居民的娱乐方式很有限,事先的宣传和路演卡车的到达已经吸引成百上千的观望者了。

(2)促进品牌。类似于乡村集市的那种放松的氛围被创造出来,吸引目标受众的注意并鼓励与观众之间的互动。很多促销方法都被综合到一起来提升这种氛围和情绪,比如产品的宣传手册、配有简单说明指导家庭清洁的小包装的试用品、宝洁产品广告的视频、演说、有奖游戏、能够表现产品效果的展示、面对面的促销和幸运抽奖等。"宝洁与你面对面"这一理念已经深入人心。

(3)销售。人员销售、折扣价格、免费样品和产品试用进一步提升了消费者的品牌意识和对宝洁产品的接受度。随后不久,一项"晚场电影"的活动也被增加到路演中来,把乡村居民与宝洁拉得更近。在电影放映间歇时间,他们同样播放了宝洁的广告,销售人员也趁机推销宝洁的产品。路演是一次成功的跳板,使我国农村地区的消费者适应了一种现代的生活方式。宝洁的路演已实施多年,覆盖了22个省和自治区的很多乡村,受众超过了10亿农村居民,有效覆盖达到75%,产品的试用率为55%。

但问题是,在路演卡车走了以后,当地的商店里都没有宝洁的产品出售,即使少数商店有产品,价格也高于路演时候的优惠价。宝洁要想收获我国农村市场的果实仍然还有很长的路要走。

请思考:

1. 宝洁针对农村市场为什么没有采用广告策略?

2. 宝洁路演的关键内容是什么? 你认为这是成功吗? 请简要分析。

3. 请为宝洁进一步推进路演战略提出建议。

实践运用

一、实践目标

掌握主要促销方式特点,锻炼和提高促销活动策划能力。

二、实践内容

撰写××化妆品现场促销活动策划书。

三、实践组织

1. 根据情人节、三八妇女节、母亲节、双十一等节假日,吸引消费者对××化妆品活动的兴趣,引导选购某产品,以达到促销效果。

2. 以小组为单位撰写××化妆品促销活动策划书;在班级与其他组互评。

第五编　营销控制管理

第十二章 | 市场营销的组织、实施和控制

在未来十年内,我们所面临的挑战就是执行力。

——比尔·盖茨

三流的点子加一流的执行力,永远比一流的点子加三流的执行力更好。

——孙正义

制定优秀的营销计划(包括营销战略计划或组合策略计划)只是成功营销的开始,营销活动执行是将营销计划转化为具体实践行动的过程,是一项涉及诸多部门和因素的系统工程,是实现既定营销计划目标的关键。营销活动执行具体包括营销组织设定及其职能定位、营销计划实施,以及针对营销计划在实行过程可能出现的意外、偏差或错误予以纠正、控制或审计等。营销活动最终效果取决于能否将营销计划组织到位、实施到位、控制到位。

第一节　市场营销组织

市场营销组织是以市场营销观念为理念建立的组织,它以消费者的需求为中心,把消费者需求置于整个市场运行过程的起点,并将满足消费者的需求作为其归宿点。

一、影响市场营销组织设置的因素

基本概念　　**市场营销组织**

> 市场营销组织是指企业内部涉及市场营销活动的各个职位及其结构。

市场营销组织不同于传统的组织结构,根据这种结构模式,首先由市场营销部门负责,从消费者和其他各方面搜集有关新产品的构思与设想,然后所有部门协同作战,共同评估和筛选对企业产品开发有意义的构思与方案,不仅在整个新产品开发过程中为研究与开发部门和设计部门提供有价值的建议,而且在新产品的面市过程中密切注意顾客的反馈意见,及时提供给相关部门,使产品在市场上更具适合性。影响市场营销组织设置的因素主要有以下几项。

(一) 企业规模

一般情况下,企业规模越大,市场营销组织越复杂;企业规模越小,市场营销组织则相对简单。

(二) 市场状况

一般情况下,决定市场营销人员分工和负责区域的依据是市场的地理位置。如果市场由几个较大的细分市场组成,企业需要为每个细分市场任命一位市场经理;销量较大的市场一般需要较大的市场营销组织;组织规模越大它所需要的各种专职人员和部门就越多,组织越复杂。

（三）产品特点

产品特点包括企业经营的产品种类、产品特色、产品项目的关联性以及产品的技术服务方面的要求等。对于经营品种多、特点突出、技术服务要求高的企业,一般应该建立以产品型模式为主的营销组织机构。

二、市场营销组织的类型

市场营销组织必须与营销活动的四个方面即职能、地域、产品和市场相适应,市场营销组织由此有以下几种具体类型:

（一）职能型组织

这是最常见的市场营销组织形式。它强调的是市场营销各种职能的重要性。职能型组织形式在企业营销副总经理的领导下,由各种营销职能专家组成,他们分别对营销副总经理负责,由营销副总经理负责协调各项营销活动。如图 12-1 所示。

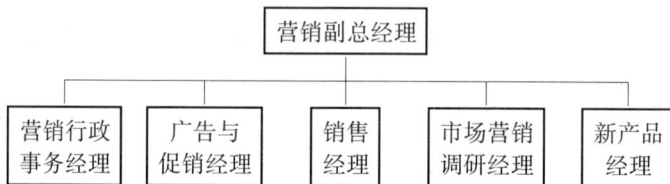

图 12-1　职能型组织

职能型组织的主要优点是:行政管理简单,易于管理。但是,随着企业产品种类的增多和市场的扩大,这种组织形式越来越暴露出其效率低下的弱点。首先,由于没有人对任何产品或市场负完全的责任,因而可能会发生某些特定产品和特定市场的计划工作不完善的情况,未受到各职能专家青睐的产品就会被搁置一旁;其次,各个职能部门为了获得更多的预算和较其他部门更高的地位而竞争,使营销副总经理经常面临协调上的困境。

（二）地区型组织

一个销售范围遍及全国的企业,通常都会按照地理区域来安排其营销机构。在这种组织中,有一名负责全国营销业务的销售经理,若干名区域销售经理、地区销售经理和直接销售经理。如图 12-2 所示。

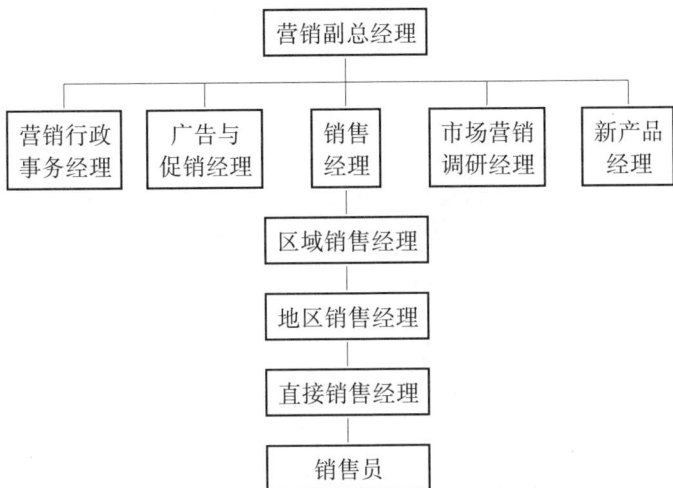

图 12-2　地区型组织

从全国销售经理依次到直接销售经理,其所管辖的下属人员即"管理跨度"逐级增大。在销售任务比较复杂、推销人员报酬较高、推销人员工作好坏对利润影响极大的情况下,这种分层控制是很有必要的。

小案例：惠康在东京设立新鲜食品加工中心

日本惠康在东京建立了一家新鲜食品加工中心,专门进行恒湿和鲜鱼食品的储存和加工。该新鲜食品加工中心设置了惠康的肉类、水果和蔬菜、冰冻和冷藏食品的控制设备和生产中心。惠康将通过以低价提供新鲜食品的方式与传统的鲜鱼市场展开竞争。它将把加工中心作为满足周边城市地区需要的脊柱,向周边市场提供新鲜食品。新鲜食品主任对此所做的解释是:"如果我们生产一种客家饭,我们就会使用东京街的酱油,因为这种烧法能够满足我们的受众目标——东京街顾客的需求。"

请思考:

设立地理区域机构需要考虑哪些具体因素?

······························

(三) 产品管理型组织

拥有多种产品或多种不同品牌的企业,往往按照产品或品牌建立管理组织,即在一名产品主管经理的领导下,按照每类产品分别设一名产品线经理;在产品线经理之下,再按照每个品种分别设一名产品经理,负责各个具体产品。如图 12 - 3 所示。

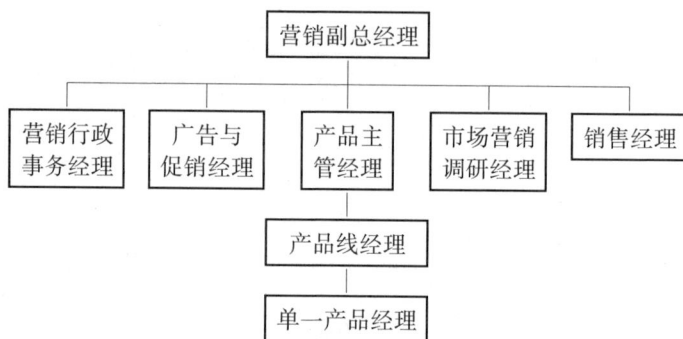

```
                  ┌───────────────────┐
                  │    营销副总经理    │
                  └─────────┬─────────┘
    ┌──────────┬──────────┬─┴────────┬──────────┬──────────┐
┌────────┐ ┌────────┐ ┌────────┐ ┌────────┐ ┌────────┐
│营销行政│ │广告与  │ │产品主管│ │市场营销│ │销售经理│
│事务经理│ │促销经理│ │经理    │ │调研经理│ │        │
└────────┘ └────────┘ └───┬────┘ └────────┘ └────────┘
                      ┌────┴────┐
                      │产品线经理│
                      └────┬────┘
                      ┌────┴────┐
                      │单一产品经理│
                      └─────────┘
```

图 12 - 3　产品管理型组织

当企业所生产的各种产品之间差异很大,或产品品种太多,以至职能型组织无法控制的状况下,这种产品管理型组织是比较适合的。产品管理型组织形式的优点是:

第一,产品经理能够将产品营销组合的各要素较好地协调一致。

第二,产品经理能及时地对其所管辖产品在市场上出现的问题做出反应。

第三,由于有产品经理负责,那些不太重要的产品也不会被忽视。

第四,由于产品经理几乎涉及企业的每一个领域,因而为培养年轻的管理人员提供了最佳机会。

但产品管理型组织形式也有不足之处,主要表现在:

第一,容易产生一些冲突或摩擦。由于产品经理权力有限,在与广告、销售、生产及其他部门合作时,往往被看成是低层管理者而不予重视,得不到别人的理解与支持。

第二,产品经理虽然可以成为自己所负责的产品方面的专家,但对其他方面的业务却往往不够熟悉。

第三,这种组织所需要的费用往往比预期的高。产品管理人员的增加会导致人工成本的增加,同时企业还要继续增加促销、调研、信息沟通和其他方面的专家,从而加重了开支负担。

第四,产品经理任期通常很短,使公司的营销计划也只能是短期的,从而影响了产品长期优势的建立。

小资料：类目管理

鉴于产品经理制度存在的不足,一些企业引进类目管理(category management))来改善。类目管理是指企业集中在产品类目上管理它的品牌,例如,宝洁公司发现其自己的品牌(维达·沙宣、海飞丝、利斯和波特洗发液)在每个类别中有太多的内部竞争,包括预算增加和产品定位。这些混乱的解决方法是设立类目管理经理(如头发护理),负责解决冲突,保护定位,安排预算和为类目开发新品牌。类目经理也有责任在超市中重新安排以类目为基础的购买产品线。

诚然,类目管理也并非一剂万能良药,主要原因在于,它是产品驱动,而非顾客驱动。高露洁已从品牌管理(高露洁牙膏)转换成类目管理(牙膏),最近再进入新阶段,即"顾客需要管理"(口腔健康)。这最后一步无疑使企业把营销重点置于顾客需要之中。

(四) 市场管理型组织

它是由一个总市场经理管辖若干细分市场经理,各细分市场经理负责自己所管市场发展的年度计划和长期计划。其中心内容是在以需求为中心的市场营销观念指导下,通过开展市场研究、用户研究,建立目标市场及市场目标,并设市场经理进行管理。如图 12-4 所示。

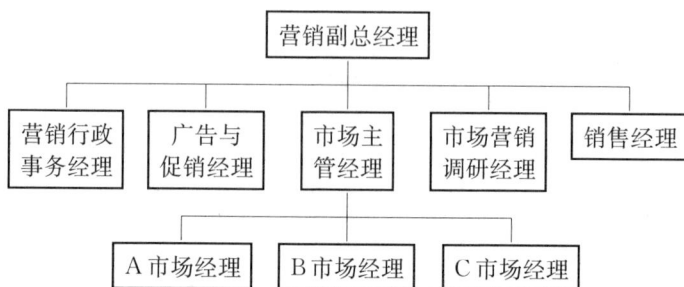

图 12 - 4　市场管理型组织

　　这种组织结构的最大优点是：企业可以针对不同的细分市场及不同顾客群的需要,开展营销活动。但同样也存在一些不足之处,由于企业是按照细分市场来设置市场经理的,如果企业的产品线较宽,营销人员就必须同时了解所有产品的特点才能做好工作。此外,由于存在着机构的重复设置,营销成本也相对较高。

(五) 产品-市场管理型组织

　　这是一种既有产品经理,又有市场经理的二维矩阵组织。当企业面对纷繁复杂的市场、生产经营多种不同的产品时,产品经理难以把握市场的特点及其变化规律,而市场经理也不可能对所有的产品都十分了解。解决这个难题的途径就是将产品管理型组织与市场管理型组织有机地结合起来,以适应市场竞争和企业规模扩大的需要。如图 12 - 5所示。

图 12 - 5　产品-市场管理型组织

这种类型的组织管理费用太高,而且容易产生矛盾与冲突。大多数经理认为,只有对那些十分重要的产品和市场,才值得设置专门的经理人员。然而,也有些经理认为,不必为矛盾冲突和费用问题担心,他们确信产品与市场实行专业化管理所带来的效益必定大于所花的代价。

小案例：杜邦公司的矩阵结构

美国杜邦公司(DuPont)就是按矩阵结构设置营销机构的。杜邦公司的纺织纤维部内分别设有主管人造丝、醋酸纤维、尼龙、奥纶和涤纶的产品经理,同时也设有主管男式服装、女式服装、家庭装饰和工业用料等市场的市场经理。

产品经理负责制定各自主管纤维品种的销售计划和盈利计划,集中精力研究如何改善自己主管纤维品种的盈利状况和如何设想增加这些纤维的新用途。他们的日常工作之一就是同各市场经理接洽,请他们估计该种纤维在他们市场上的销售量。

市场经理则负责开发有盈利前景的市场,销售现有的产品和将要推出的新产品。他们必须从市场需求的长远观点出发,更多地注意培植适应自己主管市场需要的恰当产品,而不仅仅是只管推销杜邦公司的某种纤维产品。在制订计划时,他们需要与各产品经理磋商,了解各种产品的计划价格和各种原材料的供应状况。各市场经理和各产品经理的最终销售预测总计数应该是相同的。

请思考：

矩阵组织中,市场经理与产品经理的权利与责任该如何划分?

三、营销部门与其他部门的关系

在一个企业中,除了市场营销部门以外,还有其他诸如研究开发、工程技术、采购、制造、存货、财务以及相关的职能部门。因此,在企业运行过程中,市场营销部门必须处理好与各个部门的相互关系,密切配合、共同协作来完成企业的总目标。但是在实际工作过程中,由于各个部门所处的角度不同,扮演的角色不同,难免会存在一些分歧与矛盾,营销部门应本着协调一致的原则处理好与相关部门的关系,取得最大的整合营销价值。

第二节　市场营销实施

市场营销实施是将市场营销计划转化为行动方案的过程,并保证这种任务的完成,以实现计划的既定目标。

一、市场营销计划

基本概念　市场营销计划

市场营销计划是指企业对市场营销环境进行调研分析的基础上,按年度制订的企业及各业务单位的对营销目标以及实现这一目标所应采取的策略、措施和步骤的明确规定和详细说明。

市场营销计划是企业整体战略规划在营销领域的具体化,每个管理者都应懂得如何制订一项营销计划。

企业营销计划一般包括 8 个内容,如图 12-6 所示。

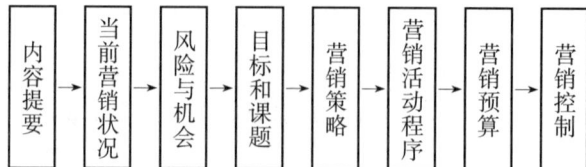

内容提要 → 当前营销状况 → 风险与机会 → 目标和课题 → 营销策略 → 营销活动程序 → 营销预算 → 营销控制

图 12-6　市场营销计划的构成

内容提要是对主要营销目标和措施的简要概括和说明,目的是使管理部门迅速了解该计划的主要内容,抓住计划的要点。

当前营销状况是计划正文的第一部分,主要提供该产品目前营销状况的有关背景资料,包括市场、产品、竞争、分销以及宏观环境状况的分析。

风险与机会是对计划期内企业的某种产品所面临的主要机会和风险、企业的优势和劣势以及主要问题进行系统分析。

目标是在分析市场营销活动现状和预测未来的机会与威胁的基础上,确定的本期营销目标和所要解决的课题,这是市场营销计划的核心内容。在这里应建立两种目标,即财务目标和营销目标。

营销策略是指达到上述营销目标的途径或手段,包括目标市场的选择和市场定位战略、营销组合策略、营销费用战略等。

营销活动程序主要是把营销策略转化成具体的活动程序。内容包括:将做什么? 何时开始? 何时完成? 谁来做? 成本是多少?

营销预算是关于预计盈利或亏损的报告。

营销控制是营销计划的最后一部分,用以监督计划的进程,以便于企业高层管理者进行有效的检查,确保市场营销计划的完成。

二、市场营销的实施过程

市场营销实施是指企业为确保营销目标的实现,将营销战略和计划转化为具体的营销活动的过程。一个好的营销计划,如果执行不当,是不大会有成效的。美国的一项研究表明,90%被调查的计划人员认为,他们制定的战略和计划之所以没有成功,是因为没有得到有效的执行。

(一) 影响营销计划有效执行的因素

波诺马认为能够影响有效执行营销计划的因素有四类。

1. 发现和诊断一个问题的技能

发现和诊断一个问题的技能是指当营销计划执行结果与预期不相符时,找出问题到底是什么以及如何解决出现的问题。

2. 对企业存在问题的层次作出评估的技能

该技能即找出问题是出在行使营销功能的哪一层次,是出在制定营销计划的层次还是公司的更高管理层的营销政策上。

3. 执行计划的技能

它包括营销经理合理分配营销资源的能力、组织营销力量的能力以及营销计划执行者相互配合的能力。

4. 评价执行结果的技能

它是指适时发现并测量计划执行的实际结果与预期结果之间差异的能力。

(二) 市场营销实施过程

市场营销实施是一个艰巨而复杂的过程,它包括五个相互制约的方面。

1. 制定行动方案

为了有效地实施市场营销战略,必须制定详细的行动方案。这个方案应该明确市场营销战略实施的关键性决策和任务,并将执行这些决策和任务的责任落实到个人或小组。另外,还应包含具体的时间表,定出行动的确切时间。

2. 建立组织结构

企业的正式组织在市场营销执行过程中有决定性的作用,组织将战略实施的任务分配给具体的部门和人员,规定明确的职权界限和信息沟通渠道,协调企业内部的各项决策和行动。组织结构具有两大职能,首先是提供明确的分工,将全部工作分解成管理的几个部分,再将它们分配给各有关部门和人员;其次是发挥协调作用,通过正式的组织联系沟通网络,协调各部门和人员的行动。

3. 设计决策和报酬制度

为实施市场营销战略,还必须设计相应的决策和报酬制度。这些制度直接关系到战略实施的成败。就企业对管理人员工作的评估和报酬制度而言,如果以短期的经营利润为标准,则管理人员的行为必定趋于短期化,他们就不会有为实现长期战略目标而努力的积极性。

4. 开发人力资源

市场营销战略最终是由企业内部的工作人员来执行的,所以人力资源的开发至关重要。这涉及人员的考核、选拔、安置、培训和激励等问题。

5. 建设企业文化

企业文化是指一个企业内部全体人员共同持有和遵循的价值标准、基本信念和行为准则。塑造和强化企业文化是执行企业战略的不容忽视的一环，因为企业文化能够起到把全体员工团结在一起的"黏合剂"作用，有利于营销战略计划的实现。

第三节　市场营销控制

市场营销控制的必要性缘于市场营销执行过程中产生的各种具体问题。由于在市场营销计划实施中会出现许多意外情况，因此必须连续不断地控制各项市场营销活动。

一、市场营销控制步骤

基本概念　　**市场营销控制**

> 市场营销控制是指管理层对营销执行情况和效果进行检查与评估，了解市场营销计划与实绩是否一致，找出两者之间的差距以及造成这些差距的原因，采取纠正措施来确保市场营销活动的有效进行。

市场营销控制有助于及早发现问题，避免可能的事故，寻找更好的管理办法，充分挖掘企业潜力，实施监督与激励的功能。市场营销控制主要分为以下七步：

第一步，确定控制对象；

第二步，设置控制目标；

第三步，建立衡量标准；

第四步，确立控制标准；

第五步，比较实绩与标准；

第六步，分析偏差及原因；

第七步,采取改进措施。

二、市场营销控制的方法

市场营销控制的方法有四类:年度计划控制、盈利能力控制、效率控制和战略控制。

(一) 年度计划控制

年度计划控制是指企业检查本年度内营销活动的结果是否达到年度计划的要求,并在必要时采取调整和修正措施。

年度计划控制的目的是:确保企业实现年度计划中所确定的销售、利润和其他目标。年度计划控制的中心是目标管理。年度计划控制过程分为四个步骤:

第一步,制定目标。管理者必须确定年度计划中的月份目标或季度目标,作为水准基点。

第二步,绩效测量。建立反馈系统监督营销计划的实施情况。

第三步,诊断结果。剖析计划实施中出现的严重偏差的原因。

第四步,修正措施。调整计划中与实际情况不相适应之处,及时纠正计划执行过程中出现的偏差。

管理者可以用五种绩效工具来衡量年度计划目标的实现程度。

1. 销售分析

它是用于衡量和评估计划销售目标与实际销售目标之间的差距。有两种具体方法。

(1) 销售差异分析。它用来衡量不同因素对出现的销售差异所起的不同的影响作用。

例如:假设年度计划要求第一季度销售 4 000 件产品,每件 1 元,即销售额为 4 000 元。该季度结束时,只销售了 3 000 件,每件 0.8 元,实际销售额为 2 400 元。则实际销售额比计划销售额下降了 40%,差异为 1 600 元。

在这个结果中,有多少须归因于价格下降?又有多少须归因于销售量的下降?通过计算可以回答。

因价格下降的差异＝(1－0.8)×3 000＝600元

在差异损失中所占的比重＝600/1 600＝37.5%

因销量下降的差异＝(4 000－3 000)×1＝1 000元

在差异损失中所占的比重＝1 000/1 600＝62.5%

由此可见,大约有2/3的销售差异是由于未能实现预期的销售量所致,因此,企业应该在这方面作深入的分析研究。

(2)微观销售分析。它分别从产品、销售地区以及其他方面考察未能完成预期销售额的原因,是对销售差异分析的补充。

例如:假设某企业在三个地区销售,预期销售额分别为1 500元、500元、2 000元,总额为4 000元。实际销售额分别为1 400元、525元、1 075元。就预期销售额而言,地区一完成93%;地区二完成105%;地区三完成54%。

分析一下这个结构可以发现,主要问题出在地区三。造成地区三不良业绩的原因可能有:该地区的销售代表工作努力不够或失职;有强大的竞争对手进入该地区;该地区居民收入水平下降而导致的购买力下降。

2. 市场占有率分析

它是对企业以及各类产品的市场占有率进行分析。

销售额虽然能反映企业的销售状况,但并不能表明企业在市场上的竞争地位,只有市场占有率才能真正显示企业市场竞争地位的变化。市场占有率上升,表明企业的营销业绩提高,处于市场竞争优势地位;反之,则表明企业在竞争中处于不利的地位或竞争失败。

市场占有率分析一般有四种分析工具。

(1)整体市场占有率。它是指企业销售额占整个行业销售额的百分比,反映了企业在本行业中的实力地位。使用这个指标需做好两项前提性的工作:一是要以单位销售额来表示市场占有率;二是正确确定行业范围。

(2)目标市场占有率。它是指企业销售额在其目标市场上所占的百分比。一个企业的目标市场占有率一般总是大于其总的市场占有率。企业的首要任务就是在其目标市场上占据有利位置,待其目标达到后,再扩展到其他目标市场。

(3)相对市场占有率(相对于三个最大竞争者)。它是指企业销售额相对于三个最大竞争者的销售额总额的百分比。

例如:某企业的市场占有率为30%,它的三个最大竞争对手的市场占有率分别为20%、10%、10%,那么,这个企业的相对市场占有率为30%/(20%+10%+10%)=75%。一般情况下,相对市场占有率超过33%即被认为是实力较强的企业。

(4)相对市场占有率(相对于市场领先者)。它是指企业销售额相对于市场领先者的销售额的百分比。有三种情况须掌握:这类市场占有率超过100%,表明该企业是市场领先者;这类市场占有率等于100%,表明企业与市场领先者地位相等;这类市场占有率在100%内的增加,表明企业正接近市场领先者。

3. 营销费用与销售额的比率分析

年度计划控制不仅要保证销售和市场占有率达到预定的计划指标,而且还要确保营销费用不超支。这里需要注意的关键是营销费用与销售额之间的百分比。当一项费用与销售额的比率失去控制时,就必须认真查找造成问题的原因。

例如,某企业的这个比率为30%,其中所包含的五项费用占销售额的比率分别为:人员推销费5%,广告费15%,营业推广费6%,营销调研费1%,营销行政管理费3%。管理者应该监控这些营销开支的比率,并将奖勤罚懒控制在一定限度内。

如果某项费用率的变化幅度过大、上升速度过快,以至接近或超出控制范围的上限,就必须采取及时有效的控制措施。

如果某项费用率变化不大,处于安全范围之内,也有必要采取一定的监控措施,防止过度变化状况的发生,做到主动控制。

4. 财务分析

企业管理层已不仅仅局限于扩大销售的战略,而是越来越注重财务分析的作用,并运用财务管理手段来寻求更佳的获利机会与利润空间。管理层通常对影响净资产收益率(return on equity,ROE)的各种

因素进行财务分析,以便决定如何行动以及在何处行动,从而获得盈利。ROE 可以分解成三个指标相乘:

$$ROE=销售净利率×总资产周转率×权益乘数$$

其中,销售净利率反映企业盈利能力,总资产周转率反映企业运营能力,权益乘数反映企业财务杠杆。由此可见,ROE 高低是企业综合能力的集中体现。要提高 ROE,提高销售净利率是关键,提高总资产周转率或者财务杠杆也是可以使用的重要手段。企业除努力扩大收入、降低费用之外,应该分析资产构成(即现金、应收账款、存货以及厂房设备等),关注能否改善资产管理。

5. 顾客满意度追踪

顾客满意度追踪就是企业建立专门机构,用以追踪顾客、经销商以及营销系统中其他参与者的态度,在顾客偏好和满意度产生之前就对其变化进行监控,使管理者能及早地采取有效的措施。

企业一般利用以下系统来追踪顾客满意度。

(1)抱怨和建议系统。企业对顾客书面或口头的抱怨应该进行记录、分析,并做出适当的反应。对不同的抱怨应该分析归类做成卡片,较严重的和经常发生的抱怨应及早予以重视。

企业应该鼓励顾客提出批评和建议,使顾客有机会经常发表意见,以便企业收集顾客对其产品和服务所持态度的完整资料。

(2)固定顾客样本。有些企业建立了由具有代表性的顾客组成的固定顾客样本群,定期地通过电话、信函、电邮访问来了解顾客的态度。这种做法有时比抱怨和建议系统更能代表顾客态度的变化以及分布范围。

(3)顾客调查。企业定期让一组随机顾客回答一组标准化的调查问卷,其中的问题包括员工态度、服务质量等,通过对这些问卷的分析,企业可以及时发现问题并加以纠正。

(二)盈利能力控制

由盈利能力控制所获取的信息,有助于管理者决定各种产品或市场营销活动如何更合理有效地进行。盈利能力控制可以通过以下具体指标来实施。

1. 销售利润率

销售利润率是指利润与销售额之比,表示每销售 100 元使企业获得的利润。计算公式:

$$销售利润率＝本期利润/销售额$$

但是,在同一行业中各个企业之间的负债比率往往不一样,而对销售利润率的评价又常常需要通过与同行业平均水平相比较来进行。因此,企业获利能力的评价最好能将利息放在税后利润中统一计算,计算公式:

$$销售利润率＝税后息前利润/产品销售收入净额$$

这个计算公式在同行业间衡量经营水平时才有可比性。

2. 资产收益率

资产收益率是指企业所创造的总利润与企业全部资产的比率。计算公式:

$$资产收益率＝本期利润/资产平均总额$$

同样,为使这个比率在同行业中有可比性,计算公式可表示为:

$$资产收益率＝税后息前利润/资产平均总额$$

3. 资产管理效率

资产管理效率可以通过资产周转率和存货周转率来分析。

(1) 资产周转率。计算公式:

$$资产周转率＝产品销售收入净额/资产平均占有额$$

一般情况下,资产周转率越高,表明企业总资产周转速度越快,销售能力越强,资产利用效率越高。

(2) 存货周转率。计算公式:

$$存货周转率＝产品销售成本/存货平均余额$$

一般情况下,存货周转率越高,表明企业存货水准较低,周转较快,资金利用率较高。

同时,资产管理效率与获利能力之间的关系密切,成正比相关。

小资料:渠道损益表编制示例

假设某企业产品主要通过超市、百货商场、专卖店三个渠道销售,其不同渠道损益表及其盈利能力比较如表12-1所示。

表 12-1　201×年渠道损益表　　单位:万元

渠道 项目	超市	百货商场	专卖店	合计
销售额	3 000	1 000	2 000	6 000
销售成本	1 950	650	1 300	3 900
毛利	1 050	350	700	2 100
销售费用	1 005	381	194	1 580
广告	155	62	93	310
推销	400	130	20	550
包装与运输	300	126	54	480
开单	150	63	27	240
净利润(或亏损)	45	−31	506	520
销售利润率	1.5%	−3.1%	25.3%	8.67%

可以看出,企业使用的三个渠道中,通过百货商店出售,企业是亏损的;通过专卖店销售获得企业绝大部分利润,且销售利润率也最高。这里要注意的是,尽管通过百货商店是亏损的,该渠道是放弃抑或扩大还要结合其他因素如合作时间、未来客户增长情况等综合考虑。

(三) 效率控制

效率控制是指对企业在销售人员、广告、促销和分销等方面的工作绩效进行评估,并找出提高其管理工作效率的途径的活动过程。

效率控制的方法主要有销售人员效率、广告效率、促销效率和分销效率控制四种。

1. 销售人员效率控制

各级销售经理都应该掌握自己地区销售人员效率的关键指标：

(1) 每个销售人员平均每天的销售访问次数；

(2) 每次销售访问的平均时间；

(3) 每次销售访问的平均收入；

(4) 每次销售访问的平均成本；

(5) 每次销售访问的招待成本；

(6) 每百次销售访问的订单百分比；

(7) 每期新的顾客数目；

(8) 每期丧失的顾客数目；

(9) 销售成本占总成本的百分比。

通过上述指标的分析,企业会从中发现一些很重要的问题,从而提出改进措施,提高工作效率。

2. 广告效率控制

广告效率控制须做好如下统计工作：

(1) 每一种媒体类型、每一个媒体工具触及一千人的广告成本；

(2) 受众对每一种媒介工具注意、联想和阅读的百分比；

(3) 消费者对广告内容和有效性的意见；

(4) 广告前后对产品态度的衡量；

(5) 由广告所激发的询问次数；

(6) 每次调查的成本。

针对上述内容,管理者可以采取一系列步骤来改善广告效率。

3. 促销效率控制

落实这项控制工作须做好的统计工作有：

(1) 优惠销售所占的比重；

(2) 每一元销售额中所含的商品陈列成本；

(3) 赠券的回收率；

(4) 一次示范表演所引起的询问次数。

4. 分销效率控制

这主要是对企业的存货水准、仓库位置、运输方式等进行分析和改进，以达到最佳配置并寻找最佳运输方式和途径。

（四）战略控制

在复杂多变的市场环境中，管理层须采取一系列行动对战略加以控制，使实际市场营销工作与已定的计划尽可能一致。在控制中通过不断评审和信息反馈，对战略不断加以修正。企业在进行战略控制时，可以利用营销效益等级评核，定期对其进入市场的总体方式进行重新评价。同时，企业还应完成道德与社会责任评核。

1. 营销效益等级评核

当前的销售和利润业绩并不一定是企业整体营销效益的真实反映，它可能主要来源于企业内部某个事业部的营销管理。一花独放不是春，管理层需要对企业整体的营销效益进行等级评核。

对企业整体营销效益评价可使用营销效益等级评核表，它包括顾客理念、整合营销组织、充分的营销信息、战略定位和工作效率等5种营销导向属性；这5种属性可进一步从不同维度加以衡量。具体如表12-2所示。

表 12-2　营销效益等级评核表

评价属性	评价维度
顾客理念	① 企业管理层是否认识到根据目标市场的需要和欲望设计业务的重要性？
	② 企业管理层是否为不同的细分市场开发不同的产品和制订不同的营销计划？
	③ 企业管理层在规划其业务活动时是不是着眼于整个营销系统？
整合营销组织	① 对于各种重要的营销功能是否有高层次的营销整合和控制？
	② 营销管理层是否有效地和市场研究、制造、采购、物流以及财务等其他部门的企业管理层进行合作？
	③ 新产品生产过程是如何组织的？

续表

评价属性	评价维度
充分的营销信息	① 最近一次研究顾客、采购影响、渠道和竞争者的营销调研是什么时候进行的?
	② 企业管理层对不同细分市场的顾客、地区、产品、渠道和订单的潜在销售量和利润了解程度如何?
	③ 在衡量和改进不同营销支出的成本效益方面采取了哪些措施?
战略导向	① 针对营销计划工作的程度如何?
	② 现有营销战略的质量如何?
	③ 有关突发事件的考虑和计划做得如何?
工作效率	① 在传播和贯彻最高管理层的营销思想方面做得如何?
	② 企业管理层是否有效地利用了各种营销资源?
	③ 企业管理层在对眼前变化做出迅速有效的反应方面是否显示出良好的能力?

这一量表可按下述方式运用。对每一问题可设定赋予不同分值的若干备选项(通常为3个或5个,具体从略),由管理层作答,然后把各题分数加起来,根据管理层得分进行评核。

2. 道德与社会责任评核

企业需要评价自身究竟是否真正实行道德与社会责任营销。有理由相信,企业的成功和不断地满足顾客与其他利益方,是与采用和执行高标准的企业与营销条件紧密结合在一起的。世界上最令人羡慕的公司都遵守客户利益服务的准则,而不仅仅是为了它们自己。

提高道德与社会责任水平需要多管齐下。第一,社会应尽可能地应用法律明文规范违法的、反社会的或反竞争的行为。第二,企业必须采用和发布书面道德准则,建立自身道德行为习惯,要求员工有完全的责任心来遵守道德约束和法律规范。第三,具体营销人员必须在与顾客进行特定交易中坚守"社会良知"。

在"互联网+"和大数据时代背景下,除利用传统数据进行战略控制之外,企业还应注意借助互联网平台生成的相关数据,然后进一步挖掘其中信息来进行营销战略控制或营销效益评估。以企业官网为例,从中可以提取富含分析价值的大数据有:网站流量数据如访问者数量、页面浏览数、网站停留时间等;网站电子商务指标如注册人数,订单转换率等;客户价值指标如 VIP 客户占总注册客户比率、重复购买率等。

小资料: 微信营销的评估 5 大要素

说到微信营销的效果评估,首先是企业确定的微信营销目的是什么,比如有些企业就是用来进行 CRM 客户管理的,有的企业是进行产品推广的,有的是对自己互联网产品进行推广的。确定营销的目的是什么,这样才能做出对企业最有利的营销评判。微信营销的评估要素里面包含以下五种:

(1)互动频率。微信的互动频率是指粉丝对于企业微信公众账号的使用频率,这就是为什么说企业的公众平台都是一个 App 的原因。这里包含内容方面的访问,功能的使用等。

(2)功能受欢迎度。微信公众平台的功能有基于内容的一部分功能、营销设计功能、实用功能。功能受欢迎程度决定了粉丝对于企业的依赖程度。

(3)粉丝数。微博营销领域有一句话:一切以粉丝数量为指标的行为都是臭流氓。这句话在微信营销同样使用,原因很简单,如果单独追求粉丝数字就会失去微信营销的价值,粉丝数的评估要基于企业对于微信营销的要求,还有功能的使用情况、企业品牌的传播力度等。

(4)粉丝评价。我想这是所有企业能最直观看到微信营销效果的方式之一。企业微信公众平台上的内容和功能,粉丝是如何评价的,是不是可以产生依赖,是不是让大部分人都喜欢,看一下粉丝的评价以及时不时进行粉丝调研就可以知道了。

(5)企业转换率。这是企业进行一切营销的唯一现象级标准,因为微信的闭环体系,在企业转换率方面,有企业品牌知晓度的转换,有企业相关类似 WAP 页访问量的转换,有企业在基于微信的产品销售情况的转换,有企业产品咨询量的转换等,随着微信营销的不断成型,企业转换率的要求也会不一样。

三、市场营销审计

通过利用营销效益等级评核,找出营销薄弱点的事业部或环节,应该着手进行一次更彻底的研究,即市场营销审计(marketing audit)。市场营销审计是企业对营销战略进行有效控制的又一工具。

基本概念　　市场营销审计

市场营销审计是指对一个企业或一个业务单位的营销环境、目标、战略、组织和营销组合等方面进行的全面的、系统的、独立的和定期的审查,以发现营销机会,找出存在问题,提出行动方案,提高营销业绩。

(一) 市场营销审计的特点

1. 全面性

营销审计并不局限于出了问题的方面,而是涉及企业营销活动的全部,可以更有效地寻找到企业营销问题的真实原因。例如,销售人员工作流动过于频繁,可能并不是销售人员培训不力或者报酬微薄的问题,而是企业产品和促销软弱的征兆。

2. 系统性

营销审计包括一系列有秩序的诊断步骤,如诊断组织的营销环境、内部营销制度和各种具体营销活动等,并在此基础上制定行动计划,提高组织的整体营销效益。

3. 独立性

营销审计主要有六种方式:业务单位自我审计、业务单位交叉审计、业务单位上级领导部门审计、企业内部专职审计部门审计、企业专业组审计和外部审计机构审计。一般而言,最好的审计大多数来自外界经验丰富的顾问,这些人通常具有必要的客观性和独立性。

4. 定期性

定期营销审计既有利于业务正常发展的企业,也有利于处境不佳的企业,因为通过此项工作可以主动寻找出对企业产生不良影响的因素,做到事先审计控制。

(二) 市场营销审计的步骤与内容

1. 市场营销审计的步骤

第一步,了解企业目标,确定审计范围;

第二步,检查企业各项目标实现的情况;

第三步,确定企业计划在执行过程中是否付出了足够的努力;

第四步,检查企业内部的信息沟通状况及权责分配是否合理;

第五步,提出改进意见。

2. 营销审计的内容

(1) 营销环境审计。包括宏观环境审计和微观环境审计。宏观环境审计是指对宏观环境的状况以及它对企业市场营销的影响进行审计。主要内容有:政治环境、经济环境、社会文化环境、科技环境、自然生态环境等的审计。微观环境审计是指对各种微观环境的构成要素以及它对企业市场营销的影响进行审计。主要内容有:市场、顾客、竞争者、分销商和经销商、供应商、辅助机构和营销公司、公众等环境因素的审计。

(2) 营销战略审计。营销战略审计主要内容包括企业使命,市场营销目标和目的,战略内容表述的恰当性与资源配置的合理性等。

(3) 营销组织审计。营销组织审计主要内容有:组织结构、职能效率、部门之间联系效率等方面的审计。

(4) 营销制度审计。营销制度审计主要内容有:市场营销信息系统、市场营销控制系统、新产品开发系统等工作状态和绩效的审计。

(5) 营销生产率审计。营销制度审计的主要内容有盈利率分析和成本效益分析。

(6) 营销功能审计。营销功能审计主要是对产品、价格、分销、促销等营销功能的战略与执行情况、存在的问题等进行审计。

本章小结

市场营销组织是指企业内部涉及市场营销活动的各个职位及其结构,可分为五种基本类型:职能型组织,地区型组织,产品管理型组织,市场管理型组织,产品-市场管理型组织。企业的营销部门不论采取哪种组织形式,都要体现以顾客为中心的营销指导思想。

市场营销组织的设计程序包括分析组织环境、确定组织内部活动、建立组织职位、设计组织结构、配备组织人员以及组织评价与调整等内容。

市场营销控制是企业进行有效经营的基本保证。营销控制的方法有四类:年度计划控制、盈利能力控制、效率控制和战略控制。营销效益等级评核、道德与社会责任评核以及市场营销审计是战略控制的主要工具。在"互联网十"背景下,企业还应重视运用基于网络平台生成的大数据进行营销控制和效益评价。

案例分析:戴森公司"不走寻常路"

戴森公司(Dyson)是一家总部设在英国的工程技术创新公司,主要经营吸尘器、洗衣机、自动吸尘器以及手持吸尘器设计并研发新技术。

戴森公司注重自身产品的质量,并且强调对一般问题采取"不走寻常路"的解决方案,而这正是戴森公司"让产品为自己代言"的品牌塑造策略。在 20 世纪 90 年代中期,戴森开始推广无尘袋吸尘器时就在电视广告上下足了工夫。但不同于其他绝大多数的广告创意,戴森的广告简单而直接。它直截了当地向观众展示产品的概念、用途和购买的必要性。在提到戴森公司的"无废话广告"时,罗斯特罗姆解释道:"我们之所以这样做,道理简单明了。我们只要解释产品本身即可,不需要

在广告里像其他企业那样把产品吹得天花乱坠。我们竭力避免使用
'行业标准语式'的广告,如在广告中出现诸如毛茸茸的小狗和熟睡的
婴儿之类的画面,我们不乐意将这些夹杂进来。"

　　如今,戴森公司除了使用传统广告之外,又新增了数字化因素。就
像它的电视广告一样,戴森的数字化广告依然简洁、直接,却又恰到好
处。例如针对现有客户的电子邮件广告,使用频率不高但注重时机,力
求效果最大化。戴森公司还非常重视公共关系在推广媒介中所起到的
作用,从主流媒体上的产品评论到网上产品评价和推特(Twitter)上的
信息发送,戴森产品的口碑迅速传播开来。

　　戴森凭借干手龙头(Airblade tap)——即水龙头和干手机的一体
设计扩张赢得市场,这是很好地体现戴森营销战略的一个缩影。这款
同对具有洗手和干手功能的干手龙头使用时无须接触,125 位设计师
花了 3 年时间,在试制出 3 300 个模型之后才最终完成了该产品的设
计工作。这款创新性产品为解决一个日常问题提供了清晰的解决方
案,从而让生活更加便捷舒适,它的问世几乎完全颠覆了此类传统产
品。戴森干手龙头尝试用其他竞争对手从未涉足的方法来彻底改变
"我们洗手的方式",为原本毫无趣味可言的水龙头产品注入了时髦因
素。创始人詹姆斯·戴森先生如是说:"洗手和干手本来算不得什么愉
悦的体验。水花四溅,浪费纸张,还容易传播细菌。但是我们的产品能
够提供全新的体验,你可以拥有属于自己的水槽和干手机。"这款产品
定价 1 500 美元,反映了戴森营销组合策略的另一个要素:高价位也意
味着产品具有与之相匹配的高质量和利益。

　　在戴森,创新永无止境。詹姆斯·戴森每天都会与公司的众多设
计师和工程师合作,共同参与研发项目的工作。其中很多项目要历时
5—10 年,周期如此之长以致一些企业不愿尝试。戴森最新的吸尘器
DC59 Animal 型吸尘器是公司持续创新的另一个例子。这款便携式吸
尘器无需电线,重量不超过 5 磅;而且其吸力远远超过市面上其他所有
的吸尘器。

　　戴森公司不仅一次次证明其推出优胜产品的能力,而且正加速进
行全球市场扩张。戴森产品如今销往世界 50 多个国家,并且无论是在

发展中国家还是在发达国家,都有不凡的销售业绩。从最初的吸尘器制造商起步发展到今天的水平,戴森公司只用了不到 20 年的时间,这无疑是一个巨大的飞跃。

请思考:

1. 戴森公司的目的和目标是什么?
2. 戴森公司营销组合策略如何适应营销战略的?
3. 戴森公司营销控制哪些方面表现出"不走寻常路"?

实践运用

一、实践目标

掌握企业营销组织设计原则;理解营销计划制订过程;了解营销控制主要方法。

二、实践内容

调查某家企业,了解其营销控制方法;为该企业市场营销组织改进提出建议方案;为该企业编制市场营销计划草案。

三、实践组织

分组完成,每组不超过 5 人;每组需制作 PPT 汇报,选名代表汇报;小组互评,老师归纳总结。

第六编　营销发展新趋势

第十三章 ‖ 营 销 创 新

苟日新，日日新，又日新

——《大学》

　　随着网络信息技术的发展，中国网民数量逐年快速增加，2017 年达到 7 亿人，成为全球第一。网络已经成为人们生活中不可或缺的一部分，从查询信息、游戏娱乐、网络社交，到购买商品、自我学习、网上办公等，网络运用无处不在，人们将越来越多的时间花在互联网上。有人将马斯洛的需要层次理论进行了修改，在塔底增加了"网络需求"这项内容。虽然，现实中人们的网络需求不可能真正优于生理需求，但这确实反映了当前人们离不开网络的现状。在这样的时代背景下，企业乃至个人在营销中如何利用互联网已经成为一项重要的技能。

第一节　网 络 营 销

一、网络营销概述

随着网络信息技术的发展以及在社会各个领域的广泛运用,网络营销呈现出发展迅速、生命力强等趋势。以电子商务为例,据统计,1994 年全球的网上交易额仅为 2 000 万美元,1995 年达到 4 亿美元,1996 年上升至 28 亿美元,1997 年则一跃而变为 134 亿美元。而到了 2016 年,单单中国天猫"双十一"活动一天的交易额就超过 1 207 亿元,且无线成交占比为 81.87%。网络营销正以强大的力量影响着人们的生活,也影响着企业的营销工作。

(一) 网络营销的内涵

基本概念　网络营销

> 网络营销是指企业以现代营销理论为基础,利用数字化的信息和网络媒体的交互性来辅助企业开展营销活动,以更精准地满足顾客的需求和愿望,从而实现企业营销目标的一切营销活动。

网络营销产生于 20 世纪 90 年代,发展于 90 年代末和 21 世纪初,经过近二十年的发展,如今已经成为一种重要的营销形式。我国的网络营销起步晚于互联网发达国家,但是经过不断的摸索和发展,网络营销呈现出快速发展的势头,现在已经进入了实质性的应用和发展时期。

广义上来说,凡是以互联网为主要手段、为达到一定营销目的而进行的营销活动,均可称为网络营销。网络营销与传统营销一样,都是企业整体营销战略的一个组成部分,都是为了实现企业营销目的。但网络营销又不同于传统营销,它是传统营销理论在互联网环境中的应用和发展,它是建立在互联网基础之上的营销手段,因此两者在实际操作方法、实施过程乃至思维模式等都有比较大的区别。

市场营销中最重要也最本质的内容就是企业组织和消费者个人之间进行信息传递和交换,而无处不在的互联网就如"万能胶"一样,将企业组织、消费者个人以及社会公众跨时空联结在一起,使得他们之间的信息传递与交换变得无障碍。因此,网络营销不等于电子商务或网上销售,它是手段而不是目的。借助互联网技术与平台,网络营销的手段很多,包括搜索引擎营销、E-mail营销、微博营销、微信营销、论坛营销等。由此可见,当企业利用一切网络(包括社会网络与企业内部网,有线网络与无线网络等)进行营销活动时,通常我们就认为该企业已经在进行网络营销了。

(二)网络营销的特点

1. 营销是网络营销的本质

网络营销的本质是营销,它的基本营销策略还是STP、4PS等。也就是说,企业不管是从事传统营销活动,还是开展网络营销,都需要从市场细分、市场定位、目标市场选择等策略开始,在此基础上进一步组合产品、定价、渠道、促销等策略,以更好满足顾客的需求,实现企业的营销目标。

2. 互联网是网络营销的介质

虽然网络营销的本质是营销,但它不同于传统营销活动,它是传统营销理论在互联网环境中的应用和发展。网络营销与传统营销最大的区别就是一切营销活动都是以互联网为介质,借助互联网技术与平台,实现更为多样的营销手段。正因为有互联网,所以企业的网络营销具有跨时空性,企业有更多时间和更大空间进行营销,可每周7天、每天24小时随时随地提供全球性营销服务。

小案例:互联网上的"汽车之家"

互联网时代为我们提供了一个全民创业的时代,有些人在互联网中淘金掘银,有些人在互联网中两手空空。"80后"的李想就属于前者,他在 2005 年创立了"汽车之家"网站,这是一个高度专业的汽车信息服务平台,它解决了人们购买汽车时可能遇到的种种问题,如品牌选择、车型选择、价位选择、汽车保养、汽车维修等,因此具有极高的网络营销价值。"汽车之家"网站从建立至今,获得了很好的社会效益与经济效益,目前已成为全球访问量最大的汽车网站,市值已经超过 10 亿美元。

请思考:

"汽车之家"网站的创立及其定位对我国其他企业以及创业者有哪些启示?

3. 顾客是网络营销的核心

网络营销虽然借助互联网开展营销活动,但网络技术、电脑设备、软件程序或网页内容等并不是重点,它们仅仅只是开展网络营销的支持工具而已,是为开展网络营销活动服务的。网络营销的核心还是为了更有效地满足顾客的需求。

网络营销在满足顾客需求方面比传统营销更精准、更有效。互联网最大的特点是可以实现用户之间一对一、多形式的有效互动。借助互联网,企业形象以及产品信息都可以被设计成便于传输的多媒体形式,如文字、声音、图像等,这样,一方面可以充分发挥营销人员的创造性和能动性,另一方面可以促使营销交易信息传递与交换变得更有效。另外,互联网的信息查询、主题论坛、问题咨询等互动式功能,也可以帮助企业在了解顾客需求、引导顾客消费等方面有较大的作用,从而能够使网络营销更好地满足顾客需求,实现精准化营销,并与顾客建立长期良好的关系。

4. 数据是网络营销的关键

网络营销借助互联网技术,最大的优势就是可以获取大量的顾客信息数据,这是传统营销活动所远远无法比拟的。计算机可储存大量的信息,可传送的信息数量与精确度都是非互联网时代所无法企及的。在这些大数据的基础上,借助统计分析工具和各种计量算法,能够实现对消费者的精准化营销,从而满足消费者日趋小众化与个性化的需求。

另一方面,互联网使用者数量快速成长并遍及全球,这其中很大一部分群体是购买力强且具有很强市场影响力的潜在顾客,如果没有大数据支撑,没有基于大数据的市场分析能力,企业将很难满足这些量大面广的顾客需求。反之,如果有大数据分析,企业就可能具备一对一的营销能力,而这正是网络营销中定制营销与直复营销的需要。

(三) 网络营销的职能

与传统营销相比,网络营销的职能主要包括以下 3 个方面。

1. 品牌推广

互联网最大的特点是信息量大、信息传播速度快、受众面广。借助互联网的特性,网络营销最基本也是最重要的职能就是在互联网上建立并推广企业的品牌,使企业的线下品牌得以在线上延伸和拓展,增加企业品牌的曝光率,更好地传递企业信息、塑造企业形象,吸引新顾客,提高网络用户的转化率。企业通过网络营销进行品牌推广的方法很多,其中比较经济有效的是通过对合作伙伴网站友好,彼此进行合理的网站链接、内容资源交换、广告交换等,实现成本较低但效果较好的品牌推广。

2. 维系顾客

互联网不仅仅是个单纯传递信息的平台,更是一个社交平台。企业可以充分利用网络社交平台的优势,在网络营销过程中加强与客户之间的互动与联系,开发新客户,维系老客户。良好的顾客关系是企业网络营销取得成效的必要条件,互联网提供了方便多样的在线顾客服务手段与途径,从最早的邮件沟通、FAQ 咨询、论坛讨论、QQ 聊天,再到现在几乎每个智能手机都有的微信群聊或公众号留言沟通等,这些多维度的沟通途径可以实现企业与顾客之间全方位的互动联系,从而增加顾客黏性,维系顾客感情,更好地稳定并扩大顾客队伍,为网络营销的全方位顺利开展铺垫扎实的客源基础。

3. 促进销售

网络营销与传统营销都是属于企业市场营销的范畴,区别在于前者借助了互联网的信息传递快与沟通互动好等优势,能够更好更准确地实现与目标顾客的沟通联系,从而精准迅速传递企业与商品信息,促进销售。在企业的市场营销现实中，大部分网络营销方法都与直接或间接促进销售有关，促销活动提醒、月消费情况账单、补充购买提醒、可能需求购买建议等，通过或邮件、或微信、或个人账户等途径，时常地提醒顾客，从而达到有针对性促销的目的。但促进销售并不仅仅只是限于促进线上销售，事实上，网络营销在很多情况下对于促进线下销售也十分有价值。总之，促进销售是企业网络营销的又一重要职能。

随着网络信息技术的发展，网络营销渠道众多，网络营销涵盖的方法极其广泛。接下来我们将重点介绍三种常见而又重要的网络营销实战方法，包括搜索引擎营销、微博营销和微信营销。

二、网络营销实战方法

（一）搜索引擎营销

搜索引擎是对互联网上的信息资源进行搜集整理，然后供用户查询的系统。在互联网发展的初期并没有搜索引擎，但随着互联网上信息越来越多，人们越来越被海量信息所困。1994 年 7 月，世界上出现了最早真正意义上的搜索引擎——Lycos。同年 4 月，美国斯坦福大学的两位博士生 David Filo 和美籍华人杨致远共同创建了"Yahoo!"，并成功地使搜索引擎的概念深入人心，从此搜索引擎进入了快速发展时期。目前互联网上的搜索引擎数量达到数千个，能检索的信息量与以前相比也不可同日而语。

1. 搜索引擎营销的内涵

基本概念　搜索引擎营销

> 搜索引擎营销（search engine marketing，简称 SEM）就是基于搜索引擎平台的网络营销，它利用人们对搜索引擎的依赖和使用习惯，尽可能将企业营销信息传递给目标顾客，从而促进销售。

搜索引擎是一种基于互联网的信息查询系统，它根据一定的策略、运用特定的计算机程序从互联网上搜集信息，在对信息进行组织和处理后,为用户提供检索服务,将用户需要检索的相关信息展示给用户。近年来,随着网络的发展以及人们对网络的依赖越来越高,搜索引擎逐渐成为被企业认可的网站推广手段之一。以网络营销服务商百度推广为例,其基于服务数十万中小企业的经验而宣称的服务理念"百度推广,让营销更有效率"和"您的客户,正在百度上找您",或许道出了搜索引擎营销被企业认可和顾客接受的事实。

搜索引擎营销已成为企业网络营销的一种重要模式,它利用网络服务商的搜索技术、流量资源等领先优势,将企业营销信息以丰富多彩的样式以及迅捷有效的速度展现给有需求的顾客,并促使其与企业产生更多互动,最终达成交易,从而有效地帮助企业拓展客户。搜索引擎营销的基本思想就是让用户发现信息,并通过点击进入网页,进一步了解所需要的信息。

随着中国互联网的迅速发展,搜索引擎是网民除即时通信外使用率最高的互联网应用。作为基础应用,搜索引擎用户规模随着网民规模的扩大而持续增加,搜索引擎正日益成为人们网络生活中的重要组成部分,因此搜索引擎营销也成为中国企业主要网络营销手段之一。中国目前搜索引擎营销最活跃的群体是中小企业,搜索引擎营销服务市场以关键词广告和网站登陆广告等形式的搜索引擎广告产品销售为主。根据艾瑞网的调查报告显示,2005 年中国搜索引擎市场的规模为9.4 亿元人民币,2009 年达到 69.6 亿元人民币,而 2014 年更是达到了558.2 亿元人民币的市场规模。从 2005—2014 年,平均年增长率超过50%。数据表明当前中国的搜索引擎营销进入了一个稳定高速发展的阶段,但现实中也存在一定的问题。例如,搜索引擎竞价排名在一定程度上使搜索结果集合的相关度失真,而付费搜索广告也助长了恶意点击以及发布虚假广告的可能,从而影响用户对检索结果中所含信息的准确判断与获取,给搜索引擎营销带来消极的影响。同时,中国搜索引擎市场的垄断情况也比较严重,有关数据显示,百度在使用率和占有率上都占据中国搜索引擎的第一把交椅。同时,百度、360 和搜狗三家搜索引擎占据了中国搜索引擎市场 98% 的份额,这将不利于中国搜索引擎市场的多元化竞争,也将影响中国企业搜索引擎营销的发展。

2. 搜索引擎营销的策略

搜索引擎营销主要是利用人们的网络搜索依赖和习惯来促进销售的,所以其营销目标一般有四个层次:一是被搜索引擎(分类目录)收录;二是在搜索结果中努力排名靠前;三是提高用户对检索结果的点击率;四是将浏览者转化为顾客。但在信息海量的今天,要做到网页能够被网络用户所看到并能够被点击开来是很难的,而实现顾客转化率更是不易。因此,如何用最小的投入在搜索引擎中获得最大的访问量并产生商业价值,这是企业开展搜索引擎营销需重点考虑的问题。

搜索引擎的基本工作原理包括如下三个过程:首先在互联网中发现、搜集网页信息;同时对信息进行提取和组织建立索引库;再由检索器根据用户输入的查询关键字,在索引库中快速检出文档,进行文档与查询的相关度评价,对将要输出的结果进行排序,并将查询结果返回给用户。因此,一般来说,搜索引擎营销的策略主要包括搜索引擎优化、竞价排名、精准广告以及付费收录等,下面主要介绍前面两种策略。

(1)搜索引擎优化。

利用搜索引擎进行营销,关键是实现搜索引擎优化,即充分利用搜索规则,来提高企业网站在有关搜索引擎内的排名。根据搜索引擎营销目标层次性原理,作为搜索引擎营销的一种方式,搜索引擎优化的目的在于:让网站尽可能多的网页被搜索引擎收录、在用户检索时这些网页排名靠前、检索的摘要信息对用户具有价值,在此基础上吸引用户到网站里获得进一步的信息,以实现网站推广的基本目的,为最终赢得用户奠定基础。

搜索引擎优化的做法主要包括优化网页标题、及时更新和优化网页内容、选好域名与服务器等。另外,企业还可以通过开通搜索引擎竞价,让用户搜索相关关键词,并点击搜索引擎上的关键词链接进入企业网站获取更多的信息,以实现企业营销目标。

(2)竞价排名。

竞价排名,顾名思义就是网站付费后才能被搜索引擎收录并靠前排名,付费越高者可能排名越靠前;竞价排名服务,是由企业客户为自己的网页购买关键字排名,按点击计费的一种服务。企业客户可以通过调整每次点击付费价格,控制自己在特定关键字搜索结果中的排名;并可以通过设定不同的关键词捕捉到不同类型的目标访问者。

而在国内最流行的点击付费搜索引擎有百度和 Google。值得一提的是,即使是已经选择点击付费广告和竞价排名,最好也应该对网站进行搜索引擎优化设计,并将网站发布到各大免费的搜索引擎中。

现实中,企业在开展搜索引擎营销工作时,不管是购买搜索引擎广告还是搜索引擎优化,这都不是企业营销的终极目标,而是应该将搜索引擎营销的应用层次提升,使搜索引擎营销成为企业营销战略的一个组成部分,最终才能真正实现企业的营销目标,取得营销工作的胜利。随着网络信息技术的发展,具体的搜索引擎工作都由专业的网络服务提供商来完成,因此对于企业而言,如何选择服务商,如何向服务商提出自己搜索引擎营销服务需求,如何围绕着平台选择、竞争分析和效果管理等角度展开有效管理,才是企业搜索引擎营销工作的重点。

小案例:莆田系医院的 SEM 营销

2016 年"五一"小长假期间,一篇文章刷爆微信朋友圈。西安电子科技大学学生魏则西在两年前体检出滑膜肉瘤晚期,通过百度搜索找到武警北京总队第二医院,在花费将近 20 万医药费后,不治身亡。"魏则西事件"之后,网上传出了一份莆田系医院名单,且这些医院的营销广告很大程度都与百度搜索相关。莆田市委书记梁建勇 2013 年曾公开表示:"百度 2013 年的广告总量 260 亿元,莆田的民营医院就做了120 亿元,几乎占百度广告收入的一半。"这个公开申明进一步佐证了莆田系医院 SEM 营销的事实与力度。

请思考:

莆田系医院主要采取哪些 SEM 营销策略?从这个案例中我们可以得到哪些 SEM 营销监管的经验与教训?

(二) 微博营销

微博即微型博客,是一种通过关注机制分享简短实时信息的广播式社交网络平台。2007 年,中国最早的微博由饭否网推出,2009 年饭否网停止运营微博,但同时新浪微博、腾讯微博等相继推出。之后,微博逐渐被中国网民所喜爱,并也逐渐成为企业网络营销的渠道之一。自 2012 年 12 月后,新浪微博推出企业服务商平台,为企业开展微博营销给予专业的帮助,这些都大大促进了企业微博营销工作的开展。据新浪微博发布的 2016 年第四季度及全年财报显示,截至 2016 年底,微博月活跃用户全年净增长 7 700 万,增至 3.13 亿,移动端占比达到 90%。2016 年,新浪微博全年总营收同比增长 45%,达 43.83 亿元人民币,全年净利润大幅增长 180%。这些冰山一角的数据信息已足够说明了中国企业微博营销的现状与发展潜力。

1. 微博营销的内涵

基本概念　　微博营销

微博营销(Microblog marketing)是指以微博作为营销平台,每一个粉丝都是潜在的营销对象,企业利用不断更新的微博内容向粉丝传递企业信息、产品信息,树立良好的企业形象和产品形象,从而促进企业销售。

微博营销的媒介是微博平台,企业商家通过每天(或经常)更新微博内容、发布大家感兴趣的话题等来实现与粉丝的交流互动,发现并满足潜在顾客的各类需求,从而创造企业商业价值乃至粉丝个人价值的一种营销方式。随着信息技术网络化、智能化,微博也随之火热发展起来。同时,一方面微博一直坚持社交开放平台服务,让第三方企业有更多的机会积极研发应用来帮助企业进行商业整合营销,另一方面由于微博营销方式注重价值的传递、内容的互动、系统的布局、准确的定位,从而使其营销效果显著,因此,微博营销已成为众多企业必选的网络营销新配工具之一。

企业微博按照营销性质的不同可以分为互动类微博、品牌推广类微博、内容型微博、业务微博和管理者微博等类型。其中互动类微博主要是为了增加互动与反馈,提高产品与用户的黏性,很多企业都有互动类微博;品牌微博则侧重企业品牌推广与曝光,同样也有很多企业拥有自己的品牌微博,如梦洁家纺官方微博、中国妇女报、OFO小黄车官方微博等;内容型微博通常以回答问题为主,或提供心灵鸡汤文章等,例如微博上著名的董藩老师(房地产投资)和秋叶老师(PPT制作);业务微博就是直接提供清晰准确的产品信息和销售信息,以达到销售的目的;管理者微博就是企业高管利用个人魅力推出的个人微博,它是企业微博的有力补充,典型的管理者微博如聚美优品CEO陈欧的个人微博,其粉丝数达到4 577万,其微博特点是信息更新频繁、互动非常活跃。但不管是哪一种类型的企业微博,其微博营销工作主要还是包括实名认证、有效粉丝、开放平台、整体运营等,而从微博发布的内容上看,大致包括体验分享、促销活动、劲爆话题、产品信息等。

2. 微博营销的特点

微博营销是以传播学理论为基础,借助微博平台,将营销学经典理论给予崭新的网络表现。一般来说,微博营销的特点主要有:

(1) 操作便捷快,发布成本低。

微博具有媒体属性,能将信息广而告之。与其他媒体相比,微博注册免费,操作界面简洁,信息发布、转发、评论等操作方法简易,多媒体信息呈现形式多样,因此对于企业来说,无需花太多成本就可以架构一个企业微博账号,也无需过多的计算机网络技术来运营操作,方便实现"自营销"。

(2) 社交互动强,顾客维系易。

微博是一个社交平台,能与粉丝实时互动沟通、及时获得顾客的反馈信息等是微博的主要优势。正因为有这个优势,一方面,企业可以通过微博实现精准化营销;另一方面,企业可以通过微博发现新客户、维系老客户。微博营销的针对性强,关注企业或产品的粉丝都是本企业的消费者或潜在消费者,因此可以大大提高营销的精准度与有效性。同时,借助社交平台,企业与顾客之间的关系大大拉近,因为企业微博的拟人化,使微博账号富有"人"的态度、性格与情感,易在互动中获得顾客的认可,从而建立并维系一种"友情"关系,提高企业品牌的忠诚度和美誉度。这个互动过程,既是企业品牌的塑造过程,也是实现口碑营销的绝佳途径。

(3)覆盖范围广,传播影响大。

微博的内容可以无所不包,企业微博可以根据自己的营销目标,选择目标顾客可能感兴趣的话题与素材,或是具有某些专业领域的特征,或是一些生活趣味的汇集,或是提供娱乐信息,或是对社会热点有明晰的评论与态度,或是仅仅靠语言个性魅力打动人……微博内容可以覆盖面很广,从而便于与粉丝的交流。

微博中的社交关系是现实社交关系链的扩张性虚拟迁徙。微博影响力一般由活跃度(原创微博、转发次数、评论次数、私信数)、传播力(原创被转发与被评论数)和覆盖度(即粉丝数)等共同决定。如果企业微博拥有大量粉丝人气和较高影响力,其营销传播影响力将很大。如果企业微博暂且没有过多的粉丝,也可以借助其他高影响力的微博主平台,一则可以和更多的潜在用户接触,达到广而告之的效果;二则扮演意见领袖的人往往也具有消费引导的功能。总之,微博是无可争议的自媒体,一旦粉丝数量大,其传播影响力将不可低估。

(4)更新速度快,文笔要求高。

前面提到的成本低,是指操作成本低。而事实上,如果考虑时间成本的话,微博营销的成本并不低。因为微博里的内容更新速度太快,所以如果所发布的信息没有被粉丝及时关注到,那就很可能会被淹没在海量的信息中;或者粉丝的咨询问题没有得到及时回复,也会大大降低顾客对企业的满意度。而要适应微博"更新速度快"的特点,企业需要由专人花时间专门来完成该任务。另外,微博的140字限制,对营销策划人员的文笔也将是不小的挑战。如何用140字在保证趣味性、可读性、真实性的前提下将企业所要传达的商业信息淋漓尽致地表达出来,这对文笔的要求是很高的。

3. 微博营销的策略

虽然每家企业都可以进行微博营销,但要把微博营销开展好,还是需要讲究策略的。现实中,每家企业在微博营销具体策略选择上也是丰富多彩、各显神通的,但一般来说,企业开展微博营销,重点还得关注以下几个策略。

(1) 明确微博的营销定位。

关于微博定位,就是要明确企业准备营销什么产品,目标顾客是谁,能够帮助目标顾客解决什么问题。这些问题的思考,就是为了最终决策企业的微博类型、如何运营以及达到什么目的,如表 13-1。产品类型决定了其是否适宜广泛传播,例如比较私密性的产品是不会有太多人乐意经常转发的。而目标顾客有没有刷微博的习惯,更是决定了企业是否适宜选择微博营销这个渠道。如果目标顾客有经常浏览微博的习惯,那企业的微博营销已经有了一个好开端,如果没有,那企业应该更注重线下渠道的选择拓展。最后,产品能够帮助解决顾客哪些问题,这决定了微博内容的选择与设计,能抓住顾客兴趣点、满足顾客需求的微博内容,才能吸引听众的关注,从而才有微博营销效果可言。

表 13-1　微博定位决策内容

微博类型	微博运营	微博目的
互动类微博	小规模推广	快速获得种子用户
品牌推广类微博	咨询问题回答	购买转化
内容型微博	娱乐、鸡汤内容	获得大众参与
业务微博	人性化运营	扩大、获得新的垂直用户
管理者微博	销售产品	维系老客户活跃度

(2) 关注微博的有效流量。

微博的有效流量就是那些能够对你的产品产生商业价值的流量。当微博粉丝想要购买、分享企业产品,愿意对企业产品加以反馈,这就是有效流量。一个微博粉丝数量的多少固然重要,但这并不直接等同于有效流量。企业进行微博营销,粉丝的数量和质量都是非常重要的。企业要想能够快速增加粉丝数量和质量,应该注意:首先注重微博的原创性,一味地转发只会降低粉丝的兴趣;其次是对微博数量进行控制,一般一天不同时段坚持发 5 条左右的微博较适宜;把握发微博的时间,有统计表明,午间和晚间是用户集中使用移动设备的时段,微博上线人数相对较多,因此这些时段发布微博效果最好;利用好微博的排名策略,因为在微博中也有关键词搜索功能,可以把企业营销的主题关键词融入自己发布的微博内容里,这样便于被搜索到,也就可以有较好的排名,从而能够更好吸引粉丝的眼球。

(3)形成微博的稳定引流。

网络用户最大的特点就是容易被新奇信息所吸引,"喜新厌旧"特点明显。如果企业微博经常输出没有太大意义的内容,那粉丝不再关注企业微博也就是迟早的事情。因此,企业在微博营销的全过程都要注意形成稳定的微博引流。引流,字面上可以理解为"把某种事物用一些方法引导他们去你指向的地方",从微博运营的角度,就是考虑如何能给粉丝提供长期稳定的价值,让粉丝习惯企业微博的存在,使关注企业微博成为粉丝的生活方式之一。一般来说,微博内容做得越垂直越专业,越能让用户形成依赖使用的习惯,如将同一类型的内容长期在固定时间提供。例如,一些销售运动用品的商家,他们在运用企业微博营销时,更注重培养粉丝的运动习惯,通过宣传运动对身体健康的好处、输出相关运动学习视频、塑造运动明星偶像等,努力使粉丝能经常甚至是天天关注企业微博,在此基础上,再悄悄植入运动产品信息,于是产品的销售也就成为可能。

(4)协同微博的多维营销。

微博营销应坚持 PRAC 运营法则,即包括平台管理(platform)、关系管理(relationship)、行为管理(action)、风险管理(crisis)等微博运营体系中的四个核心板块。其中,在平台管理层面,可以形成多账号的微博矩阵营销模式。微博矩阵是指在一个大的企业品牌之下,开设多个不同功能定位的微博,与各个层次的粉丝进行沟通,达到 360 度塑造企业品牌的目的。例如,以品牌微博、客户微博为主平台,补充添加运营领导员工微博、粉丝团微博、产品微博及活动微博等,这样可以在保持整体协作的企业形象同时,便于针对不同的产品听众进行精准营销。另外,在针对企业微博营销时一直困惑的用户关系处理问题方面,可以形成以粉丝关注者、媒体圈、意见领袖为主的关系管理多维群体,同样便于多层级多角度维系客户关系,提高客户满意度。总之,协同微博的多维营销,就是企业内部资源在微博上的最优化布局以达到最理想的营销效果。

小资料: 新浪微博 App 的价值

2017 年 1 月 12 日,国内移动大数据服务商 QuestMobile 发布中国"2016 年度 App 价值榜",数据显示,2016 年 12 月,新浪微博月活跃用户数再次实现 46％的增长,在所有 App 中排名第 8 位,其中高价值用户比例高达 76.3％。QuestMobile 报告首次提炼了包括在线视频、微博社交、网络购物等十大领域用户规模、用户黏性、商业价值潜力的 No.1,这些 App 在所在赛道中拔得头筹,未来前景值得关注。在微博社交领域,新浪微博当之无愧保持绝对领先的优势,获得 No.1 的殊荣。截至 2016 年 12 月,新浪微博活跃用户数超过排名在第 2—9 位 App 的总和,新安装用户的 14 日留存率全行业最高,高价值用户比例高达 76.3％。这意味着新浪微博不仅在这一领域内保持着领先,并且依然持续着强劲的增长势头。用户增长是衡量企业价值的重要指标,在过去的 2016 年中,新浪微博股价较年初上涨近 2 倍,包括摩根士丹利、高盛、汇丰、瑞穗等多家国际著名投行均大幅上调新浪微博目标股价至 50 美元以上。其中摩根大通指出,受到 KOL 经济,广告主预算向移动、社交、视频等领域迁移的影响,微博未来几年将继续吸引广告主预算。摩根大通将 2017 年 6 月的目标股价调高至 74 美元。

(三) 微信营销

2011 年 1 月由腾讯公司推出的微信社交媒体,已不单单只是一个充满创新功能的手机应用,它覆盖 90％以上的智能手机,是人们生活中不可或缺的日常使用工具。根据企鹅智酷公布的《2017 微信用户 & 生态研究报告》数据显示,截至 2016 年 12 月,微信全球共计 8.89 亿月活用户,全年直接带动了信息消费 1 742.5 亿元;2016 年日均使用微信市场在 4 小时以上的用户占比 33.9％,而每天使用时长大于 1 小时的用户已突破了 70％,人均月度使用时间在 2016 年 12 月达到了 1967分钟,超出第二名一倍以上;在微信用户好友规模方面,2016 年个人好友数量在 200 人以上的接近 45％……从这组数据可以看出,微信的用户数量庞大,用户黏性强,人与人之间的强关系是微信的本质和核心竞争力,微信的潜在营销价值深深地吸引着每一户商家。

1. 微信营销的内涵

基本概念　微信营销

> 微信营销是指企业或个人通过微信公众平台,与其他微信好友形成一种联系,通过提供用户好友需要的商品或服务信息,推广自己的产品或服务,从而实现点对点、线上线下互动的一种网络营销方式。

微信营销是网络经济时代企业营销模式的一种创新,是伴随着微信 App 的火热而兴起的一种网络营销方式。微信不存在距离的限制,一旦加入微信好友之后,就可以实现强关系、私密性的联系。随着智能手机的普及,以及微信功能的不断多样化、升级化,微信已成为社交媒体的霸主。同时,作为关系链的核心枢纽,微信群也成为职业社交的重要载体,微信社交关系也从熟人社交向"泛社交"转变。据企鹅智酷公司的统计信息,2016 年超过 80％用户在微信上有过工作行为,约有70％的个体经营者使用过微信进行转账,微信大群成为承载工作的主要渠道之一,这些都为微信营销铺垫了扎实的关系基础。

2. 微信营销的特点

(1) 信息送达准确率高。

评价营销效果好不好,很大程度上取决于信息送达的准确率。与手机短信群发和邮件群发被大量过滤屏蔽不同,微信公众号所群发的每一条信息都能完整无误的发送到终端手机,到达率高达 100％。另外,与微博信息很快就被淹没在微博动态滚动里的情况相比,微信信息拥有更高的曝光率。微信是由移动即时通讯工具衍生而来,天生具有很强的提醒力度,比如铃声、通知中心消息停驻、角标等,随时提醒用户收到未阅读的信息,曝光率极高。这些都是微信营销所被关注的优点。

(2)营销推广精准度优。

微信拥有庞大的用户群,借助移动终端、天然的社交和位置定位等优势,每个信息都是可以推送的,且信息送达准确率高。另外,由于公众号的粉丝用户都是主动订阅而来,信息也是主动获取,不存在垃圾信息遭致抵触的情况,这些特点都可以帮助商家实现点对点的精准化营销。特别是那些拥有庞大数量粉丝且用户群体高度集中的垂直行业微信账号,是真正热门的营销资源和推广渠道。例如,烘焙行业知名公众号"烘焙公会",是全国工商联烘焙业公会的官微,拥有数十万名由烘焙厂家、烘焙原材料供应商、烘焙营销机构和烘焙经销商等构成的粉丝,再加上一些慕名而来的烘焙爱好者,这些精准用户粉丝相当于一个盛大的在线烘焙会,每一个粉丝都是潜在的业内客户,营销推广精准度极优。

(3)用户网络关系化强。

微信的点对点产品形态注定了其能够通过互动的形式将普通关系发展成强关系,从而产生更大的价值。通过互动聊天的形式与用户建立联系,或解答疑惑、或讲故事甚至可以"卖萌",用一切形式让企业与消费者形成朋友的关系,你不会相信陌生人,但是会信任你的"朋友"。《创业家》新媒体业务负责人曾说过:"有这样一种说法,微信1万个听众相当于新浪微博的100万粉丝。这种说法有点夸大,但仍然有一定代表性。在新浪微博中,僵尸粉丝和无关粉丝很多,而微信的用户却一定是真实的、私密的、有价值的。"微信关注的是人,人与人之间的交流才是这个平台的价值所在。微信营销的这种强关系网络赋予其极高的商业价值,其基于朋友圈的营销,能够使营销转化率更高。

3. 微信营销的策略

开展微信营销,可以采取的策略很多,每户商家都在不断地推陈出新,且随着微信功能被不断赋强,具体的营销策略也是不断增加。下面就来具体介绍四种常见的微信营销策略,具体包括二维码策略、"查看附近的人"策略、公众号策略和小程序策略。

（1）二维码策略。

微信中的"扫一扫"功能，是二维码策略得以实现的手段。用户可以通过扫描识别二维码身份来添加朋友、关注企业账号、完成移动支付等。商家则可以设定自己品牌的二维码，在能够使用到的宣传推广材料上都可以附上二维码，也可以用活动的方式吸引目标消费者参与，从而达到预期的推广目的。以签到打折活动为例，商家只需制作附有二维码和微信号的宣传海报和展架，配以专门的营销人员现场指导到店消费者使用手机扫描二维码。消费者扫描二维码并关注商家公众账号即可收到一条确认信息（在此之前商家需要提前设置好被添加自动回复），凭借信息在买单的时候可以享受优惠。为以防顾客消费之后就取消关注的情况出现，商家还可以在第一条确认信息中说明后续的优惠活动，使得顾客能够持续关注并且经常光顾。这样，一来可以为公众号增加精准的粉丝，二来也积累了一大批实际消费群体，对后期商家微信营销的顺利开展至关重要。

（2）"查看附近的人"策略。

微信中基于 LBS 的功能插件"查看附近的人"可以使更多陌生人看到这种强制性广告。

用户点击"查看附近的人"后，可以根据自己的地理位置查找到周围的微信用户。在这些附近的微信用户中，除了显示用户姓名等基本信息外，还会显示用户签名档的内容。所以商家用户可以利用这个免费的广告位为自己的产品和服务打广告。具体来说，商家的营销人员在人流最密集的场所后台 24 小时运行微信，如果"查看附近的人"使用者足够多，这个广告效果就会随着微信用户数量的上升，可能使这个简单的微信签名栏变成移动的"黄金广告位"，从而提高商家品牌知名度，促进销售。

（3）公众号策略。

在微信公众平台网站上，每个用户都可以用一个 QQ 号码打造自己的微信公众账号，并在微信平台上实现和特定群体的文字、图片、语音的全方位沟通和互动，因此，公众号是一种更加细化和直接的营销渠道。微信公众号的定位是"为媒体和个人提供一种新的信息传播方式，构建与读者之间更好的沟通与管理模式"。他们认为，"再小的个体，也有自己的品牌"，因此信息传播和品牌塑造是公众号的主要功能。

　　使用公众号策略，在申请了公众账号之后应首先在设置页面对公众号的头像进行更换，这是顾客认知商家的重要途径，因此建议更换为店铺的招牌或者 LOGO。其次，要用心填写公众号用户信息，包括公众号功能介绍以及回复设置信息等，这些内容虽不多，但却是展现企业第一印象的重要窗口。微信公众平台有三种公众号可供选择，包括订阅号、服务号和企业号。其中订阅号每天可以群发 1 条消息，服务号每月可以群发 4 条消息，他们都适合对外推广；而企业号的成员关注需要验证，适合于公司或组织内部使用，不适合对外推广。企业可以根据自己营销需要加以选择不同的公众号。从商家市场营销角度，一般选择订阅号进行运营，但对于每天群发的信息，商家应该有个计划表，有计划、有步骤地准备信息素材与推送信息。同时，对于粉丝也可以实行分类管理，针对新老顾客推送不同的信息，同时也方便回复新老顾客的提问。总之，公众号的贴心服务越人性化，越容易受到顾客的欢迎，提高顾客的黏性，并触发顾客使用微信分享自己的就餐体验进而形成口碑效应，对提升商家品牌的知名度和美誉度效果极佳。

　　但随着越来越多的商家使用公众号进行微信营销，特别是随着内容创业浪潮兴起，公众号营销竞争也越来越激烈。据有关报道，2016年微信新兴的公众号平台拥有 1 000 万个，其中大于 76％的活跃微信公众号粉丝数量不达 1 万；75.5％的公众号运营者认为，获取新粉丝的成本和难度日趋提升，阅读量的增长缓慢，粉丝的黏性较低。激烈竞争下，面临高度同质化的内容和信息过载的用户，企业自媒体公众号营销运营的难度进一步加大。但同时，有 10.4％的公众号运营方，通过微信公众号，产生了 10％以上的销售量；另外，有 1.3％的商家通过微信公众号产生的销售量达到了 80％以上。总之，公众号策略已成为微信营销中不可忽视的营销渠道，特别是那些善于结合软文营销的公众号，其营销效果更是令人刮目相看。

小案例：公众号"有书"里的软文营销

随着微信在人们日常生活中重要性的不断提高,越来越多的企业越来越重视通过微信来实现自己企业的网络营销,公众号就是其中的一种方式。在公众号营销中,除了商品信息传递、企业活动告知等直接的、硬性的广告信息传递外,通过软文营销也是常见的方式之一,而且更具亲和力,营销效果似乎更理想。

"有书"是专为读书人设计的公众号,它每天分栏目推送八篇左右的有声阅读材料给听众,目的是让更多人重新找到读书的乐趣。"有书"的软文营销设计非常典型,效果也很不错,它并不是每天都有,也不是每篇材料都有。它在相关的阅读材料中融入自己的产品信息,而且这些产品都与听众的个人成长有关,似乎让人很难拒绝。图 13-1 和图 13-2 就是其中的一个例子。这是一篇关于"女人读不读书,过得是

图 13-1 "有书"软文营销标题

图 13-2 "有书"软文营销内容

不一样的人生"的阅读材料,在强调读书对女人成长的重要性之后,文末巧妙地推送出自己公司的"女性阅读季之女神心衣"阅读产品,很多女性会就此接受他们的"建议",从而订阅购买他们的产品。

请思考:

"有书"的公众号营销策略对其他商家的微信公众号设计与开发有哪些启示?

(4) 小程序策略。

2017年1月,微信上线小程序(mini program)新功能,是一种不需要下载安装即可使用的应用,它实现了应用"触手可及"的梦想,用户扫一扫或搜一下即可打开应用。对于顾客用户来说,小程序最大的优点是无需安装却随时可用,解决了手机内存有限的问题;而对于商家用户来说,小程序开发门槛相对较低,难度不及App,能够满足简单的基础应用,同时商家可以通过公众号关联,实现公众号与小程序之间相互跳转。小程序在微信公众平台里与订阅号、服务号、企业号等是并行的体系。虽然这个微信功能还处在不断更新与升级阶段,且实际用户和消费者的感知并不那么强烈,与消费者的使用习惯也仍然有一段距离,但它作为微信线下商业场景的重要工具,为一些优质服务提供一个开放集成的平台,相信是未来微信营销的重要渠道。

根据2017年第一季度的调研数据,在用户层面,有20.4%的受访者使用过小程序,但以低频使用者为主;另有46.7%的用户表示听说过但目前还没有使用。过半数用户使用小程序是基于功能需求,在微信内搜索或通过朋友分享接触到小程序,而听说过但未使用的用户中,57.73%的用户没有开始使用是因为不了解小程序的功能及应用范围。因此,如果要采用小程序进行营销应用推广,那么商户和开发者都需要为用户展现清晰、直观的应用场景。另外,小程序的定位应以服务为主体,用户基于刚需搜索的内容,将有更多的市场机会。

微信正在基于点对点通信、群通信、朋友圈社交场、公众号或小程序等内容服务平台,构建了一个无处不在的工作、经营场景集合体。因此,基于服务平台的商业和经营体系构建,辅以微信社交链的高场景渗透,相信小程序将成为更多敏捷型商家微信营销的标配。

第二节 数据库营销

随着经济的日益发展和信息技术对传统产业的改造,一方面,中国的经济形态正逐渐由稀缺经济向过剩经济过度,另一方面,消费者需求逐渐呈现个性化、小众化。再加上全球经济合作趋势加剧,电子商务大大提高了全球市场开放度,这些都使得中国企业将面临更加严峻的形势,如何在这场强敌环伺的角力中胜出,需要全方位提升企业的竞争力——特别是企业的客户信息处理能力。数据库营销(database marketing)是先进的营销理念和现代信息技术的结晶,它顺应了企业提高客户信息处理能力方面的需求。

数据库营销也是基于互联网的,但与其他的网络营销相比,数据库营销不是一种营销渠道,而是一种营销方法与手段,所以将它单独拿出来,独立一节介绍。

一、数据库营销概述

进入 21 世纪,随着 IT、Internet 与 Database 等技术的逐渐成熟,企业之间的竞争愈发的激烈。传统的线下营销已经远远不够,线上线下结合是当今企业营销工作的趋势。同时,“千人千面”的用户群对网络服务的需求愈加精细。在这个大背景下,如何有效利用顾客信息数据、提高营销工作效率,如何将数据作为纽带,将服务与用户之间的距离联系更加紧密,这些都已成为所有企业营销工作重点关注的内容。掌握网络信息技术、获取数据流量、实现客户精准化,数据库营销不仅仅是一种营销方法、工具、技术和平台,更是一种企业经营理念,它不仅改变了企业的市场营销模式与服务模式,更改变了企业营销的基本价值观。

（一）数据库营销的内涵

基本概念　　数据库营销

数据库营销是以建立与顾客之间一对一互动沟通关系为目标，通过收集、积累、筛选顾客信息，然后有针对性地使用邮件、短信、微信、电话等信息沟通方式，进行客户需求深度挖掘与客户关系维护的营销方式。

数据库营销最重要的是营销数据库的建立。营销数据库建立之初是为实施直复营销(direct marketing)而收集的现有顾客和潜在顾客的姓名、联系方式、地址等信息。后来发展成为市场研究的工具，如收集市场资料、人口统计资料、销售趋势资料以及竞争资料等等，配合适当的数据分析软件，对数据进行处理分析。基于顾客信息数据库的数据库营销能够帮助企业更好地实现顾客精准化，以有效维护顾客，提高营销效率。

（二）数据库营销的特点

1. 针对性

数据库营销的基础是大量的顾客信息。企业通过对顾客信息的收集、积累、筛选与挖掘，能够利用有效的顾客信息进行有针对性的营销服务，例如通过短信、微信、邮件、电话等方式进行企业营销活动信息的传递，在进行品牌推广时可以做到定位精准营销或深度营销等。

2. 互动性

传统的营销策略只是单向被动地适应消费者，而数据库营销可以和顾客建立互相信任的、稳定的双向沟通互动关系。利用有效的顾客信息数据库，可以实现与顾客之间的一对一互动活动，例如顾客生日时的祝福问候、某些活动的温馨提醒、顾客消费行为的统计信息传递等。这样的互动过程，使得顾客有被特别关注的温暖感，从而有效维护顾客与企业的关系，提高顾客对本企业的信任度与忠诚度。

3. 长期性

企业进行数据库营销,最主要的目的是实现顾客与企业之间的长期关系维护。曾提出直复营销的概念、国际直销公司 WCJ 的创始人莱斯·伟门曾说过:"生产商 90% 的利润来自回头客,只有 10% 来自零星散客。少损失 5% 的老顾客便可增加 25% 的利润。"另据营销专家分析:面临激烈的市场竞争,维持一个老顾客所需的成本是寻求一个新顾客成本的 0.5 倍,而要使一个失去的老顾客重新成为新顾客所花费的成本则是寻求一个新顾客成本的 10 倍。由此可见,维护老顾客并使之成为忠实顾客是所有企业营销工作的重点。而数据库营销的目的就是通过有效顾客关系维护来保持老顾客队伍的稳定性,从而稳定甚至是降低企业营销成本,提高企业的营销效率。

4. 科学性

数据库营销与其他传统的营销方式相比,还有一个明显的优势就是其科学性。随着科技的发展,一方面,人们收集信息的手段与途径越来越丰富,另一方面,人们处理信息的技术与工具也越来越先进。前者,除了传统的顾客消费时个人信息留存手段外,利用智能化设备实时收集顾客信息的方式在当今也是随处可见,例如共享单车骑行时顾客路线信息等的实时收集。后者,计算机技术发展使得各种先进算法层出不穷,各种数据统计分析软件也纷呈出新,能够对顾客信息数据进行多维度、分层次、有价值的处理分析,从而实现目标顾客的精准营销。例如,亚马逊的"预期递送"专利,用大数据预测用户需求,就是非常典型的一个例子。这些,都是数据库营销科学性的具体表现。

(三) 数据库营销的作用

1. 帮助企业进一步梳理营销工作思路

在设计营销数据库之前,首先让营销人员根据公司营销业务需要,明确所设计的数据库要包含哪些功能,然后让管理信息系统的专业人员去实现相应的技术运作条件。在具体的开发实施中,营销人员和管理信息系统人员之间充分沟通、共同协作,明确营销数据库能够实现哪些营销功能。一般来说,所设计的数据库应能够回答有关现有顾客或准顾客的特征和行为的特定问题,便于查询;能够在特定营销事件或姓名评分模型的基础上挑选可以进行促销的顾客姓名;能够跟踪促销结果并对反馈者和非反馈者进行顾客轮廓分析(profiling)。这些营销数据库的基础功能,可以进一步帮助企业梳理营销工作思路,厘清企业营销目标,增强企业营销竞争力。

2. 帮助企业更好地实现精准化营销

信息网络时代,消费者需求变化的一个重要趋势就是越来越个性化、越来越小众化,2016 年,工业化规模化生产时代的代表、商业巨头宝洁公司承认自己在中国已经遇到了经营困难,这个实例充分说明了信息网络时代消费者需求个性化已是当今市场的重要特征。

传统的营销策略产生背景是工业化大生产时代,它已难以满足当今社会顾客个性化需要的变化。数据库营销,是在企业通过收集和积累消费者大量的信息,经过处理后预测消费者有多大可能去购买某种产品,以及利用这些信息给产品以精确定位,有针对性地制作营销信息达到说服消费者去购买企业产品。通过营销数据库的建立和分析,企业各个部门都对顾客信息有详细全面的了解,可以给予顾客更加个性化的服务支持和营销设计,使"一对一的顾客关系管理"成为可能,从而帮助企业实现真正的精准化营销。

3. 帮助企业进一步提高顾客满意度

当今的中国经济已由稀缺经济向过剩经济过渡,但这种过剩是产品高度同质化的结果,是低层次的过剩。现实中,这种过剩经济使得企业习惯性地以产品推销为主,频繁地打起"价格战",结果是一方面消费者在对这些营销策略逐渐麻木的同时也开始怀疑产品的品质,另一方面又严重削弱了企业的资本积累、科研开发及后续发展的能力。21世纪对于任何企业而言,在还无法完全跟上消费者个性化需求变化趋势的时候,有两个因素最为重要,一是企业品牌,二是顾客的满意度,特别是顾客满意度。忠诚、持久而稳定的顾客成为企业最宝贵的资源,而利用营销数据库,在与顾客充分交流互动中更好地了解顾客需求,从而能够更好地实现精准营销,以提高顾客的满意度,增强企业营销竞争力。

二、数据库营销的实施步骤

一般来说,进行数据库营销主要有六个步骤,即数据采集、数据存储、数据处理、数据挖掘、数据使用和数据完善等。

(一) 数据采集

实施数据库营销,第一步也是最重要的一步就是采集数据,因为如果没有数据,数据库营销也就无从谈起。

企业要采集数据,首先必须明确自己需要什么样的顾客信息数据。这项任务应该在企业营销主管的领导下,具体由企业营销人员来负责完成。营销人员在明确公司营销业务工作需要的基础上,提出营销数据库应该包含哪些顾客信息数据、体现哪些营销功能,即借助数据库能够帮助营销部门实现哪些营销目标。

企业要采集数据,还需要知道获取顾客信息的途径有哪些。一般来说,获取顾客信息的主要渠道有专业的数据公司、专业的营销公司、专业的信用调查公司、相关政府机构以及零售终端、物流终端等。另外,随着科技的发展,智能化远程采集用户行为数据的途径也在增加,不同终端(Web、App、桌面软件)用户行为、后端系统日志(Web Server Log)、业务数据(DB)等,多种数据源企业都应全面兼顾,才能获得完整的顾客信息。每个渠道的数据量大小以及获取数据的成本都不尽相同,企业应根据自己的实力与需要加以选择。

(二) 数据存储

数据存储之前,需要搭建数据库结构,就如盖房子之前需要打地基一样。企业营销需求不同,数据库结构就不一样。采集到的顾客信息数据,一般是以顾客为单位进行逐一录入存储到顾客数据库里。如果是通过智能化设备获取的信息,则可通过数据接口自动对接与存储。

在存储数据时要注意:首先,要分层次、分维度地科学存储。一般情况下,收集来的顾客数据比较凌乱,没有条理,所以在存储时要尽可能先大致分类一下。例如,可以将顾客信息分为一般个人信息、消费行为信息等。其次,存储空间的选择。随着企业做大,顾客信息也将增加,特别是一些大企业,可能有海量的顾客数据,因此如何存储这些信息是急需考虑的问题。目前,常见可以选择的存储方式主要有:或者是租个服务器来存储、或者直接存储在腾讯云或百度云等,企业可以根据自己企业的实际情况与需要加以选择。

(三) 数据处理

所采集数据,需要对它们进行处理。根据企业市场营销需求,对数据进行处理的方法很多,常见的有顾客分群分析、留存分析、回访分析等。顾客分群分析可以让你根据顾客的属性和行为来对顾客进行分类,这将有助于你更深入地了解顾客消费行为,做好精准化营销。留存分析是一种用来分析顾客参与情况或活跃程度的分析,它主要分析顾客在进行初始行为后,还有多少人会进行后续行为,这是衡量产品对顾客价值高低的重要指标。回访分析主要测量顾客有多依赖企业的产品,主要是通过观察顾客的某一个行为,然后测量在一段时间里顾客进行该行为的频率。

(四) 数据挖掘

数据挖掘(data mining)是指从大量的数据中通过算法搜索隐藏于其中信息的过程。近年来,数据挖掘引起了信息产业界的极大关注,其主要原因是存在大量数据可以被广泛使用,并且迫切需要将这些数据转换成有用的信息和知识。在企业的市场营销工作中,同样存在大量的市场与顾客数据,这些数据,除了需要对显性内容进行数据处理外,更需要对一些隐性内容进行挖掘分析。常见的数据挖掘分析方法有分类、估计、预测、相关分析、聚类分析以及复杂数据类型挖掘(如 Text、Web、图形图像、视频、音频等)。以相关分析为例,企业可以借以判断哪些事情将有可能一起发生。例如,超市中客户在购买 A 的同时,经常会购买 B,即由 A 可以推到 B,这就是运用关联规则进行的分析,而分析的结果运用于营销实践中,就是把 A 和 B 两种商品放在靠近的货架上。例如某超市通过数据相关分析,发现年轻爸爸在买尿布的同时会随手带上啤酒,于是把这两样看似完全不相关的产品放在相距不远的货架上,结果两者的销量都得以促进。

(五) 数据使用

有了数据处理和数据挖掘的结果,企业就可以充分利用这些数据分析结果为营销服务了。例如,根据消费者已有购买习惯,知道企业的购物券应该发放给谁;根据消费者关注的信息内容,知道消费者的兴趣点,从而知道企业的广告应该投放到哪些途径,企业的产品开发可以重点突出哪些品质等。而前面提到的把尿布与啤酒摆放在一起营销做法,也是充分使用数据库的结果。

(六) 数据完善

任何事物都是动态变化的,企业顾客信息同样也是处在动态变化中,因此需要对顾客信息进行及时的调整与完善,才能使营销数据库的真实性更高、内容更丰富。数据的完善,除了需要对过时滞后的信息数据进行更新外,另外,也需要根据企业营销工作内容的拓展,补充增加一些顾客信息条内容。例如,对于阿里巴巴来说,支付宝最早只是作为淘宝网的第三方支付,因此淘宝网的顾客信息也仅仅只是被支付宝用来收付账款用,此时关注的只是顾客的姓名、电话、地址、邮箱、银行卡信息等。但随着支付宝功能的不断增加,它还需要顾客的职业、信用、投资风险意识等信息。因此,不断补充完善数据是非常重要的,它不仅仅只是满足信息完整需要,而且还能够促进企业相关项目的开发。

本章小结

在网络信息时代的今天,人们越来越离不开网络,以满足顾客需求为工作重点的传统市场营销遇到了很多新契机,同时也面临很多新挑战,因此营销创新已在所难免。

网络营销是指企业以现代营销理论为基础,利用数字化的信息和网络媒体的交互性来辅助企业开展营销活动,以更精准地满足顾客的需求和愿望,从而实现企业营销目标的一切营销活动。网络营销与传统营销既有相似点也有区别,它具有品牌推广、维系顾客和促进销售等职能。

搜索引擎营销、微博营销和微信营销是三种常见而又重要的网络营销实战方法。其中,搜索引擎营销主要利用人们对搜索引擎的依赖和使用习惯,尽可能将企业营销信息传递给目标顾客,从而促进销售;

它的营销策略主要包括搜索引擎优化、竞价排名、精准广告以及付费收录等。微博营销是指以微博作为营销平台,企业利用不断更新的微博内容向粉丝传递企业信息、产品信息,树立良好的企业形象和产品形象,从而促进企业销售;其营销重点主要包括明确营销定位、关注有效流量、形成稳定引流和协同多维营销等。微信营销是指企业或个人通过微信公众平台,与其他微信好友形成一种联系,通过提供用户好友需要的商品或服务信息,推广自己的产品或服务,从而实现点对点、线上线下互动的一种网络营销方式;其营销策略主要包括二维码策略、"查看附近的人"策略、公众号策略和小程序策略等。

作为网络时代的一种新营销方法与手段,数据库营销是以建立与顾客之间一对一互动沟通关系为目标,通过收集、积累、筛选顾客信息,然后有针对性地使用邮件、短信、微信、电话等信息沟通方式,进行客户需求深度挖掘与客户关系维护的营销方式。一般来说,进行数据库营销主要有六个步骤,即数据采集、数据存储、数据处理、数据挖掘、数据使用和数据完善等。

案例分析:共享单车的车源调度

每个共享单车用户可能都有过遍寻街道但一车难求的辛酸经历。提高用户体验的背后有一座移动共享行业躲不开的大山——资源调度;改变困境不能依靠"人工扫街",有一个说来容易做来难的方法——精细化运营。那么,如何找到车辆缺失区域,通过数据驱动实现车源调度?

车辆缺失可能有两个方面的原因:一是车少了不够骑;二是车坏了不够骑。影响两方面的指标千变万化,这里简单罗列几种情况。

1. 对比车辆的投放量和活跃量,判断车辆投放数

活跃量是反应车辆使用率的最直观方式,根据监测的所属片区的车辆投放量与有开始用车行为的车辆数进行对比,如果活跃量接近投放量,则该地区有车辆缺失风险,需要结合其他指标进一步观察。

2. 根据某区域车辆平均使用次数，判断车辆投放数

精确追踪每辆车的用户行为数据，由于共享单车通常用于解决短距离交通问题，所以可以大体定位到区域内车辆。如果 A 区域内，一辆车的平均使用次数是 10 次，B 区域内平均使用次数为 20，那么数据就会传达给城市经理一个信息，该区域缺车，导致同一辆车被频繁使用。城市经理通过历史投放车辆数据的对比和实际考察，可以追踪缺车情况，把控投放策略，提高用户体验。

3. 根据 10 天内车辆不活跃数及假报修率综合解决坏车问题

密切关注活跃车辆数据，通过属性分析可以观察到，该区域有哪些车辆连续 n 天不活跃，说明该车有可能损坏了，再根据该车辆的地理位置属性，可以定位到车辆停放位置，及时维修和补分配车辆。同时需要警惕用户的虚假报修行为。现实中会发现报修后发生继续被骑行的车辆，毫无疑问，这些车辆被假报修了。企业要注意收集这些车辆的具体信息，方便师傅搬车。

关注最后一单时间距离本次开始用车时间长达八小时以上的车辆，这些车辆没有损坏，但是可能被停在了难以寻找到的偏远地区，所以活跃率偏低，浪费了资源。公司需要对这些车辆进行人工调配，这也是一种解决其他区域缺车问题的"曲线救国"方法。

请思考：

1. 共享经济与互联网、大数据之间是怎样的关系？如何处理好这些关系？

2. 数据库营销的主要目标是什么？

3. 请归纳共享单车车源调度数据库营销的主要做法，同时思考它对其他企业的营销工作有怎样的启示？

实践运用

一、实践目的

1. 培养微博营销决策分析的能力。

2. 训练微博营销决策技巧的实践运用能力。

二、实践内容

请结合表 13-1 微博定位决策的理论内容,来判断分析上面截图所示的海氏电器官方微博类型、运营方式和营销目的。同时,再从新浪微博里选择其他三家有代表性的企业微博来进行运用分析。

三、实践组织

根据教学班级学生人数,按照自愿原则,以小组为单位形成实践小组并完成实践任务,每小组人数以 4—6 人为宜。最后,各小组用 PPT 形式交流各自的实践成果。

参 考 文 献

1. [美]菲利普·科特勒等著,李季,赵占波译,《市场营销原理》(亚洲版·第3版),机械工业出版社,2013

2. [美]菲利普·科特勒等著,梅清豪译,《市场营销管理》(亚洲版·第2版),中国人民大学出版社,2001

3. [美]菲利普·科特勒著,梅汝和、梅清豪、周安柱译,《营销管理》,上海人民出版社,2002

4. [美]卡尔·麦克丹尼尔等著,时启亮等译,《市场营销学:案例与实践》,格致出版社、上海人民出版社,2010

5. [美]乔尔·埃文斯、巴里·伯曼著,张智勇等译,《市场营销教程》,华夏出版社,2001

6. [英]彼得·泰尼斯伍德著,周建、杨红珍、张曦风等译,《营销与生产决策》,上海远东出版社,2004

7. 百度,菲利普科·特勒简介、采购经理人指数等,http://baike.baidu.com

8. 晁钢令,《市场营销学》,上海财经大学出版社,2003

9. 陈放,《品牌学》,时事出版社,2002

10. 陈新康,《市场营销学案例集》,上海财经大学出版社,2003

11. 程小永,微信营销的评估5大要素,http://www.shichangbu.com

12. 甘碧群,《市场营销学》(第三版),武汉大学出版社,2002

13. 郭国庆,《市场营销学》,武汉大学出版社,2000

14. 何永祺、张传忠、蔡新春,《市场营销学》,东北财经大学出版

社,2001

15. 江礼坤,《网络营销推广实战宝典》(第二版),电子工业出版社,2016

16. 江若尘,《市场营销学》,中国科学技术出版社,2003

17. 经理人网,娃哈哈渠道控制力的秘密,http://www.vmc.com.cn

18. 兰苓,《市场营销学》,中央广播电视大学出版社,2002

19. 李飞,《分销渠道设计与管理》,清华大学出版社,2003

20. 李光斗,向好莱坞大片学营销,http://finance.huanqiu.com

21. 李品媛、刘宝宏,《市场营销学精选案例评析》,安徽人民出版社,2002

22. 李先国,《分销》,企业管理出版社,2004

23. 刘丹,老干妈遭泄密 独特产品配方遭到泄露,http://minsheng.youth.cn

24. 刘十九,麦当劳、星巴克等品牌是如何找到自己的死忠粉的?https://www.huxiu.com

25. 毛建国,星巴克"入驻"灵隐寺,喝出什么味,http://news.xinhuanet.com

26. 青年创业网,二胎放开后,汹涌而来的商机有哪些?http://www.qncye.com

27. 人文网,八道免费营销午餐赚更大利润,http://www.renwen.com

28. 史贤龙,中国营销模式变革,http://bschool.hexun.com

29. 首席品牌官,金龙鱼1∶1∶1玩转广场舞 再创圈层营销新经典,http://www.sohu.com

30. 思路网,大数据如何推动营销,http://www.siilu.com

31. 搜狐,学不会苹果之创造需求的力量,http://mt.sohu.com

32. 孙松,营销3.0时代的顾客价值分析——以星巴克为例,《经营管理者》,2011(14)

33. 孙文文,学会了谷歌苹果优点 微软 Surface 开始走向成功,http://tech.163.com

34. 万建华、戴志望、陈建,《利益相关者管理》,海天出版社,1998

35. 王方华、周祖城,《营销伦理》,上海交通大学出版社,2005

36. 王浩,《企业网络营销实战宝典及决胜攻略——策略、方法、技巧、实践与案例》,北京时代华文书局,2015

37. 王小兵、王晓东,《市场营销理论与实务》,清华大学出版社,2016

38. 王晓易,王老吉打造共生营销模式,http://news.163.com

39. [美]菲利普·科特勒、加里·阿姆斯特朗著,楼尊译,《市场营销:原理与实践》(第16版),中国人民大学出版社,2015

40. 向洪、符晓蓉、贾其友,《哈佛市场》,青岛出版社,2005

41. 邢婷婷,儿童手机网上热卖 市场细分渐兴起,http://it.sohu.com

42. 许莹,《市场营销学:创新产品 引领需求》,浙江大学出版社,2015

43. 薛新,《移动互联网时代新思维——企业如何快速转型与升级》,人民邮电出版社,2016

44. 杨建书,高铁称15元套餐难卖 乘客称难买,http://mil.qianzhan.com

45. 杨叶子,百合网广告弄巧成拙 遭网友炮轰万人抵制,http://www.xxcb.cn

46. 张继焦、帅建淮,《成功的品牌管理》,中国物价出版社,2002

47. 周文、包焱,《营销渠道》,世界知识出版社,2002

48. 卓骏,《市场营销学》,浙江大学出版社,2015

后　记

　　本教材是复旦大学出版社《现代市场营销学》教材(2005版)修订版。此次修订的主要原则是突出课程内容的时效性、应用性和实践性，在此原则指导下，我们对原版教材做出幅度较大的修订。修订内容主要是，除对每章尽可能地增加时效性内容、删除不具时效性的内容之外，在每章最后增加了案例分析和实践运用两个项目，以期通过项目练习提高学生应用能力。

　　编写小组成员及分工如下：方青云编写第六、第七、第八、第九、第十、第十一章；袁蔚编写了第五、第十二章；孙慧编写了第一、第二、第三、第四章；林东华编写了第十三章。方青云负责本书内容的总体策划、协调工作和最后统稿。

　　在本次教材修订过程中，我们参阅了国内外大量不同时期、不同来源的文献资料，获得很多宝贵的思想和启示，在此谨向原作者一并表示感谢。

　　特别感谢上海财经大学博士生导师王玉教授，王玉教授对于本教材的编写和修订提出了许多建设性的建议，并审阅了全稿。还要感谢南京信息工程大学程柯老师在本教材文字校对与润色方面所做的辛苦工作。最后，我们向复旦大学出版社李华博士、姜作达编辑及其同事们的敬业态度和专业精神致以诚挚的谢意和敬意。

　　为了方便读者学习，我们为本教材提供配套的PPT。在编写教材过程中,尽管我们对所参阅的资料已在参考文献部分尽可能地列出,但百密难免有疏,遗漏之处请及时同我们联系,以便修订;同时,对于本教材中可能存在的不足和错误之处,亦请读者不吝批评、指正。

我们的联系方式是:方青云,fangy@sou.edu.cn;

袁蔚,yuanw@sou.edu.cn;

孙慧,sunh@sou.edu.cn。

图书在版编目(CIP)数据

现代市场营销学/方青云等编著. —2 版. —上海：复旦大学出版社，2018.1(2024.7 重印)
ISBN 978-7-309-13139-0

Ⅰ. 现…　Ⅱ. 方…　Ⅲ. 市场营销学　Ⅳ. F713.50

中国版本图书馆 CIP 数据核字(2017)第 178947 号

现代市场营销学(第二版)
方青云　袁　蔚　孙　慧　林东华　编著
责任编辑/徐惠平　姜作达
复旦大学出版社有限公司出版发行
上海市国权路 579 号　邮编：200433
网址：fupnet@fudanpress.com　http://www.fudanpress.com
门市零售：86-21-65102580　团体订购：86-21-65104505
出版部电话：86-21-65642845
浙江临安曙光印务有限公司

开本 787 毫米×960 毫米　1/16　印张 25　字数 342 千字
2024 年 7 月第 2 版第 11 次印刷
印数 38 401—43 500

ISBN 978-7-309-13139-0/F·2392
定价：52.00 元